高等学校"十三五"学前教育专业规划教材

学前儿童
数学教育与活动指导

刘 红 主编

南京大学出版社

插图1 正方形片

插图2 各种三角形

插图3 纸质小房子

插图4 小捣蛋的房子

插图5 糖果捉迷藏

插图6 时间概念图

前 言

数学本身的抽象性、逻辑性、应用性与儿童思维特点决定了学前儿童的数学学习是一个相对复杂的过程,因此,引导学前儿童对周围环境中的数、量、形、时间和空间等现象产生兴趣,建构初步的数概念,并学习用简单的数学方法解决生活和游戏中某些简单的问题,是学前儿童数学教育的主要任务。

《学前儿童数学教育与活动指导》深入贯彻《幼儿园教育指导纲要(试行)》《3~6岁儿童学习与发展指南》的精神,将理论性与生活化、应用性相结合,本教材具有以下特点:

第一,结合前沿成果,系统性强。本书在学前儿童数学学习和教师教育等方面的研究成果基础上,从理论层面回答了学前儿童学什么、如何学以及教师怎么教等问题,体现了知识的科学性与系统性。

第二,结合儿童生活,注重实践。本书将数学领域的相关概念和核心经验渗透在儿童的一日生活和游戏情境中,旨在提高学前儿童运用数学经验解决生活问题的能力。同时,为促进学习者数学领域活动设计能力的提升,本书特意提供了大量的数学活动案例。

本书共分为八章,其中前三章主要是从理论层面回答学前儿童数学教育的任务、意义、特点、目标、内容、途径、方法等问题,后五章主要是从实践层面阐述应如何设计学前儿童数学教育活动(包括集合与模式、数概念与数运算、测量与统计、空间与时间),书中的理论以阐述基本问题为主,方便学习者在学习过程中理论联系实际,融"教、学、做"为一体,既保证了对相关理论知识的学习,也有利于数学领域活动设计能力的提高。

本书在编写中,特别借鉴了华东师范大学黄瑾教授和南京师范大学张俊教授等人的相关著作,在汇集前人研究成果的基础上形成本教材。由于能力时间有限,书中还存在不完善的地方,恳请所有使用本教材的师生提出宝贵意见。

关于本书借鉴的一些国内外学者的著作和研究成果,在此一并表示感谢,同时感谢盐城师范学院教育科学学院、南京大学出版社相关人员的鼎力支持。

编 者
2018 年 6 月

目 录

第一章　学前儿童数学教育概述 …………………………………………… 1
　第一节　关于数学的认识 ………………………………………………… 1
　第二节　学前儿童数学教育的意义及其任务 …………………………… 7
　第三节　学前儿童数学学习的特点 …………………………………… 12

第二章　学前儿童数学教育的目标与内容 ……………………………… 18
　第一节　学前儿童数学教育的目标 …………………………………… 18
　第二节　学前儿童数学教育的内容 …………………………………… 27

第三章　学前儿童数学教育的途径与方法 ……………………………… 32
　第一节　学前儿童数学教育的途径 …………………………………… 32
　第二节　学前儿童数学教育的方法 …………………………………… 42

第四章　学前儿童数学教育活动的设计与组织 ………………………… 52
　第一节　学前儿童数学教育活动设计的基本理论 …………………… 52
　第二节　学前儿童数学教育活动设计的基本过程 …………………… 59
　第三节　学前儿童数学教育活动的组织与实施 ……………………… 68

第五章　学前儿童感知集合活动的设计与实施 ………………………… 73
　第一节　学前儿童关于集合概念的学习与活动设计 ………………… 73
　第二节　学前儿童关于分类概念的学习与活动设计 ………………… 85
　第三节　学前儿童关于模式概念的学习与活动设计 ………………… 93

第六章　学前儿童数概念与数运算活动的设计与实施 ………………… 104
　第一节　学前儿童关于数概念的学习与活动设计 …………………… 104
　第二节　学前儿童关于数运算的学习与活动设计 …………………… 133

第七章　学前儿童测量与统计活动的设计与实施……147
　第一节　学前儿童关于量的概念的学习与活动设计……147
　第二节　学前儿童关于统计概念的学习与活动设计……171

第八章　学前儿童空间与时间活动的设计与实施……180
　第一节　学前儿童关于几何形体概念的学习与活动设计……180
　第二节　学前儿童关于空间方位概念的学习与活动设计……197
　第三节　学前儿童关于时间概念的学习与活动设计……208

参考文献……219

微信扫描二维码

✓课件申请
✓样书申请
✓教学资源

教师服务入口

✓在线答题
✓拓展资源
✓加入教师资格考试圈

学生服务入口

第一章　学前儿童数学教育概述

第一节　关于数学的认识

一、数学的产生及发展

数学是人类最古老的科学知识之一。数学和其他科学知识一样,是人类在自身的发展过程中,在认识自然、改造自然的过程中,对具体事物进行经验性总结的产物。数与数学的产生是人类的伟大发明,标志着人类的抽象逻辑思维能力达到了成熟的水平。数学的发展大致经历了以下几个阶段:

(一) 数学的萌芽阶段

从公元前 3000 年到公元前 600 年,我们称之为数学的萌芽阶段,或者说准学科阶段。人类在长期的生产实践和劳动中,逐步形成了模糊的数、形概念。由"手指记数"、"石子记数"、"刻痕记数"、"结绳记事"等具体的感性经验带来一些简单的运算,形成了一些最原始的计数和运算的办法,这些办法的出现标志着"算术"的诞生。同时,随着原始社会生产的发展,由于大地测量和天文观测的需要,人们逐渐有了平面、球、圆、柱、锥、平行、垂直等许多初级的几何概念,如勾股定理就是我国西周时期的先祖对于几何学知识的感性经验的积累和总结。

在原始社会,数学主要应用于简单交易、田地面积的计算、陶器上的几何图案、织布上的花格和计时等方面。数学仅仅是一种工具,是一些无联系的简单法则,只适用于解决人们日常生活中所遇到的问题。这一时期,数学还没有发展成为一门有明确结构的、独立的、理性的学科,仍然是抽象的,既没有方法论,也没有论证和推理,因此谈不上是一门系统的科学。

知海拾贝

结绳计数

文献记载:"上古结绳而治,后世圣人易以书契,百官以治,万民以察。"(《易·系辞下》)原始社会以绳结的形式反映客观经济活动及其数量关系,这也是被原始先民广泛使用的记录方式之一。

目前虽然未发现原始先民遗留下的结绳实物,但原始社会绘画遗存中的网纹图、陶器上的绳纹和陶制网坠等实物均显示出结网是祖先当时渔猎的主要条件,因此,结绳计数作为当时的记录方式是具有客观基础的。

其结绳方法,据古书记载为:"事大,大结其绳;事小,小结其绳,之多少,随物众寡"(《易九家言》),即根据事件的性质、规模或所涉数量的不同结系出不同的绳结。民族学资料表明,近现代有些少数民族仍在采用结绳的方式来记录客观活动。

(二) 数学的形成阶段(常量数学阶段)

从公元前5世纪到公元16世纪,这段时间通常被认为是数学科学的形成时期,它的开始是以希腊人的出场为标志,结束于公元16世纪,也就是在变量数学产生之前,这时数学学科完成了以常量为主要内容的框架体系。在这一时期,古希腊和中国的数学家及其数学思想极具突出的贡献价值。以毕达哥拉斯为代表的学派,以"万物皆数"为信条,运用数学理论从具体事物中抽象出来。欧几里得用公理方法整理几何学,完成13卷的数学著作《几何原本》。这本著作不仅确立了欧氏几何的基本框架,树立了数学发展史上的第一块丰碑,而且成为之后两千年间数学领域的经典教科书,对数学的发展起到了极大的推动作用。与此同时,中国的数学经过原始社会、奴隶社会的长期积累,到西汉时期,出现专门的数学著作《九章算术》,标志着中国的初等数学形成体系,被后世誉为东方的《几何原本》。

总之,在这一时期,由于农业、天文、建筑、水利、军事、商业等方面的需要与发展,不仅使数与形的基本概念得到深入发展,也大大促进了几何、代数等初等数学的发展,完成了数学科学以常量为主要内容的框架体系。

 知海拾贝

《几何原本》和《九章算术》

《几何原本》(希腊语:Στοιχεῖα)又称《原本》,是古希腊数学家欧几里得所著的一部数学著作。它是欧洲数学的基础,总结了平面几何五大公设,被认为是历史上最成功的教科书。欧几里得也写了一些关于透视、圆锥曲线、球面几何学及数

论的作品。欧几里得使用了公理化的方法。这一方法后来成了建立任何知识体系的典范,在接近两千年的时间里,被奉为必须遵守的严密思维的范例。这本著作是欧几里得几何的基础,在西方成为仅次于《圣经》流传度的书籍。

《九章算术》是中国古代第一部数学专著,是《算经十书》中最重要的一本,成于公元1世纪左右。该书内容十分丰富,系统总结了战国、秦、汉时期的数学成就。同时,《九章算术》在数学上还有其独到的成就,不仅最早提到分数问题,也首先记录了盈不足等问题,《方程》章还在世界数学史上首次阐述了负数及其加减运算法则。它是一本综合性的历史著作,是当时世界上最简练有效的应用数学,它的出现标志中国古代数学形成了完整的体系。

(三) 变量数学阶段(近代数学阶段)

公元17世纪至公元19世纪上半叶,这一时期是世界数学文化史的辉煌时期,典型的标志是由常量数学转向变量数学。变量数学的第一个里程碑是解析几何的诞生。1637年,法国数学家笛卡尔(Descartes)创立了解析几何,将变量引入数学,为微积分的创立拉开了帷幕,牛顿(Newton)和莱布尼茨(Leibniz)分别独立地创建了微积分学,这些标志着近代数学的建立。

知海拾贝

牛顿、莱布尼茨与微积分

17世纪下半叶,在前人工作的基础上,英国大科学家牛顿和德国数学家莱布尼茨分别在自己的国度独自研究和完成了微积分的创立工作,虽然这只是初步的工作。他们的最大功绩是把两个貌似毫不相关的问题联系在一起,一个是切线问题(微分学的中心问题),一个是求积问题(积分学的中心问题)。

牛顿在1671年写了《流数法和无穷级数》,这本书直到1736年才出版,他在

 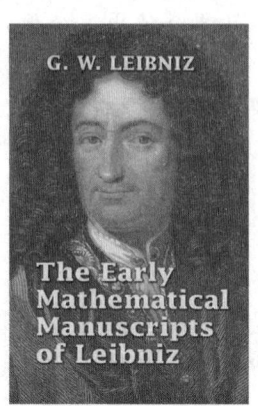

这本书里指出,变量是由点、线、面的连续运动产生的,否定了以前自己认为的变量是无穷小元素的静止集合。他把连续变量叫作流动量,把这些流动量的导数叫作流数。牛顿在流数术中所提出的中心问题是:已知连续运动的路径,求给定时刻的速度(微分法);已知运动的速度,求给定时间内经过的路程(积分法)。

德国的莱布尼茨是一个博才多学的学者,1684年,他发表了现在世界上公认的最早的微积分文献,这篇文章有一个很长而且很古怪的名字——《一种求极大极小和切线的新方法,它也适用于分式和无理量,以及这种新方法的奇妙类型的计算》。就是这样一篇说理也颇含糊的文章,却有划时代的意义,里面含有现代的微分符号和基本微分法则。1686年,莱布尼茨发表了第一篇积分学的文献。他是历史上最伟大的符号学者之一,他所创设的微积分符号,远远优于牛顿的符号,这对微积分的发展有极大的影响。现在我们使用的微积分通用符号就是当时莱布尼茨精心选用的。

18世纪,数学家们一方面努力探索使微积分严格化的途径,另一方面又不顾基础困难而大胆前进,大大扩展了微积分的应用范围,尤其是与力学的结合,成为18世纪数学发展最鲜明的特征之一,这种结合的紧密度是数学史上任何时期所不能比拟的,其繁荣程度远远超过了代数与几何。

(四)现代数学阶段(数学飞速发展阶段)

进入19世纪,随着现代大工业和科学技术的迅猛发展,数学跨入一个前所未有、突飞猛进的历史时期。代数、几何、分析三大领域都获得了惊人的成就。一方面,现代数学呈现出抽象高深和庞大复杂的特点。集合论、突变函数论、泛函分析、拓扑学、抽象代数等新颖学科不断涌现,人们对数学的认识发生了根本的改变,数学成为研究数与形、运动与变化以及研究数学自身问题的学问,形成了纯粹数学和应用数学的分裂局面。另一方面,电子计算机的出现,为数学的应用研究开辟了广阔的前景。20世纪五六十年代,数学拓展到自然科学、技术科学和人文科学等领域,促进了物理数学、生物数学、经济数学等新的边缘学科的诞生,现代数学的新理论、新分支所蕴含的新思想、新方法深刻地影响和推动了数学的发展。

综上,从数学的发展历程可见:

第一,数学是一门处于不断发展过程中的科学,是人类不断探究和认识世界的过程。

第二,数学的产生与发展都离不开客观现实世界,生活实践与技术发展是推动数学发展的根本源泉。

第三,数学是抽象知识的结合体,这些知识可供个体学习或再发现,然后发展知识本身。

第四,数学学科是从问题出发并以解决问题为主要目的的独特体系。数学的发展史表明,它的发展始终贯穿着问题的解决和广泛的应用这一重要原则,而对核心思想的坚守,必将使得未来数学在科技背景的支持下,对社会经济的发展有着巨大的促进和推动作用。

二、数学的基本特性

恩格斯称数学是研究现实世界空间形式和数量关系的科学。数学所描述的不是事物自身的属性,而是事物与事物之间的关系。例如,5个苹果共同构成了总数为5的集合,而这里的5反映的不是苹果的物理属性(如大小、颜色),而是共同地组成了这些苹果的基数总数。又如,把一些苹果放在篮子里面,"里面"反映的不是苹果和篮子的物理属性(如大小、颜色),而是苹果与篮子的位置关系。可见,无论是数、量,还是形,涉及的都是事物之间的关系(数量关系或位置关系等),而不是事物本身。它具有抽象性、逻辑性、精确性、应用性的特点。

(一) 抽象性

数学的抽象性体现在儿童数学学习的各个方面。第一个被抽象化的概念大概是数字。例如,自然数"5",可以代表5个苹果、5公里路程、5天时间、5次游戏机会……任何数量是"5"的物体。学前儿童能认识到5个苹果、5天时间、5次游戏机会之间具有某种相同事物的属性,这将是他们学习数学的重大转折。

而5个苹果中的"5",是对一堆苹果的抽象,它不直接指向苹果的颜色、大小、形状、味道,与苹果的呈现方式也无关,即不管苹果是真实的物体还是画出来的,是同时呈现的还是先后呈现的,是摆成一堆呈现的还是分开摆放呈现的,它们都是5个。而且任何单一的苹果都不具有"5"的属性,即任何单一苹果的颜色、大小、形状和味道,都与这些苹果作为整个的数量属性无关。"5"个苹果是对这些所有苹果的关系加以抽象后获得的属性,它反映的是数量为"5"的一个整体所具有的属性。

正因为数学的抽象性,儿童学习数学知识,不同于学习其他知识,如物理知识。儿童通过直接的感官活动——看、闻、摸、尝等,就能了解苹果的颜色、大小、气味、形状和口感等物理属性。但是,儿童不能够以同样的方式,获得一堆苹果的数量属性。而必须依赖于对这些苹果之间的关系的协调,也就是"点数",获得这一堆苹果的数量属性。如果儿童不能理解数的抽象意义,他就不能掌握实质意义上的数数。例如,让儿童拿出5个苹果,他会一个一个地数,"1、2、3、4、5",然后把第5个苹果拿出来。这说明该儿童还没有理解数的抽象性,而只是把数看成某个物体的名称。"5"除了代表第5个苹果,还代表苹果的基数总数。

学前期的儿童,处于具体形象思维阶段,并逐渐开始出现逻辑抽象思维的萌芽。该特点一方面为儿童学习数学知识提供了思维基础;另一方面,也说明理解数学知识的抽象性对学前儿童来说并不容易。因此,适合学前儿童学习的数学知识应该是初步的知识。

(二)逻辑性

数学除了具有抽象性的特点之外,还具有逻辑性的特点。数学提示了客观世界的逻辑关系,同时数学知识本身的体系也具有严密的逻辑性。

以数数为例,关于数数,最广为人知的是Gelman等人(1978)提出的五项数数的原则。[①] 具体为一一对应原则、固定顺序原则、基数原则、抽象原则、顺序无关原则。这五条原则中前三条是数数的过程性原则,即如何数数的规则。这些规则体现了数数的逻辑性,即被数物体之间的对应关系、序列关系和包含关系。后两条为允许性规则,即哪些可以被计数。这五项原则可以帮助我们更加明晰地判断儿童数数发展的水平。只有达到数数原则的所有要求,儿童才是真正意义的会数数。

此外,数学知识本身的体系也具有严密的逻辑性,知识之间既有互逆的关系也有递进的关系。如加减法之间是互逆的关系;而数数技能的成熟为更加精确的数量比较提供了基础,进而促进儿童数运算的发展,同时体现了数学知识体系本身的逻辑性。而在引导儿童的数学学习中,把握数学知识的逻辑性,也有利于儿童自身逻辑思维能力的发展。

(三)精确性

数学知识还具有精确性的特点。即数学强调的是精密性和确定性,用简练的、抽象的符号反映严密的逻辑推理,并获得确定的结果。

数学不同于其他学科的一个重要特点就是,它用数量化的手段描述客观事物。无论是点数、测量,还是运算,数学必然要得到一个确定的结果。例如,同样5个苹果,如果不从数学的角度进行考虑,那么人们可能关注的是它们的色泽、新鲜度、味道;而一旦从数学的角度进行考虑,如数量关系,而总数为"5"就是其必然的结果。

虽然,数学也会通过不同的方式和途径来解决问题,如得出苹果的总数为"5",儿童可能一个一个数,可能两个两个数,可能边数边用手指点每个苹果,可能把数过的苹果放在一边,也可能通过目测就得出总数。但是,最终都要获得一个正确的、确定的结果——总数为"5"。

数学知识的精确性,使得儿童以更加严谨的方式认识世界。

---

① Gelman, R., & Gallistel, C. R.. The child's understanding of number. Gambridge, MA: Harvard University Press, 1978.

(四)应用性

数学还具有应用性的特点。虽然数学是一门抽象的、模式化的科学,但是它与日常生活的联系是十分密切的。数学提供了一种量化的方式,帮助我们认识世界,解决社会生产和日常生活中遇到的各种问题。

现实生活中的任何事物都具有数、量、形的特征,都可以用数学的工具来描述它们的特性及其相互关系。而日常生活中的很多问题都可以归结为数学的问题,如有效的时间管理、优化的理财方式等。数学在日常生活中有许多应用。

数学也是自然科学和社会科学研究的有效工具。一方面,数学的运用直接推动了现代科学技术的发展。另一方面,量化的研究方法也是众多社会科学研究常用的。就学前数学领域的研究而言,北京师范大学的庞丽娟等人通过数学模型这一工具,对学前儿童数学知识的结构进行分析。华东师范大学的周欣等人通过测量法和问卷法,对父母—儿童共同活动中的互动与儿童的数学学习的关系进行研究。这两项研究在开展的过程中,抽取被试样本,统计研究结果等,也都要运用数学。

可见,数学是一门应用极其广泛的学科。

第二节 学前儿童数学教育的意义及其任务

一、学前儿童数学教育的意义

(一)有助于幼儿正确认识身边环境和周围世界

幼儿从呱呱坠地到牙牙学语再到蹒跚学步,生活的环境逐步扩大,从家庭、邻舍到托儿所、幼儿园、公园、商店、街道等。在他们生活的现实环境中,每样东西都以一定的形状、大小、数量和位置呈现在幼儿面前,如幼儿见到自己母亲的脸是圆圆的,两只眼睛是大大的;自己的一只小手有五个手指,粗细、长短各不一样;玩具皮球是圆的,积木盒是长方体的;知道小白兔有两只长长的耳朵、两只红眼睛、三瓣嘴唇、四条腿,还有一条短短的尾巴等。幼儿在自己生活的环境中,不断感知着数、量、形、类别、次序、空间、时间等数学知识,在认识客观事物、与人交往、解决生活中遇到的有关问题时都不可避免地要和数学打交道。因此,向幼儿进行初步的数学教育,既是儿童生活的需要,又是其认识周围世界的需要。

(二)有助于培养幼儿的好奇心、探究欲及对数学的兴趣

幼儿天生就有好奇心,好奇心驱使他们去注视、观察、摆弄、发现、探索、了解周围事物和环境。它是幼儿学习的内驱力,是幼儿学习获得成功的先决条件。这种好奇心和探究欲往往需要通过某些活动方式,如观察、操作、提问等表现出来。例如,在和幼儿玩二进制猜数游戏时,他们会被一个个神奇的二进制猜数玩具所吸引,会对老师或同伴猜中的数字或物品产生很大的好奇,会迫切地提问:"你是怎么猜出来的?"在

这样的认数活动中,幼儿的好奇心得到了体现。正是这种好奇心和探究欲,引发了孩子对数学活动的兴趣,并由此形成对周围世界的积极态度。

学前儿童数学教育为幼儿提供了多种形式的数学活动,不仅保护了幼儿的好奇心,促进幼儿的发展,而且也避免了从现实物质世界中抽象出来的"数学"知识的枯燥化和模式化。这样不仅可以使他们学得轻松愉快,感受到心理的满足,对学数学产生积极的态度,同时还能对幼儿以后正确对待生活、对待周围事物产生良好的影响。因此,有目的、有计划的数学启蒙教育,为幼儿亲自参与各种数学活动并从中得到积极的反馈提供了良好的机会,能够发掘幼儿主动学习、探索数学的天赋能力和创造能力,进而逐渐产生对数学的持久兴趣。

(三) 有助于发展幼儿思维能力及良好的思维品质

发展幼儿的思维能力是多途径的,对幼儿进行初步的数学教育是发展幼儿思维能力的一个重要而有效的途径。许多心理学家和教育家的研究表明,最基本的数学结构和幼儿的运算思维结构之间有着非常直接、密切的联系。苏联教育家加里宁曾经指出:数学是思维的体操。由于数学本身具有抽象性、逻辑性、精确性以及广泛的应用性等特点,即使是让幼儿掌握粗浅的数学概念和学习简单的运算,也需要他们把感知到的材料,经过一番分析与综合、抽象与概括、判断与推理的过程,由感性认识逐步上升到理性认识。在这个过程中,可以发展幼儿的智力(观察力、记忆力、思维力、注意力等),尤其是逻辑思维能力。所以,学前儿童数学教育能较大程度地满足幼儿思维发展的需要,有着与其他学科不同的特殊作用。

1. 激发幼儿思维的积极性和主动性

思维的积极性和主动性通常指的是幼儿愿意动脑筋思考问题,它是幼儿获得数学知识、形成数学技能、发展思维能力的基本前提。幼儿数学教育为幼儿创设了良好的环境和条件。充分的数学教育内容,丰富、具体、形象的物质材料,生动有趣的活动形式,使幼儿在主动的探索、学习过程中,自己发现问题、提出问题、解决问题,养成对待智力活动的良好态度和主观愿望。

2. 促进幼儿抽象思维能力和推理能力的初步发展

思维按其抽象性可分为直觉行动思维、具体形象思维和抽象逻辑思维。具体形象思维是幼儿期的主要思维方式,它是在直觉行动思维的基础上发展起来的,同时又成为抽象逻辑思维的基础。因此,培养幼儿初步的抽象逻辑思维必须充分依靠幼儿的具体形象思维。数学本身具有抽象性,例如,自然数3,它可以代表3个皮球、3只小鸡、3架飞机、3朵花等一切数量为3的具体事物的集合。3就是从元素为3的具体物体集合中舍去了皮球、小鸡等具体特点,仅抽象出它们数量关系的结果。幼儿在初步数学概念的获得及进行简单的运算过程中,经过分析与综合、抽象与概括、判断与推理,由对材料的感性认识逐步上升到理性认识。例如,运用不同材料,通过各种活动形式,让幼儿反复多次感受同样数量的多种物体,在取得丰富感性经验的基础上,初步抽象出它们在数量方面的共同特征,会正确点数并说出总数,从而达到初步理解某数实际意义的目的。在这个过程中,幼儿的具体形象思维不仅得到了进一步的发展,而且通过幼儿的具体形象思维的发展,促进了幼儿抽象思维能力和推理能力的初步发展。

3. 培养幼儿思维的敏捷性和灵活性

敏捷性、灵活性是思维在智力品质上的特点,是衡量思维水平的标志之一。敏捷性通常指思维活动的速度,即反应速度的快与慢;灵活性是指思维的灵活程度,即善于改变思维的方向,从不同方面思考问题,灵活运用知识。在学前儿童数学教育活动中,有许多活动内容可以体现出对幼儿良好思维品质的培养。例如,让幼儿根据物体的某一特征(颜色、大小、形状或其他不同特征)进行多种角度的分类、排序活动;用不同的方法使两排数量相差1的物体变成一样多;10以内的加减运算等。这些活动均要求幼儿改变思维方向,对同一对象从不同方面进行观察、思考,加快思维的速度,进而提高幼儿思维的敏捷性和灵活性。

总之,在学前儿童数学教育过程中,幼儿所能接受的数学知识是很有限的,但是在幼儿获取数学知识的过程中,对其思维能力及品质的有意识培养却能对日后的学习和成长起到长期而积极的作用。

(四)有助于幼儿日后的数学学习

数学不仅是现代科学技术的基础和工具,而且是普通教育中一门重要的基础课程,所以在儿童入学前进行数学启蒙教育无疑将有利于他们顺利地在小学学习数学,为日后的数学学习打下基础,并提高数学学习的水平。

通过创设幼儿周围的生活环境和设计有数学内容的游戏活动,让幼儿接触和认识一些粗浅的数学基本知识,逐渐积累数学的感性经验,同时运用数学与其他学科间的横向联系,形象化地让幼儿感知数学的美(科学美、抽象美、创造美),数学的真实、正确、新奇、普遍和有用,能够为幼儿以后形成正确的数学观念和概念打下基础。

在美国,曾有纵向研究结果表明,通过儿童在幼儿园阶段的数学经验和学习能极大地预测其在3~8年级的数学学业成绩和阅读成绩,两者呈现出显著的相关性;在我国甘肃省,曾对农村边远山区和一些少数民族地区的一年级学生进行抽样调查,结果显示,入学前受过学前启蒙教育的儿童在语文、数学两门主要学科的成绩上要远远高于未受过学前启蒙教育的儿童。另外,国外也有研究资料表明,如果对学龄前儿童进行过初步的数学启蒙和训练,这些儿童到了十三四岁,其数学成绩比未受过学前期训练的同龄人要高。由此可见,学龄前的幼儿数学启蒙教育不仅可以使幼儿掌握一些有关数学的粗浅知识,发展其初步的抽象逻辑思维能力,而且更能对儿童进入小学甚至中学后的数学学习产生积极的影响,创造有利的条件。

二、学前儿童数学教育的任务

认识自然界的各种数量关系和形状、空间概念,是人类认识自然界的一个重要方面,而幼儿阶段正是积累有关数的感性认识和经验的关键时期。在这个时期为幼儿

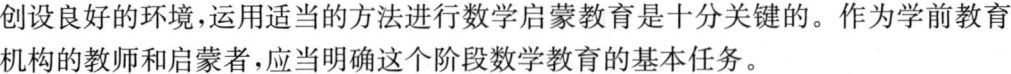

创设良好的环境,运用适当的方法进行数学启蒙教育是十分关键的。作为学前教育机构的教师和启蒙者,应当明确这个阶段数学教育的基本任务。

(一)培养幼儿对数学的兴趣和探究欲

好奇、好问、好动、渴望通过自己的探索来了解世界是幼儿的天性,也是幼儿学习兴趣的源泉。对于教师而言,幼儿这个阶段最重要的事不是学习,而应让他们逐渐了解外部世界,逐步学会如何与周围人相处,进而培养良好的习惯和兴趣。通过自由的游戏和玩耍,让他们更多地亲近大自然,和外部世界有更多的交流和接触,获得更丰富的人生体验,这些才是幼儿成长过程中最宝贵的财富。同样,即使是这个年龄阶段必要的学习,也只有以孩子的学习兴趣为前提,才能让他们在学的过程中专心致志、自发交流、主动参与且乐此不疲。

数学作为一门研究客观世界中的数量关系和空间形式的学科,其知识本身带有一定的抽象性、精确性、概括性和逻辑性,相对于幼儿年龄阶段思维发展的特点和规律来说,这类学习若没有正确的定位和恰当的方法就可能会让幼儿感到害怕、拒绝甚至产生"数学焦虑"(mathematics anxiety)而影响其今后的数学学业。因此,虽然数学知识本身具有严密的逻辑性和系统性,通过儿童自身的活动和体验帮助他们获得粗浅的数学知识是必要的,但是,教育者应当明白,过分强调数学知识的传授和技能的获得而忽略培养孩子对数学的兴趣是极其危险且不利于幼儿可持续发展的。对于学前阶段的数学启蒙教育而言,其首要的任务就是培养幼儿对数学的兴趣和主动探究的愿望,激发儿童的好奇、好问、猜想和思考,引导他们步入数学的神秘世界。作为教师,应当更多地考虑如何去激发幼儿对数学学习的兴趣和探究的愿望;如何利用有效的环境和恰当的情境、方法去调动幼儿的学习兴趣,以促进幼儿对数学问题的思考和研究。

(二)发展幼儿初步的逻辑思维能力和解决问题的能力

数学智能是人类智能结构中最重要的基础能力之一。数学知识本身的逻辑性、抽象性、概括性和应用性的特点,决定了儿童早期的数学学习应以培养初步的逻辑思维能力和解决问题能力为主要任务。所谓初步的逻辑思维能力,是指能够对事物或现象进行分类、比较、匹配、对应、排序、概括和简单推理的能力。而数学学习的过程本身就包含了这样一系列逻辑活动,因此,早期数学学习的最终目的不在于掌握多少数学知识和概念,而在于通过数学学习的过程培养幼儿的逻辑思维能力以及思维的准确、灵活、敏捷、发散等。

所谓解决问题的能力,是指通过对一个不确定的情境问题的发现、探究和思考进而求得解答的过程,在这个过程中,也是儿童将数学的相关概念和知识应用于实际的问题情境之中,从而进行思考、分析和推理的过程。它既是检验儿童对数学相关概念的理解和有效运用的主要方面,也是判定儿童是否真正掌握数学知识的重要标志。事实上,幼儿一日生活中与"数学"接触的机会无处不在,"数学"就在儿童的生活中,如今天是几号、家住几层楼、家中有几人、家庭的电话号码、每天的班级人数统计、玩具的整理分类、积木的形状比较等,将数学知识与他们的实际生活相联系,能够很好

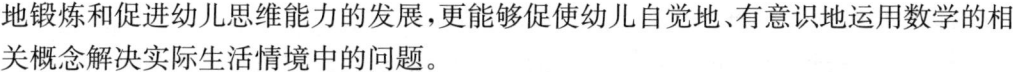

地锻炼和促进幼儿思维能力的发展,更能够促使幼儿自觉地、有意识地运用数学的相关概念解决实际生活情境中的问题。

当前,在我国的教育制度和背景下,早期数学教育的价值认识和任务定位显得尤为重要。这是因为来自不少研究资料的结果发现,和一些西方国家的幼儿相比,高分低能已经成为传统教育价值定位下我国学生的一个不容忽视的群体现象,学生的自主思考能力、动手能力以及相应的解决实际问题的能力都不尽如人意,而在数学领域中,更有让人悲叹不已的事实是:国际数学奥林匹克竞赛中,我国选手可以蝉联几届冠军,可是在数学专业领域中,我们却从未与菲尔兹等数学国际大奖有缘。这种现象和对比给我们一个重要启示:数学教育的真正价值和主要任务应当体现在对思维能力、思维方式和解决问题能力的重视上。

(三) 为幼儿提供和创设促进其数学学习的环境和材料

数学是一种高度抽象的逻辑数理知识,它不同于社会性知识,可以通过教师的传递习得,而必须依赖幼儿作用于物体的一系列动作以及之间的协调才能建构,在皮亚杰等建构主义理论者看来,算术是孩子重新发明的,儿童的数学思维来自动作,它是儿童主动建构的结果。因此,在早期的数学启蒙教育中,为儿童提供和创设数学学习的环境和材料就显得尤为重要。

作为教师,应当在充分认识到环境与材料在儿童数学学习中扮演着十分重要作用的前提下,积极地为儿童创设环境、提供材料。首先,要为幼儿创设真实而丰富的数学学习环境。真实,体现在环境是与儿童的生活紧密相连的。数学知识本身抽象枯燥,如果单纯以数字、运算等形式呈现给幼儿,则很难吸引幼儿的学习兴趣,而与幼儿生活实际中的事、物相联系,则能够引起他们的注意,回忆相关经验,建立一定联系,在体验中提升经验、建构概念。丰富,体现在环境的创设是充分利用幼儿园整个空间的,不仅是活动室、墙面,还包括操场、栏杆、楼梯、窗户,甚至卫生间、橱柜等各种空间设施。例如,贴一些用不同形状拼成的卡通人物、动物、植物,每一个台阶标记一个数字,用不同的颜色表示不等长度的栏杆等。这样,抽象的数学知识就潜藏在幼儿生活中的每一处,浸没于幼儿生活中的每一角。

此外,要为幼儿提供可动手操作的感性材料,这种材料应当体现寓教于乐,生动有趣,多种功能特点。在教学过程中使用图画、图表和操作纸等平面材料向儿童传递数学信息,调动幼儿的多种感官,吸引其兴趣和注意力,提供他们与教师和同伴互动的机会,也可以利用简单而实用的实物材料进行操作活动,如用塑料瓶可以进行多种功能的数学游戏,不同大小的塑料瓶,用不同颜色在瓶盖贴上数字,瓶身贴上相对应的圆点,可以根据数字与圆点的匹配玩拧瓶盖游戏,还可以玩按数放豆的游戏以及根据瓶子的颜色、大小、高矮进行分类或排序的游戏等。当然,在材料的提供中,教师也应当注意无论是材料的选择还是制作,都应当体现以游戏为主而不是纯粹操作的理念,应当为孩子创造一个愉悦的学习环境,让幼儿在游戏中操作、学习,有足够的时间、空间去探索、发现、思考和建构。同时,宽松愉悦的学习环境和开放多样的操作材料,也能够促进幼儿逐步养成主动学习、自主探索的意识和习惯。

(四) 促进幼儿对粗浅数学知识和概念的理解

数学是研究现实世界的空间形式和数量关系的科学。人的生活实践(衣、食、住、行)几乎都离不开数学,在幼儿的现实生活中,从幼儿园、公园到玩具、小动物、书本等都有各自的形状、大小、数量和位置,幼儿在生活中不断地感知着数、量、形状、类别、次序、空间、时间等数学概念。因此,掌握数学知识是幼儿认识事物和生活的需要,在学前阶段的数学启蒙教育中,让幼儿掌握初步的数学知识和概念也是十分必要的。

儿童早期的数认知能力结构一般由五个维度组成,即数、计算、测量、空间(几何)、模式。其中,数是理解物体抽象特征的基础和准备;计数是抽象和概括事物之间普遍关系所必备的;测量是把一个待测定的量与一个标准的同类量进行比较;空间(几何)是认识事物的重要方面,涉及图形知识和空间关系;模式是指对物体间内在关系的认识,是对具有隐蔽性、抽象性的规则特征的认识。它们之间虽然具有各自的特异性,但也表现出一定的关联性。因此,在幼儿阶段的数学学习所要掌握的初步概念一般包括:10以内的数概念及加减运算、认识几何体、辨认空间方位、掌握简单的时间观念、量的比较与测量等。数思维的能力一般包括:空间成分(理解空间图形、形状,空间形状记忆,空间组合)、逻辑成分(概念、理解、记忆和独立发现概念、根据逻辑法则做出结论和证据)、数的成分(数的概念的形成,对数字、数值解答的记忆)、符号成分(理解各种符号,记忆各种符号,用各种符号进行运算)。但是,无论是哪一方面的知识或能力培养,对于学前儿童来说,都是粗浅的、基础的、多侧面的,重在兴趣性、启蒙性、生活性、应用性,让孩子在生活和游戏中体验数学的重要和有趣,并掌握相应的数学知识和概念,为日后的数学学习奠定良好的基础。

第三节　学前儿童数学学习的特点

一、学前儿童思维发展的特点

皮亚杰认为,儿童通过反省抽象所获得的知识正是其逻辑思维的来源,儿童的逻辑包含了两个层面:动作的层面和抽象的层面。儿童逻辑思维的发展遵循着从动作向抽象的层面转化的规律,所以学前儿童逻辑思维发展具有以下四个特点:

(一) 学前儿童思维的发展依赖于动作

学前儿童逻辑思维有很大的局限性,譬如幼儿序列观念的建立——要完成长短排序的任务,往往需要建立在多次操作的基础上,甚至需要经过无数次尝试。这就说明幼儿序列观念是建立在具体事物和动作的基础上的。如果脱离了具体的形象和动作,问幼儿"小红的岁数比小明大,小亮的岁数比小红大,他们三个人,谁的岁数最大"这类问题,他们会感到非常困难。可见,对于较直接的或与外化的动作、形象相联系的问题,幼儿有可能解决;而对于较为间接的,需要内化于头脑的问题,幼儿就无能为力了。这正是幼儿逻辑思维发展的特点所决定的。

皮亚杰认为,儿童的思维起源于动作,抽象水平的逻辑思维能力来自对动作水平进行具有逻辑意义的概括和内化。儿童在2岁前就已具备了在动作层次上解决实际问题的能力。但是,要在头脑中完全达到一种逻辑的思考,则大约在10岁以后。因为儿童不仅需要将动作内化为头脑中,还要将这些内化了的动作在头脑中自如地加以逆转,达到可逆性,形成一个内化的、可逆的运算结构。这对于儿童来说,就不是一件容易的事了。因此,幼儿的逻辑思维是以其对动作的依赖为特点的,抽象的逻辑必须建立在对动作的内化基础上。

(二)学前儿童思维的发展依赖于具体事物

学前儿童逻辑思维的形成和建立,不仅依赖于动作,同时还依赖于具体形象的事物。4岁左右的幼儿还不能真正理解类包含的观念。例如,教师指着一盆栽有5朵红花,3朵白花的花盆,问幼儿是花多还是红花多。他们会回答红花多,或者摇头不答。直到教师反复强调花指的是所有的花,而不是剩下的白花,他们才有可能做出正确的回答。但是,他们并不是靠逻辑的判断来回答的,而是通过一一点数,即红花是5朵,花是8朵来回答的。在幼儿头脑中,整体与部分之间并没有形成包含关系,而是并列的两个部分的关系。他们是借助于具体形象的事物来理解包含关系的,而不是抽象的类包含逻辑观念。

虽然我们承认幼儿的逻辑思维对具体事物的依赖性,但并不是说幼儿的抽象逻辑思维是借助于具体事物的形象和头脑中的心理表象发展起来的。虽然心理表象在幼儿的逻辑思维中起重要的作用,但幼儿的逻辑思维并不是表象的结果。相反,表象是思维的产物,表象从属于思维。如尚未理解数目守恒的幼儿对两排数量一样多但所占空间悬殊的物体,往往容易形成错误的表象,由此说明幼儿的表象是受其思维影响的,没有理解就不会产生正确的心理表象。幼儿期的心理表象是完全静态的表象,在头脑中保持的静止的图像,属于思维的图像方面;而思维的运算方面,即通过对主体的外部动作和内部动作的协调才是构成逻辑思维的基础。

(三)学前儿童思维的发展依赖于社会性互动

脑与认知科学的最新研究结果表明,数学认知是一个多成分、多系统且复杂的认知系统,它既以种系进化为基础,也与个体的发展和学习密切有关[①]。大量的研究充分表明,在儿童早期数学逻辑思维的发展中,社会文化环境起着重要的影响作用。在儿童的早期数学认知发展中,来自环境、成人、同伴的相互合作和共同学习、社会性交往是促进儿童学习和发展的必要和关键条件。

建构主义的理论看来,个体是在与他人的相互作用中逐步建构起自己的认知和知识的,这种知识建构的活动是在社会文化的背景之中,作为个人的认知活动与社会文化情境的交互作用的结果下形成的,它不是封闭在个人的系统中的,而是在向社会

---

① 董奇等.数学认知:脑与认知科学的研究成果及其教育启示[J].北京师范大学学报.2005(03).

开放的系统之中寻求与他人相互作用的一种知识建构活动。因此,儿童在数学学习中的逻辑思维发展也并不是以一种个体孤立的方式和状态存在的,并不是一个孤零零的认知过程,而是一种合作、交往的活动,是儿童与同伴、成人进行社会协商、互动合作并共同建构和分享的活动。数学知识的建构过程不仅是一个心理过程,更是一个包括合作、沟通、协商、争论、妥协等的社会化过程。

发生在儿童数学学习中的社会性交往包括家庭的、伙伴间的、学校中的等,它们为儿童数学概念的早期发展提供了一种双向的、带有社会协商性质的,能更好地观察、思考和合作性学习的机会。譬如,家庭中家长和孩子共同参与的数学学习和互动活动,美国加利福尼亚大学的杰弗里·莎克斯教授曾经进行过一系列相关研究,他的研究发现[①],① 在家长和儿童共同参与的社会性活动中,关于数的活动目标是儿童和成人双方协商调整的结果,它是和数活动的环境、儿童对数的理解以及对活动的文化界定相联系的;② 在家长与孩子共同参与和社会性互动的数活动中,儿童可能比在没有成人帮助的环境下获得更好的数概念发展;③ 儿童与成人共同参与的数活动可以帮助儿童获得具有实际意义的、高层次思维方法的示范,从而在相应的操作转换中理解数的功能。可见,儿童的学习离不开社会环境,当我们把儿童置于一定的社会情境之中时,往往更能增加引起儿童认知冲突发生的可能性,刺激其逻辑思维过程,因为"社会性交往能帮助儿童对文化工具——更成熟的思维方式和更成熟的解决问题的方法进行内化"(Rogoff, 1990;Saxe, Guberman & Gearhart, 1987)。[②]

(四)学前儿童思维的发展依赖于日常生活情景

关于儿童早期数学认知能力的发展,当前的研究结果表明,个体存在着两套数学认知系统,一个是先天赋予的概略表征系统,一个是后天学习获得的精确表征系统。前者是后者的基础和前提,在前者向后者过渡和发展的过程中,日常生活中的数学非正式学习情景和问题解决具有重要的作用,它有助于两者的协同和配合。[③]

可见,儿童的早期数学逻辑思维发展和数学学习,不仅需要社会性互动和共同建构,也需要与儿童的社会文化活动参与和日常生活情景相联系的学习背景。

对于学前儿童来说,数学存在于周围的现实生活中,能从真实的生活和游戏中感受事物的数量关系并体验到数学的重要和有趣对于他们是一种最自然、轻松而愉快的学习。因此,把儿童的数学学习活动置身于有意义的、真实的日常生活情景与背景之中,不仅可以激发儿童主动建构的动机,引起意义建构的心向,促进儿童以已有的知识和经验去归属和固着新知识,从而赋予其某种意义;而且,真实情境也为儿童提供了将数学知识与其他知识加以整合,实现"生活化数学"、"应用性数学"的过程。

---

① Geoffrey B. Saxe, Steven R. Guberman, Maryl Gearhart(1987):Social process in early number development, 52(2, Serial No. 216).

② 周欣. 儿童数概念的早期发展. 上海:华东师范大学出版社[M].2004:52.

③ 董奇等. 数学认知:脑与认知科学的研究成果及其教育启示[J]. 北京师范大学学报. 2005(03).

事实上,儿童相当多的数学学习正是发生在非正式的学习情景和日常生活问题背景之中的,来自儿童直接社会生活情景中的数学问题才是儿童重新发明算术的背景。如发生在幼儿园日常生活事件中的"整理玩具"、"统计人数"、"玩沙玩水游戏";发生在家庭日常生活事件中的"购物"、"逛街"、"玩扑克牌或下棋"等,很多活动是与数学及逻辑思考密切相关的,它们大多蕴含着数量、空间位置、分类、排序等相关的数学逻辑问题背景。借助于这些日常生活情景,把数学放置在一个真实的背景问题中,能够使儿童在情境思考和问题解决的过程中进一步感知和增强数的意识,促进数的思维和对数学知识的理解与概念获得。因此,对于儿童早期的数学逻辑思维发展来说,提供与日常生活相联系的真实背景是十分重要和必要的,儿童的社会与文化生活是与他们数学思维能力的发展交织在一起的,为儿童的数学思维营造一个充满挑战和无限想象,能刺激和引发其发现问题、提出问题、分析问题并解决问题的情景,一方面能使学习者借助于学习者共同体(成人或其他同伴)的帮助,利用必要的学习材料,在已有知识结构的基础上,通过意义建构的方式获得数学思考,同时,能把数学学习镶嵌于真实的应用情景中,使学习者在解决真实情景问题的思维过程中发展其思维的逻辑性、变通性和灵活性。

二、学前儿童学习数学的心理特点

幼儿逻辑思维的发展为数学的学习提供了一定的心理准备。同时,幼儿逻辑思维发展的特点又使幼儿在建构抽象数学知识时发生困难,为此,必须借助于具体的事物和形象在头脑中逐步建构一个抽象的逻辑体系,必须不断努力摆脱具体事物的影响,使那些和具体事物相联系的知识能够内化于头脑,成为具有一定概括意义的数学知识。这样,幼儿学习数学的心理特点,就具有一种过渡的性质。具体表现为以下几点[1]:

(一) 从具体到抽象

学前儿童的思维主要是以形象思维为主,对物体的认识往往需要借助具体直观的材料,但数学知识却是一种高度抽象的知识,需要摆脱具体事物的其他无关特征才能获得。它与幼儿对于数学知识的理解恰恰需要借助于具体的事物,并且容易受到具体事物的影响的特点正是一对矛盾。这种矛盾在小年龄幼儿身上表现得更突出。例如,小班幼儿往往能说出家里有爸爸、妈妈、爷爷、奶奶、自己,但却不容易抽象出家里一共有几个人;有些幼儿在学习数的组成时,也会受日常经验中的平分观念的影响,如某个幼儿认为"3"不能分成2份,"因为它不好分,除非多一个。"由此说明,幼儿还不能从事物的具体特征中摆脱出来,从而抽象出数量特征,这种由事物的具体特征而带来的干扰,将随着他们对数学知识的抽象性质的理解而逐渐减少。

(二) 从个别到一般

学前儿童数学概念的形成,不仅存在一个逐渐摆脱具体形象,达到抽象水平的过

---

[1] 王志明,张慧和.科学[M].南京:南京师范大学出版社.1997:7-11.

程,同时也存在一个从理解个别具体事物到理解其一般和普遍意义的过程。例如,有些幼儿在按数取物的活动中,往往会认为与一张数字卡(或点子卡)相对应的只能取放一张相同数量物体的卡片,把数字与个别物体相对应,而不认为可以取多张,只要数量相对应就行。再如,有些幼儿刚开始学习数的组成时,对分合关系的理解往往停留在它所代表的那一种具体事物上。只有随着数的组成学习的逐渐深入,才能慢慢认识到这些具体事物之间的共同之处,即它们所表示的数量是相同的,因而也就可以用一个相同的分合式子来表示。实际上对于其他数学知识的学习,幼儿也经历了同样的概括过程。

(三)从外部动作到内部动作

我们经常可以观察到,有些小年龄幼儿在完成数数的任务时往往要借助外显的动作,如用手一一点数,扳手指数等;有些孩子在理解数的分合关系以及简单的数运算时,也需要借助对物的具体操作动作才能够完成,如对小年龄幼儿来说,涉及数运算的列式计算就有困难,但若是采用实物操作进行简单的数运算就比较容易。而到了大班,随着年龄的增长和相关数经验的逐渐积累,一般幼儿都能在理解符号基本意义的基础上学习10以内的列式运算,当然,这种不借助动作而内化完成的心理运算是与幼儿初期所经历的有关数运算的外部演示操作密切相关的。这种充分摆弄操作实物的外部动作过程对于他们进一步理解数字中的抽象关系是不可或缺的,能够很好地帮助幼儿理解加减之间的数量关系,符号所代表的"合起来"与"剩下"等意义以及整体与部分间的关系。可见,对于学龄前儿童而言,对数概念的理解和学习是一个从外显的、具体的动作运算水平逐步向内化的、抽象的心理运算水平过渡的过程。对于某些数概念和能力发展较迟缓的幼儿来说,这一过渡的过程可能更持久、缓慢。同时,也可以看到,应当给幼儿尽可能地提供动作水平上的操作,它既符合幼儿学习数学的心理需要,也更有助于幼儿对数概念的理解与掌握。

(四)从同化到顺应

皮亚杰认为,同化和顺应是儿童适应外部环境的两种不同形式。所谓同化,是指个体将外部环境纳入自身已有的认知结构中;所谓顺应则是指个体改变已有的认知结构去适应外部环境。在儿童与环境的相互作用中,这两种反应形式是同时存在的,有时同化占主导,有时顺应占主导。可以说,个体的认知发展正是一个以同化和顺应为机制的自我调节的平衡化过程。

在幼儿学习数学,理解抽象数概念的过程中,同化和顺应的反应形式也是其心理特点的显性特征之一。当幼儿在完成一个涉及数的任务时,如幼儿在比较两组物体数量多少的过程中,往往是以其原有的认知图式和结构去同化它,采用目测的认知策略去解决这一问题,当获得成功时,也是其认知获得平衡的过程。但若这一策略不能解决当前的问题情境(比较的两组物体的空间排列位置并非一一对应,其大小或排列间隔有较大悬殊)时,则无法通过同化来完成,而需要通过改变自身的认知图式,重新调整已有的认知结构,采用一一对应或点数的策略去顺应这一问题情境,从而使认知过程达到由不平衡向平衡的转化。可见,由同化到顺应的自我调节是幼儿在不断积累数的相关经验,建构并重新建构其数概念的过程。

(五) 从不自觉到自觉

所谓"自觉",指的是对自己的认知过程的意识。幼儿往往对自己的思维过程缺乏自我意识。主要是因为其动作还没有完全内化,他们对事物的判断还停留在具体动作的水平,而没有能上升到抽象的思维水平。其思维的自觉程度是和其动作的内化程度有关的。这种"不自觉"的特点往往在小年龄幼儿身上显现得更为突出。如有些孩子在用语言归纳或表述自己的"数行动"或操作结果时,其自我意识,即自觉程度较差,会出现不一致的状况。这正是因为这个年龄的幼儿在掌握数概念的过程中尚未能从具体的事物中抽取出其本质的、抽象的特征来理解,而停留在具体经验上、外部动作上,如果没有思维和语言上的抽象内化来支持,幼儿在抽象、概括的表述上是有困难的。作为教师,应当了解学前儿童的这一心理发展特点,充分认识到语言尤其是抽象、概括的数学语言在数概念获得中的关键价值,鼓励幼儿在操作活动中用语言概括、表达、交流,从而不断提高幼儿对其动作、思维的意识程度,促进幼儿的内化,帮助幼儿的认知由"不自觉"向"自觉"过渡。

(六) 从自我中心到社会化

正是因为学龄前儿童认知和思维的"自觉"意识程度不高,其概括和内化水平有限,也就由此表现出他们在思维上的"自我中心"特点,只关注于自己的动作且不能很好地内化,更不可能关注到同伴的"数思维"或与同伴产生基于合作交流的、有效的"数行动"。因此,帮助幼儿在发展数认知能力的过程中,"去自我中心"对于提高其社会化的程度是非常重要和关键的。

对于学前儿童来说,"去自我中心",从自我中心到"社会化"是其思维抽象性发展的重要标志之一。当幼儿能够在头脑中思考自己的动作,并具有越来越多的意识时,他才能逐渐克服思维的自我中心,努力理解同伴的表达,从而产生真正的交流和合作,同时,在交流与互学中得到启发。

复习与思考

1. 简述学前儿童思维发展的特点。
2. 理解学前儿童数学教育对学前儿童发展的价值。
3. 谈谈你对学前儿童数学教育的认识。
4. 结合实际,试分析学前儿童数学学习的特点。

第二章 学前儿童数学教育的目标与内容

第一节 学前儿童数学教育的目标

教育是人类一种自觉的、有目的、有计划的社会实践活动。它的自觉性、目的性和计划性首先表现在教育实施之前就对其结果有了一种期望,这种预先期望就是教育目标。教育目标是伴随着教育实践同步产生的,它不仅影响着教育内容、方法、手段和教育活动的组织形式,指导和支配着教育的实施过程,同时也制约着教师的教育观念和行为,进而决定着儿童的发展。因此,制定教育目标成了教育的重要前提。

学前儿童数学教育是借助直观教具和材料,通过儿童自身的活动,对客观世界中的数量关系和空间形式进行感知、操作、发现并主动探究的过程;是帮助儿童主动建构表象水平上的初步数学概念,发展思维能力以及产生对数学活动的兴趣、培养良好的学习习惯的过程。它是促进儿童全面发展的一个重要组成部分。因此,学前儿童数学教育的目标不仅体现并规定了对儿童进行数学教育的目的和要求,同时还是向儿童进行数学教育的依据和准则。它可以明示教育进展的方向,界定教育计划的范围,影响教育活动的设计,决定教育评价的依据。有了明确的教育目标,才有可能选择相应的教育内容,即为儿童选择所需要的学习经验,才能够依据目标评价数学教育的效果。由此可见,确定学前儿童数学教育的目标是十分重要的。

一、学前儿童数学教育目标制定的依据

教育目标是教育者制定的。不同时代、不同国家所制定的教育目标不同;同一时代、同一国家中的不同教育组织或实践者,也会制定出不同的教育目标。这是不同的社会发展需要在不同的目标制定者头脑中反映的结果,也是不同方面的儿童发展需要和规律在不同的目标制定者头脑中反映的结果。教育者要想制定出相对合理的教育目标,就必须不断深入全面地了解社会发展及儿童发展的需要和规律,使教育目标的实施、检验、调整等活动成为一个开放的动态过程。[①]

在确定学前儿童数学教育目标时,既要考虑当代社会以及学前儿童教育总目标对学前儿童数学教育的要求;同时还必须研究儿童身心发展的特点、水平以及儿童由当前的发展阶段过渡到下一个发展阶段的过程、方式和规律;研究学前儿童数学教育

[①] 许卓娅.学前儿童音乐教育[M].北京:人民教育出版社,1996:137-138.

本身的特点。只有综合研究这几方面因素,合理地处理好它们之间的关系,才有可能提出较为适宜的学前儿童数学教育目标,并以此指导学前儿童数学教育的实践。影响学前儿童数学教育目标制定的依据和因素大致分为以下几点。

(一) 社会的要求

教育总是受一定的社会文化历史背景制约的,一个国家的政治、经济、科学文化等因素构成了影响教育目标制定的客观依据。任何社会总是要将自己的理想角色作为教育所追求的目标,因而教育目标也会或多或少地留下时代的印记,直接或间接地反映着社会的需要。当然,学前儿童数学教育也不例外。社会的需要、社会发展的现状和趋势以及对人才培养的要求理所当然地会影响到学前儿童数学教育目标的制定。不同时代、不同社会对人才培养的要求不同,所提出的教育目标也会有所区别。如新中国成立后至70年代的教育,虽然在总目标中反复强调坚持全面发展的方向,但在各个不同时期的具体教育目标中,仍可以看出不同的偏向性,在目标的落实过程中,偏差则更大。反映在学前儿童数学教育目标中,就是比较重视基本知识、基本技能的掌握,重视开发、发展儿童的智力。而随后,特别是进入90年代以来,随着社会、科学、经济发展的日新月异,人们意识到时代的发展对教育又提出了更高的要求。因此,在数学教育目标中明确指出,除重视儿童智力发展、思维的培养,更应重视儿童良好个性的整体发展,以适应未来社会的需要。

(二) 儿童的特点

1. 儿童身心特点

儿童作为教育的对象,其发展也有着共同的特点与规律。有关儿童发展的科学研究成果,让我们可以预知儿童生长变化的普遍性规律,从而选择不同阶段的关键经验。因此,研究儿童、把握儿童的发展需要和发展规律,能使教育者获得有关教育目标制定的有用信息。如儿童数概念的发展、初步逻辑思维的发展,有着从具体操作层面逐步向抽象层面过渡的特点,由此启示教育者可以把它作为一方面的依据,在制定学前儿童数学教育目标时考虑:"帮助儿童获得有关物体数量、形状、空间、时间等方面的感性经验,并由此逐步形成一些基本的数学概念",这一适合儿童发展的纬度要求。

儿童身体、心理的发展是互相影响、密切相关的。儿童的认知发展与其身体的、社会的、情感的发展是相互促进、相辅相成的。培养"完整的儿童"是现代学前儿童教育的新观念。① 所谓"完整的儿童"指的是一个全面发展、和谐平衡的儿童,是指儿童身体的、社会的、情感的、认知的和道德的整合性发展。当代学前儿童教育的研究表明,儿童认知能力的发展与其兴趣、情感、态度、个性等方面是密切相关的。儿童如果对事物具有浓厚的兴趣,对自己的能力充满了信心,在学习过程中就会积极地进行探索,主动地发现问题,并寻找解决问题的办法。在这个过程中,儿童的整个心理状态是积极的、主动的。同样,在这种状态下,他的认知能力、情感、态度和意志力都会得

---

① 王志明,张慧和.科学[M].南京:南京师范大学出版社,1997:35.

到较好的发展。由此说明，对儿童进行的任何一方面的教育，都必须重视从儿童整体发展的观念出发。也正是基于上述这些认识，我们在制定学前儿童数学教育目标时，就不仅要从儿童认知发展的特点和规律上来把握，而且要以促进儿童整体发展为着眼点，提出既包括认知，也包括情感、态度、个性及社会性发展等方面的综合的、整体的教育目标。

2. 学前儿童学习心理的特点和规律

幼儿学习心理的特点与规律可以给教育目标的制定者提供参考依据。如认知心理学派的皮亚杰认为：幼儿的思维起源于动作，抽象水平的逻辑来自对动作水平的逻辑概括和内化。对于处于前运算水平阶段的幼儿，学习数学将能够帮助幼儿更好地向具体运算水平阶段过渡。由此，他认为，让幼儿通过自身的感知、操作等系列活动来获得一些初级的"数"概念，应当是幼儿园数学教育的目标之一。

另外，皮亚杰在阐述如何让幼儿学习数学的问题时指出：应组织和创设一个合适的环境，让幼儿在其中尽其所能、充分发展。他提出了"活动法"、"自我发现法"、"冲突法"、"同伴影响法"等幼儿园数学教育方法。他的这些学习理论与方法在当前仍然影响着幼儿数学教育目标的制定。

（三）学科的特性

对于学前儿童数学教育而言，数学学科本身的知识体系、学科结构、学科学习规律、学科的教育价值等都是数学教育目标制定的主要依据。它能够给教育目标的制定工作提供十分重要的参考信息。

当代科学与技术、经济与生产迅猛发展，数学已成为现代科学技术的基础和工具。任何科学的探索和发明，都有可能涉及数学方法的运用，这也就意味着，成功地运用数学的原理和方法将有可能促使一门科学达到完美的境地。同时，作为普通教育中的一门重要的基础课程，数学不仅能给学生学习文化科学知识、从事各种实践活动打下必要的基础，而且能通过数学教育促进学生智慧的增长。儿童的数学活动与儿童的语言活动、游戏活动、艺术活动等共同构成了儿童人格生成、素质发展所不可或缺的基本生态"链条"中的一个环节，由此可见，数学不单是一种知识、一种工具，也是一种文化。正是确立了学科本身的这一特点，才使我们在构建儿童数学教育目标过程中，以发展思维为数学教育的核心，提出要注重培养儿童初步的逻辑思维能力及良好的思维品质。

二、学前儿童数学教育目标的结构分析

一个教育目标体系总是按一定的顺序结构组织起来的。从横向的角度看，学前儿童数学教育具有不同的分类结构；从纵向的角度看，学前儿童数学教育具有一定的层次结构。幼儿园数学教育目标的层次结构在深度上体现了目标体系的有序性，分类结构在广度上体现了目标体系的有序性。因此我们可以从这两个角度对幼儿园数学教育的目标进行分析。

(一)学前儿童数学教育目标的分类结构

学前儿童数学教育目标的层次结构从深度上体现了目标体系的有序性,而分类结构则在广度上体现了目标体系的有序性。虽然目标分类的角度可以是多种多样的,但是作为一个最终要由教育实践者来具体实施的目标体系,在进行分类时必须要考虑到可理解性、可把握性和可操作性。我们可以从以下两个不同角度来对学前儿童数学教育的目标进行分类。

1. 按心理活动的不同领域来分

目标具有导向的作用。儿童数学教育目标的分类应涵盖儿童发展的各个领域,且各领域间要注意平衡,既不能偏重某一方面,也不能遗漏某一方面,最终为促进儿童各方面素质的全面、和谐发展。布鲁姆曾经在《教育目标分类学》一书中以心理活动的不同领域作为分类的出发点,把教育目标分为三大领域:认知领域,包括知识的掌握和认知能力的发展;情感领域,包括兴趣、态度、习惯、价值观念和社会适应能力的发展;动作技能领域,包括感知动作、运动协调、动作技能的发展。每一领域又按其性质由简到繁、由易到难、由具体到抽象、由低级到高级分为若干层次。据此,我们可以把学前儿童数学教育的目标分为认知、情感与态度、操作技能三个方面。在认知领域中,学前儿童数学教育的目标主要包括帮助儿童学习一些粗浅的数学知识,积累生活的经验和发展儿童的思维能力;在情感和态度领域中,学前儿童数学教育的目标主要包括培养儿童对数学活动的兴趣、良好的参与活动的态度、习惯及健康的人格等;在操作技能方面,学前儿童数学教育目标主要包括正确操作和使用材料的能力及习惯。

2. 按数学教育的不同内容来分

以数学活动的不同内容为分类的出发点,学前儿童数学教育目标包括:集合与分类、模式与排序、数概念与运算、比较与测量、几何与空间等方面。从这个角度来组织和表述学前儿童数学教育的目标,有利于教育者选择具体的教育活动材料、教育活动内容、教育活动形式及教育活动的组织、领导方法。

(二)学前儿童数学教育目标的层次结构

学前儿童数学教育目标是一个有机的整体,它可以分解为数学教育目标、年龄阶段目标和数学教育活动目标三个不同的层次。它体现了全面发展的任务在儿童数学学习具体的中、短期发展要求,它能使教育最终目标得以落实,并更好地促进儿童的发展。学前儿童数学教育目标是学龄前儿童数学教育总的任务要求;年龄阶段目标,一般以小、中、大班为界,指一年内的阶段发展目标;而教育活动目标既可作为"系列活动"目标,作为一组需要连续地逐步达到的目标,也可视作"独立活动"目标,就是指在一次教育活动中所应追求的主要目标。

教育目标具有不同的层次,因而可以针对不同层次的目标采用不同的表述方法。关于数学教育目标的表述,可以从《幼儿园工作规程》《幼儿园教育指导纲要(试行)》《3~6岁儿童学习与发展指南》等一系列纲领性文本出发,方向性、概括性、原则性地指明学前儿童数学教育应涵盖的内容、范围以及对儿童发展的期望;而年龄阶段目标和数学教育活动目标则可以表述得更为具体从而具有可操作性。布鲁姆认为,一个恰当的教学目标的表述应该具有两个特征:必须详细说明目标内容;应当用特定的术语描述教学后学生应能做的而以前不能做的作为。① 他提供的这一关于目标表述的"模型"可以为我们思考低一级层次目标的表述提供借鉴;在对阶段目标和具体活动目标表述的过程中,要求表述要明确,与上层目标的关系要密切,要比较直接;目标的涵盖面要广,应包括知识的学习、能力的培养、操作技能和情感态度方面的学习;目标要有代表性,每一条均是单独的内容,不要有交叉重叠;不宜将手段写成目标。② 确实,教育目标的确定和表述已经被作为一个重要的研究课题而被关注。由此要以看到,学前儿童数学教育的目标是通过层层的具体化而逐步落实到每一个教育环节和层面上去的。因此,教育者在整个教育实践过程中,都必须依据不同的教育目标,逐步地加以实现,即通过低层次目标的实现逐步达到高层次目标的实现。

三、学前儿童数学教育目标的内容

幼儿园数学教育目标的层次结构,反映了教育目标的纵向结构,体现了目标体系在深度上的有序性。幼儿园数学教育目标一般包括三个层次:数学教育总目标、年龄阶段教育目标和教育活动目标。一般来说,目标层次越高,其抽象概括性越高,但可操作性越低;而目标层次越低,其抽象概括性也越低,但可操作性高。

(一) 学前儿童数学教育的总目标

2001年7月由教育部颁布并试行的《幼儿园教育指导纲要(试行)》(以下简称《纲要》)中明确规定了科学领域的总目标:

第一,对周围的事物、现象感兴趣,有好奇心和求知欲;

第二,能运用各种感官,动手动脑,探究问题;

第三,能用适当的方式表达、交流探索的过程和结果;

第四,能从生活和游戏中感受事物的数量关系并体验到数学的重要和有趣;

第五,爱护动植物,关心周围环境,亲近大自然,珍惜自然资源,有初步的环保意识。

2012年9月教育部正式颁布了《3~6岁儿童学习与发展指南》,将科学领域的学习与发展分为"科学探究"和"数学认知"两个部分。在"数学认知"中,对学前儿童的数学教育提出了三条总目标,即"初步感知生活中数学的有用和有趣";"感知和理解数、量及数量关系";"感知形状与空间关系"。

综合《幼儿园教育指导纲要(试行)》和《3—6岁儿童学习与发展指南》中有关幼儿数学教育目标的思想。我们认为,幼儿数学教育的目标可包括以下三方面。

---

① B. W. 布鲁姆著. 邱渊译. 教育评估[M]. 上海:华东师范大学出版社,1987.
② 陈帼眉,刘焱. 学前教育新论[M]. 北京:北京师范大学出版社,1996:93.

1. 学习品质方面

对周围环境中的数学现象和问题感兴趣;能体验到数学的有用和有趣;喜欢参加数学活动和游戏;有良好的学习习惯。

2. 数学知识方面

感知和理解数、量及数量关系;感知物体的形状特征和空间关系。

3. 数学能力方面

运用数学的方法描述生活和游戏中的现象,解决简单的问题,并用适当的方式表达、交流操作和探索的过程和结果。

(二)学前儿童数学教育的年龄阶段目标

数学教育的年级阶段目标,一般是以小、中、大为界,一年内的阶段性发展目标。《幼儿园教育指导纲要(试行)》对于每个年级阶段的幼儿应该获得哪些数学经验,幼儿认知能力、情感态度和行为习惯的发展等,都做了较为详细的界定。年级阶段的目标表现出这样两个基本特点:一是与总目标相比,年级阶段的目标表述显得更为具体,具有可操作性;二是年级阶段目标体现了幼儿发展的阶段性和连续性的统一。

虽然年龄阶段目标是对总目标架构下的具体化、典型性表现的阐述,但由于儿童在数学认知发展上的个体差异性和数学本身的抽象性,幼儿园阶段的数学教育年龄阶段目标并不是绝对化的标准,它只是一个可供教师参照的一般化、典型化文本描述,在执行的过程中可视儿童的发展状况和幼儿园实际条件做相应的调整。

在王志明、张慧和主编的《科学》教材中,将幼儿园数学教育的年龄阶段目标表述为:①

1. 小班

(1) 学习按物体的一个特征进行分类;

(2) 学习按物体量(大小、长短)的差异进行 4 个以内物体的排序,学习按物体的某一特征进行排序;

(3) 认识"1"和"许多"及其关系;

(4) 学习用一一对应的方法比较两组物体的数量,感知多、少和一样多;

(5) 学习手口一致地从左到右点数 4 以内的实物,能说出总数,能按实物范例和指定的数目取出相应数量的物体,学习一些常用的量词;

(6) 认识圆形、正方形、三角形;

(7) 学习以自身为中心区分上下、前后、里外的空间方位及认识早、晚的时间概念,知道早、晚有代表性情节的日常变化;

(8) 听懂老师的话,学习按照游戏规则进行活动;大胆地回答问题,初步学习用语言讲出操作活动的过程和结果;

---

① 王志明,张慧和. 科学[M]. 南京:南京师范大学出版社,1997:37-40.

(9) 愿意参加数学活动,喜欢摆弄、操作数学活动材料;能在老师帮助下学习按要求拿取、摆放操作材料。

2. 中班

(1) 认识10以内的数字,理解数字的含义,会用数字表示物体的数量;

(2) 学习10以内的基数:顺着数、倒着数、学习目测数群,学习不受物体空间排列形式和物体大小等外部因素的干扰,正确判断10以内的数量,感知和体验10以内自然数列中相邻两数的等差关系;

(3) 学习10以内的序数;

(4) 认识长方形、梯形、椭圆形;

(5) 学习按某一特征的肯定与否定进行分类;学习概括图形的两个特征;能按两个特征对同一类物体进行逐级分类;

(6) 学习按量(粗细、高矮等)的差异进行6以内的正逆排序;学习按特定的规则排序;

(7) 能听清楚教师的话,能按照要求进行活动,并学习按照要求检查自己的活动;

(8) 能安静地倾听教师和同伴的讲话;学习用语言表述自己的操作活动过程和结果;

(9) 观察、比较、判断10以内的数量关系,逐步建立等量观念;运用已有的知识经验,解决新的问题,学习新的知识,促进初步的推理和迁移能力的发展;

(10) 能自己选择小组活动,即能根据各个小组的活动情况,确定自己去哪组活动;在日常生活中,喜欢选择数学游戏活动;

(11) 能主动地、专心地进行数学操作活动,并对自己的活动成果感兴趣;在教师的引导下,能注意和发现周围环境中物体的量的差异,物体的形状以及它们在空间的位置等等。

3. 大班

(1) 学习10以内的单数、双数、相邻数以及认识零;

(2) 学习10以内数的分解和组成,体验总数与部分数之间的等量关系,部分数与部分数之间的互补和互换关系;

(3) 学习10以内数的加减,认识加号、减号,理解加法、减法的含义,初步掌握10以内加减运算的技能,体验加减互逆关系;

(4) 学习按物体两个以上特征或特性进行分类,并学习按标记进行逐级分类;

(5) 初步感知集合的交集、并集关系及包含关系;

(6) 能按物体量的差异和数量的不同进行10以内正、逆排序,初步体验序列之间的传递性、双重性及可逆性关系;

(7) 认识几种常见的立体图形(正方体、球体、长方体、圆柱体);能根据形体特征进行分类;体验平面图形与立体图形之间的关系;

(8) 学习等分实物或图形;学习自然测量;

(9) 学习以自身为中心和以客体为中心区分左右;会向左/向右方向运动;

（10）能认识时钟，学会看整点、半点，学习看日历，知道年、月、星期的名称和顺序；

（11）能听清楚若干操作活动的规则，能按规则进行活动，能按规则检查活动的过程和结果，并能参加较多小组的活动；

（12）能清楚地讲述操作活动过程和结果；

（13）能在老师的帮助下归纳、概括有关的数学经验；学习从不同角度、不同方面观察与思考问题；能通过观察、比较、类推、迁移等方法解决简单的数学问题；

（14）积极、主动地参加数学问题的讨论；学习有条理地摆放、整理活动材料；

（15）能与同伴友好地进行数学游戏，能采取轮流、适当等待、协商等方法协调与同伴的关系。

在《3—6岁儿童学习与发展指南》中，对"数学认知"三条核心目标下的年龄阶段目标（或称年龄阶段典型性表现）表述如下：

1. 3～4岁（小班）

（1）感知和发现周围物体的形状是多种多样的，对不同的形状感兴趣；

（2）体验和发现生活中很多地方都用到数；

（3）能感知和区分物体的大小、多少、高矮、长短等量方面的特点，并能用相应的词表示；

（4）能通过一一对应的方法比较两组物体的多少；

（5）能手口一致地点数5个以内的物体，并能说出总数，能按数取物；

（6）能用数词描述事物或动作。如我有4本图书；

（7）能注意物体较明显的形状特征，并能用自己的语言描述；

（8）能感知物体基本的空间位置与方位，理解上下、前后、里外等方位词。

2. 4～5岁（中班）

（1）在指导下，感知和体会有些事物可以用形状来描述；

（2）在指导下，感知和体会有些事物可以用数来描述的，对环境中各种数字的含义有进一步探究的兴趣；

（3）能感知和区分物体的粗细、长短、厚薄、轻重等量方面的特点，并能用相应的词语描述；

（4）能通过数数比较两组物体的多少；

（5）能通过实际操作理解数与数之间的关系，如5比4多1；2和3合在一起是5；

（6）会用数词描述事物的排列顺序和位置；

（7）能感知物体的形体结构特征，画出或拼搭出该物体的造型；

（8）能感知和发现常见几何图形的基本特征，并能进行分类；

（9）能使用上下、前后、里外、中间、旁边等方位词描述物体的位置和运动方向。

3. 5～6岁（大班）

（1）能发现事物简单的排列规律，并尝试创造新的排列规律；

（2）能发现生活中许多问题都可以用数学的方法来解决，体验解决问题的乐趣；

(3) 初步理解量的相对性；

(4) 借助实际情景和操作(如合并或拿取)理解"加"和"减"的实际意义；

(5) 能通过实物操作或其他方法进行 10 以内的加减运算；

(6) 能用简单的记录表、统计图等表示简单的数量关系；

(7) 能用常见的几何形体有创意地拼搭和画出物体的造型；

(8) 能按语言指示或根据简单示意图正确取放物品；

(9) 能辨别自己的左右。

从上述小、中、大班不同年龄阶段的数学教育目标的表述中可看出，它们均从情感态度、认知能力和行为习惯等方面提出了具体的要求，是和学前儿童数学教育的总目标相吻合的，也是学前儿童数学教育三条总目标的具体分解。同时也可看出目标要求的年龄差异性，对小、中、大三个不同年龄阶段的数学教育提出不同的具体的要求，具体目标的实现体现了由易到难、由简单到复杂、由具体到抽象的一个螺旋上升过程。

(三) 数学教育活动目标

数学教育活动目标是指某一具体数学教育活动(独立活动或系列互动)所要达到的结果。教师在制定具体教育活动目标时应遵循这样几点要求：① 在表述数学教育目标时，可以从教师的角度提出(如培养幼儿的数数能力)，也可以从幼儿的角度提出(如学习 5 以内的数数)，还可以从评价的需要角度提出(如能手口一致地点数 5 以内的事物)。但是，为了发挥幼儿学习的主体性，使教师的注意力集中在关心幼儿的变化和发展上，教师在制定教育活动目标时，应尽可能从幼儿发展的角度提出。② 数学教育活动目标的提出应该和具体的教学活动内容紧密相连，这是因为活动内容能调动幼儿学习的积极性和主动性，能让幼儿在探索和发现中获得数学经验，并让幼儿在认知能力、情感和态度、动作与技能方面也获得相应的发展和提高。③ 数学教育活动目标应该与数学教育的总目标、阶段目标相一致，只有这样，三者之间才能相互衔接，保证幼儿发展方向的一致性。

与年级阶段目标相比，数学教育活动目标更加具体，可操作性更强，所期望的活动结果基本上是可以观察或测量的。因此，数学教育活动目标在表述上具有一些特殊的要求。美国著名教育家布鲁姆在《教育评估》一书中指出，一个恰当的教学目标的表述应该具有两个基本特征：一是必须详细说明目标内容；二是应当用特定的术语描述教学后学生应能做的而以前不能做的行为。他的这一教学目标的表述"模型"对我们思考低层次目标的表述具有借鉴意义。陈帼眉指出，在具体教育活动目标的表述上，应注意这样几点要求：① 表述要明确，与上层次目标的关系要密切，要比较直接；② 目标的涵盖面要广，应包括知识的学习、能力的培养、操作技能和情感态度方面的学习；③ 目标要有代表性，每一条均是单独的内容，不能交叉重叠；④ 不能将手段写成目标。[①]

---

① 陈帼眉，刘焱. 学前教育新论[M]. 北京：北京师范大学出版社，1996.

数学教育活动的目标应提得具体、具有可操作性,并尽量用行为化的语言加以描述,这样就比较能为教师所把握,使得教师能够在活动中观察儿童掌握目标的情况,判断儿童的发展状况,同时又使教师能依据对这一活动的评价设计后面的教育活动,进而提出相应的、更上一层的教育目标。同时,数学教育活动目标的提出还应与活动的知识内容紧密联系,也就是说,教师在引导儿童学习某一知识内容时,应充分调动儿童学习的主动性和积极性,让儿童在活动中,通过自己的探索与发现,获得有关的数学经验。在探索与发现的过程中,儿童的认识能力、情感与态度、动作与技能也就获得了相应的发展。此外,数学教育活动目标还要与数学教育总目标、年龄阶段目标相一致,三者相互衔接,这样才能使儿童在数学活动中获得更好的发展。

总之,学前儿童数学教育活动目标不仅要与活动内容相联系,体现系统性和逻辑性,也要与活动方式相联系,体现多样性和灵活性。教师在教育实践中应不断地探索和研究数学教学活动目标,使其与儿童的发展特点相适应,更好地促进儿童的发展。

第二节 学前儿童数学教育的内容

学前儿童数学教育的内容是实现学前儿童数学教育目标的重要保证,是将目标转化为儿童发展的重要中间环节,也是教师向学前儿童开展数学教育的依据。

一、选择学前儿童数学教育内容的依据

选择学前儿童数学教育的内容是一项目的性和科学性很强的工作。它既要贯彻当今社会及未来社会对儿童发展的要求,又要根据《幼儿园工作规程》《3～6岁儿童学习与发展指南》《幼儿园教育指导纲要(试行)》等文件的精神,并结合我国学前儿童数学教育的要求,同时更要考虑到学科本身的知识体系和儿童对数学概念认知发展的特点和规律。

(一)依据学前儿童数学教育的目标

学前儿童数学教育目标是根据《幼儿园工作规程》《3～6岁儿童学习与发展指南》《幼儿园教育指导纲要(试行)》等文件的精神,以促进儿童全面、整体发展及适应未来社会发展的要求而提出的。在《幼儿园工作规程》中明确规定了幼儿园保育教育的主要目标,它是根据我国全面发展的教育目的和儿童身心发展的规律而确定的,同时也为我们确立学前儿童数学教育目标体系提供了带有方向性和指导性的依据。我们在建构数学教育的目标体系时必须思考:如何使数学教育促进儿童的全面发展——数学教育不仅要重视儿童智力的发展、思维的培养,同时还必须重视儿童良好的个性素质的整体发展,体现教育面向未来的思想。儿童是未来社会的主人公,学前儿童数学教育要着眼于培养适应和创造未来社会的复合型人才。这种人才不仅要拥有丰富的知识储备,更要具备获取知识、探索发现的能力以及人际交往的能力等,因此,在的制定数学教育目标体系中也要体现对儿童开拓、探索、竞争精神以及合作、交

往、宽容等健康心理品质的培养。而以数学教育目标为依据选择数学教育的内容,不仅能更切实、有效地保证目标的达成,同时也能确保以促进儿童思维发展为核心来实施数学教育。

(二) 依据数学知识本身的科学性、系统性

学前儿童数学教育内容的选择,首先必须体现数学学科的特征。数学是一门逻辑性、科学性很强的基础学科,其知识本身是相互关联、系统有序的。由此,学前儿童数学教育的内容应从数学学科的特点出发,考虑、安排相关的知识,内容不仅仅涉及粗浅的数概念,还应包括量、空间、时间、形等方面的相关知识。

(三) 依据儿童的认知发展特点和规律

在选择数学教育内容时,不仅应考虑符合数学知识本身的科学性、系统性,还应考虑儿童的认知发展特点。儿童的认知发展在某个阶段会呈现不同的发展特点,这一点体现在对数学概念的初步理解上是要经历一定的发展过程的,这一过程带有普遍的规律性与年龄差异性。这些认知发展特点为儿童掌握初步的数学概念提供了可能性。因此,在选择教育内容时必须遵循儿童这方面的认知发展特点及规律。

(四) 依据儿童的生活经验与背景

建构主义的数学教育观认为,儿童数概念的获得离不开其生活的背景与环境。周围生活的环境为儿童建构数概念提供了重要的背景。因此,在选择数学教育内容时,不仅应当结合数学教育的目标,从学科本身的逻辑结构和知识特性出发,更应当考虑与幼儿的生活经验相联系,将数学教育的内容融入幼儿的生活之中,融入与生活化、情境化的主题式课程相一致的背景中,寻找渗透于幼儿生活背景、情境中的有关数、量、形、时、空等概念作为早期儿童数学启蒙教育的适宜内容。多选择幼儿感兴趣、实用、密切联系其生活的内容,如统计一月的阴、晴、雨天;统计小朋友最爱玩哪类游戏、家里的楼层号码、家具的摆放归类等。

二、学前儿童数学教育的内容及各年龄段的要求

(一) 学前儿童数学教育的内容

1. 集合与分类

(1) 感知集合及其元素,进行物体的分类;

(2) 以对应的方法比较两个物体数量的相等和不等。

2. 模式与排序

(1) 发现和识别物体排列的规律;

(2) 运用不同的方式和材料(图画、实物或动作等)表征有规律的模式。

3. 数概念与运算

(1) 10以内的基数(包括数的实际意义、认数、数的守恒、相邻数和10以内自然数列的等差关系等)和序数;

(2) 数数(唱数、点数、目测数、按群数);
(3) 理解10以内数字符号的意义;
(4) 10以内数的组合与分解;
(5) 10以内数量的变化(相加和减去)。

4. 几何与空间
(1) 平面图形:圆形、正方形、三角形、长方形、半圆形、椭圆形、梯形;
(2) 立体图形:球体、圆柱体、正方体、长方体;
(3) 图形的组合与分解;
(4) 空间方位:上、下、前、后、左、右、里、外、远、近等;
(5) 空间运动方向:向前、向后;向左、向右;向上、向下等。

5. 量的比较与测量
(1) 比较大小、长短、粗细、高矮、厚薄、宽窄、轻重、容积等量的特征;
(2) 感知量的守恒、量的相对性和传递性;
(3) 自然测量。

(二) 各年龄段学前儿童数学教育内容与要求

各年龄段学前儿童数学教育内容与要求是各不相同的,具体见表2-1。

表2-1 各年龄段学前儿童数学教育内容与要求

内容	小班(3~4岁)	中班(4~5岁)	大班(5~6岁)
集合与分类	1. 能根据物体的某一外部属性特征进行匹配。 2. 能按照物体的某一外部属性特征(颜色、大小、形状、种类等)给物体分类。 3. 能对数量差异明显的两个集合进行多少的比较。	1. 能按功用给生活中常见的物体分类,如给文具和玩具分类。 2. 能从不同角度给同样的物体进行分类。 3. 能尝试说出分类的理由。 4. 能对数量在10以内的两个集合进行多少的比较。	1. 能按照给定的标准(概念水平)给熟悉的物体分类,如给蔬菜和水果分类。 2. 能按照物体的两种及两种以上属性特征给物体分类。 3. 按照某一特征的肯定与否定进行分类。
模式与排序	1. 能识别所提供物体的排列模式,如ABABAB模式、AABBAABBAABB模式。 2. 能对所提供的简单模式(如ABABAB模式)进行复制。	1. 能识别相对复杂的排列模式,如ABCABCABC模式、AABAABAAB模式、ABBABBABB模式等。 2. 能对所提供的相对复杂的模式进行复制和扩展。 3. 能发现并说出环境中事物排列的简单规律,如衣服上的条纹是按红绿红绿的规律排列的。	1. 能认识构成模式的单元,如出示一排ABBABBABB的模式的物品,能指出该模式的核心单元是ABB。 2. 能运用不同的方式和材料(图画、实物或动作等)表征有规律的模式。 3. 能运用所提供的材料自己创造一定的模式规律。

续 表

内容	小班(3~4岁)	中班(4~5岁)	大班(5~6岁)
数概念与运算	1. 能进行10以内的唱数。 2. 能通过点数说出10以内物体的数量。 3. 能采用目测的方式直接说出3以内物体的数量。 4. 能根据所出示物体的数量(5个以内)从一堆物体中拿出数量相等的物体。 5. 能认识10以内的数字。	1. 能进行20以内的唱数。 2. 能进行10以内的倒着数、接着往下数。 3. 手口一致点数15以内物体的数量。 4. 能理解10以内基数的含义,会按物取数和按数取物。 5. 能运用图画或其他符号表示10以内的数量。 6. 能说出一排物体(10以内)中任意一个物体是第几个。 7. 理解日常生活中常见的数字符号所表达的意义,如电话号码、门牌号码、星期几。	1. 能不受物体摆放形式的影响,通过点数说出20以内物体的数量。 2. 能按数计数,如用2个2个数或5个5个数的方式。 3. 能用书面数字符号正确表示10以内的数量。 4. 理解日常生活中数字符号所表达的不同意义,如年月日、钟表上的时间、温度计、钱币等。 5. 能进行10以内数的分解与组合。 6. 能够用算式来表示生活中遇到的数量变化和加减问题,如用2+3=5来表示2个糖果和3个糖果放在一起。 7. 能对一定数量的物体进行等分,如二等分和四等分。
几何与空间	1. 能认识并区分圆形、正方形和三角形。 2. 在提供一种几何形状轮廓图的情况下,用至少3块几何形状拼板拼出这个简单图形。 3. 能正确区分上下、前后、里外的方位。 4. 能按含有方位词(上下、前后、里外)的指令行动。	1. 能认识并区分长方形、椭圆形、半圆形、梯形。 2. 能借助几何形状组合范例图,用拼板拼出这个组合图形。 3. 在提供一种几何形状轮廓图的情况下,用至少5块几何形状拼板拼出这个简单图形。 4. 能辨认简单图形(如长方形、三角形、梯形等)改变方位后还是同一种图形。 5. 能区分远近、中间、旁边的方位。 6. 能按远近、中间、旁边的指令行动。 7. 能用简单的方位语言描述位置,如小鸟在树的上面;我站在红红的前面。	1. 能认识并区分球体、正方体、长方体和圆柱体。 2. 能认识并找出平面图形和立体图形之间的关系,如圆形和圆柱体。 3. 用小几何图形(正方形、长方形、三角形等)拼成一个大几何图形。 4. 能以自身为中心区分左右的方位。 5. 学习用方位语言描述简单的路径,如向前走到玩具店,往左拐,再往前走,就到幼儿园了。

续表

内容	小班(3~4岁)	中班(4~5岁)	大班(5~6岁)
量的比较与测量	1. 能用直接比较的方法判断两个物体的大小、长短、高矮。 2. 能在比较的基础上给3~4个物体按照量的差异特征（如大小、长短、高矮）排序。	1. 会用直接比较的方法判断物体的粗细、轻重、厚薄、宽窄等。 2. 能在比较的基础上给5~6个物体按照量的差异特征（如粗细、轻重、厚薄、宽窄）排序。	1. 能在比较的基础上给7~8个物体按照量的差异特征（如高矮、宽窄、粗细等）排序。 2. 能在比较过程中体验量的相对性。如记号笔比铅笔粗，比胶棒细。 3. 能在比较过程中，体验量的守恒。如一块方形的橡皮泥搓成长条后，重量不变。 4. 能用生活中的物体作为工具进行简单的测量。如用绳子、扭扭棒、手掌等作为量具测量桌子的长度。

复习与思考

1. 如何理解学前儿童数学教育的目标？
2. 学前儿童数学教育目标分为哪几类？其选择的依据是什么？
3. 学前儿童数学教育包括哪些内容？其选择的依据是什么？
4. 各年龄段数学教育包含哪些内容？
5. 如何理解《幼儿园教育指导纲要》对科学领域目标和要求的定位？结合实例或幼儿园实习所见，谈谈你的认识。

第三章　学前儿童数学教育的途径与方法

第一节　学前儿童数学教育的途径

学前儿童数学教育的途径,即指实施数学教育所采取的活动组织形式。学前儿童的思维是在活动中形成和发展的,儿童数学教育的任务和内容,也需要通过活动予以实现。儿童生活中多形式、多种类的活动均是向儿童进行数学教育的有效途径,教师应切实理解和运用儿童生活中的各种活动对儿童进行数学教育。

一、专门的数学教育活动

专门的数学教育活动,是指教师为幼儿组织或安排的专项数学活动。在这种活动中,儿童接触的是以数学为主要内容的材料和环境。专门的数学教育活动又可分为正式(教师预定)的数学活动和非正式(儿童自主选择)的数学活动两类。

(一)正式的数学教育活动(教师预定的数学活动或数学教学活动)

正式的数学教育活动是指教师有目的、有计划地组织全班或小组儿童,通过儿童自身的参与活动,学习与掌握初步数概念并发展儿童思维的一种专项数学活动。其特点是事先经过缜密的筹划,而不是偶发和随机的;内容是专门指向数学的,而不是综合的。它不仅能使全体儿童接受一定的数学教育,而且是学前儿童数学教育顺序性和系统性的保证。在幼儿园的数学教育活动中,它是向儿童进行数学教育的主要形式和途径之一。

正式的数学教育活动是面向全体儿童的活动,要求全班儿童都能参与到同一内容的数学活动中,无论是全班儿童同时参与活动,或是分组轮流参加同一活动,都要保证每个儿童都能在教师指导下,在自身的探索、操作活动过程中,充分地感知、发现、操作,与客体相互作用,获得有关的数学经验和初步的逻辑数理知识。在这种数学教育活动中,虽然教师是活动的指导者,教师的直接指导较多,但儿童是活动中的主体,儿童能在教师的启发引导下积极参与操作活动。这种活动形式既保持了集体进行的一种特定的学习气氛,儿童能彼此启发,互相交流,得到共同学习的乐趣和情绪体验,有利于形成集体学习的习惯,同时它又是个别的、独立的感知、操作活动,儿童能在自己原有水平上,充分发挥自己的能力。

(二)非正式的数学教育活动(儿童自主选择的数学活动或区域数学活动)

非正式的数学活动是指由教师为儿童创设一个较为宽松和谐的环境,提供各种数学活动材料和丰富多样的学具、玩具,引发儿童自发、自主、自由地进行的数学活动。它可以在专为儿童开设的数学活动室,让儿童自由、自主地选择材料与活动来操作摆弄,感知体验,也可以是在教室里设置的数学角,投放一些供儿童选择的学具、玩具让儿童进行探索。

非正式的数学活动较之教师预定的数学活动而言,更具有自由性和灵活性,能显示其独特的作用,如下。

第一,能更好地培养儿童对数学活动的兴趣、满足儿童求知探索、主动探究的需求;

第二,能支持不同发展水平的儿童参与不同的活动或同一种活动体现不同层次的操作,使每个儿童在原有水平上有所收获和提高,既为儿童提供获取同一数学概念的多种丰富的感性经验,又能增强儿童的自信心;

第三,能充分发挥儿童的独立性、自主性、创造性,最大限度地支持儿童的思维和动手操作能力的发展;

第四,能更有利于培养儿童乐于思考、勤于思考的好习惯;

第五,能更有利于加强儿童之间的交往、合作和相互学习,促进儿童社会性的发展。

总之,不论是预设性活动,还是自主性活动,幼儿园的数学教育都必须摆脱单一枯燥的以教师"教"为主的数学课模式,而代之以幼儿的"动"为主的操作活动模式,体现以幼儿主动地探索和操作为主的活动特点。同时,这两种活动形式各有特点,无论忽视了哪一种活动,都将对幼儿数学经验的获得、数学概念的建构及数学兴趣的培养和发展带来不利影响。因此,在实际的教育教学中必须将两者结合起来运用。

表 3-1 两种数学教育活动的比较

教师预定的数学活动	儿童自主选择的数学活动
1. 有特定的活动要求和需要全体儿童都要达到的活动目标。	1. 不一定有特定的活动要求和儿童必须要达到的活动目标,总体上服从于学前儿童数学教育的总目标。
2. 有具体、细致的数学活动计划和设计。	2. 不需要特别具体和详细的活动计划。
3. 由教师规定活动内容和统一提供材料。	3. 儿童可以自己选择活动内容和材料。
4. 教师为所有儿童提供同样的材料。	4. 教师为儿童提供丰富多样的材料。
5. 全班或几组儿童在同一时间内进行同一种数学操作活动。	5. 在同一时间里或在不同时间内,每个儿童可以进行不同的数学活动。
6. 教师需为所有儿童的活动提供较大的空间。	6. 教师为儿童提供需要的环境和空间,根据幼儿园的实际情况,可大可小。
7. 教师的直接指导较多,儿童基本上在教师指导下有步骤地开展活动。	7. 教师以间接指导为主,观察多,干预少,儿童在活动中自由度相对比较大。
8. 组织形式以集体为主。	8. 没有固定的组织形式,以个别活动为主,或两三个儿童自由组织一起活动。
9. 儿童参与活动的时间基本上由教师掌握。	9. 儿童参与活动的时间由儿童自己决定,教师只做适当的提示。

以下是正式的数学教育活动与非正式的数学教育活动案例。

案例3-1　集体活动:数字比大小(中班)

【活动目标】

(1) 通过活动帮助幼儿掌握5以内数字的大小。

(2) 培养幼儿学习的兴趣。

【活动准备】

颜色、大小各不相同的磁性皮球图5张,其反面各有一个数字(1～5);一样大小的纸做的磁性正方体15个,代表积木;数字卡若干张(5以内),5以内塑料数字若干。数字娃娃图(5以内)若干;玩具电话一个。

【活动过程】

1. 皮球排队

(1) 出示皮球图5张。数数有几只皮球?(5只)它们有哪些不一样?(大小不一样,颜色不一样)最小的是什么颜色的皮球?(红色)比红颜色皮球大一点的是什么颜色的皮球?(黄色)……谁来把皮球从小到大排排队。(请一位幼儿给皮球排队)

(2) 皮球图后面都有一个数,最小的皮球图后面是数字1(把最小皮球图翻过来,变为数字1的图),数字是从小到大排列的,最大的皮球后面是数字几?(5)(翻最大的皮球图,看看是不是数字5)数字3是什么颜色皮球?……

2. 帮数字搬积木(纸做的正方体教具)

数字小表示数量少,数字大表示数量多,现在我们帮数字搬积木。

(1) 出示数字教具,请幼儿帮数字1搬一块积木,帮数字2搬两块积木……

(2) 这些积木像楼梯一样,我们把积木前后比一比,2块与1块比,2块比1块多一块,3块与2块比……后面的积木总是比前面的积木多一块,后面的数总是比前面的数大1,2比1大1;3比2大1……

(3) 现在把前面的积木与后面的积木比。1块比2块少1块,1比2小1……前面的积木总比后面的少1块,前面的数总比后面的数要小1。(比较时,边讲,边移动积木教具)

3. 报数游戏

(1) 教师说一个数,要求幼儿说一个比教师说的大1的数。(进行四五次)教师说一个数,再要求幼儿说一个比教师说的小1的数。(进行四五次)

(2) 请5名幼儿站到黑板前面,从左到右排好队。第一个幼儿说1,依次要求后一个幼儿说2、3、4、5。

(3) 再请5名幼儿到黑板前面,从左到右排好队,第一个幼儿用手拍一下,第二个幼儿应拍两下手……轮到第五个幼儿,应拍五下手,看他们拍得是否对。

4. 数字游戏——数宝宝

(1) 请若干名幼儿站在黑板前,双手放在身体背后,老师发给每人一块塑料数字(叫它数宝宝),要求他们用手摸,想想是数字几,谁先摸好,就先告诉大家,"我摸到的是数字×",再拿给大家看,对不对。

(2) 同上,摸到数字后,不能告诉是数字几,而是说"我摸到的数字比×大1(或比×小1)大家猜猜是数字几?"请其他小朋友猜后,再举起数字,看看他摸的对不对,讲的对不对,其他幼儿猜得对不对。

(3) 幼儿做数宝宝,每人一张数娃娃图。教师在黑板上出示数娃娃图,说:"它是数哥哥,要找比它小1岁的数弟弟。"数宝宝们(幼儿),看看自己是不是它要找的弟弟,是的话,把自己的数娃娃赶快贴到黑板上。同上,数宝宝们找比数娃娃大1岁的数哥哥。

5. 打电话

我们玩得真高兴,明天我们把派派和麦麦也请来一起玩好吗?先打个电话告诉他们。

派派家的电话是4215234(出示教具4215234),教师拿起电话,拨号码,没声音,再拨,还是没声音。原来,派派家电话换了,他说,现在的电话号码比原来的每个数字都要大1。你们猜猜,这个电话号码是多少?(分别请幼儿改动每一个数字)现在的电话是5326345。重新拨电话号码,电话铃响了,与派派讲了话,约他明天来玩。继续给麦麦打电话。原来的电话为5326324打不通,她家的电话也换了,改为比原来每个数字小1,幼儿猜后将号码改为4215213,与麦麦讲了话,约他明天来玩。

案例3-2 区角活动:寻找规律(小班)

【活动目标】

按物体的一种特征排序。

【材料准备】

(1) 不同颜色、形状、大小的塑料串链放入框中,较粗的长绳若干。

(2) 墙面一角布置成一个小花园的底板图;塑料花片若干;保时贴若干。

(3) 不同大小、颜色、形状的木珠一筐,圆头木筷或细棍若干,一头用橡皮筋绕多圈固定。

【操作提示】

(1) 幼儿随意用长绳为娃娃做"手链"或"项链",提示幼儿按照一定的规律串,初次尝试,可以给幼儿提供一定的范例,以帮助幼儿领会其中的规律。

(2) 幼儿选择不同颜色的塑料花片,可根据间隔的方法(两种颜色或三种颜色)有规律地"种花",将粘上保时贴的花片"种"在"小花园"里。

(3) 幼儿选择木筷或细棍,按照一种特征有规律地串,做成一根自制的"冷饮",做完以后可提示幼儿相互告知或告诉教师你做的"冷饮"和别人有什么不一样。

二、渗透的数学教育活动

渗透的数学教育活动,指除专门的数学教育活动以外的,渗透于儿童日常生活中的数学教育活动、游戏中的数学教育活动、主题及其他各领域教育活动的数学教育活动。渗透的数学教育活动,无论是内容还是组织方式都十分丰富、灵活,很难以统一的标准来进行分类,为便于描述,暂做如下解释。

(一)日常生活中的数学教育渗透

从一个特殊的视角来看,直观的物质世界的万物,都是由一定的"数",按一定的"形"和"序"构成的。印度著名数学家高塔姆·慕克吉在国际数学家大会上指出,数学与日常生活是两条互相交织的线。每个孩子从来到这个世界的那一刻起,就开始和物质的、直观的实体世界发生了接触,同时也就意味着开始与隐藏在实体的物质世界背后的数学世界发生这样或那样的联系。儿童正是凭借着"数"和"形"的中介,实现对周围世界的基本结构与秩序的认识与把握,因此,日常生活中的各种活动,是向儿童进行数学教育十分重要的途径,日常生活环境是幼儿数学教育取之不尽的源泉,它能为幼儿提供自主、自发的数学学习条件,让幼儿通过各种感官参与活动,感受来自生活中的种种数学信息,利用生活素材积累感性的数学经验。日常生活中的渗透性数学教育活动主要表现为如下几种形式:

1. 幼儿园一日生活环节中的渗透性数学教育

幼儿园的一日生活环节主要包括:入园、晨检、早餐、午餐、午睡、上活动课、离园等。这样数学教育就可以将时间认知渗透一日生活的各个环节中,如几点入园、离园;几点吃饭、午睡、起床;今天是星期几、哪几个小朋友做值日等。有的中、大班幼儿还学习记气象日记,记录每天的日期和天气等情况。

在进餐过程中,教师可以让幼儿通过观察"一个小朋友一个碗一把勺子"而获得一一对应的观念;洗漱和喝水时让幼儿认识许多条毛巾和一条毛巾、一只杯子和许多杯子之间的关系等。在整理玩具、图书、衣物时,教师可引导幼儿学习对物品进行归类的方法和技能。

在外出散步时,教师可引导幼儿观察各种物体的形状,如有的房顶像三角形,房子的门和窗像长方形,树干粗、树枝细,马路宽、小巷窄等。秋天,可以引导幼儿将拾来的树叶进行分类、排序,还可用树叶拼搭物体和图形等。

在日常生活中,还有一些偶发性事件也可以成为引导幼儿学习数学的契机。例如,某小朋友过生日,他带来一盒蛋糕,这时教师就可启发幼儿讨论:怎样分,才能使每个小朋友都获得一份一样大的蛋糕。

2. 家庭生活中的渗透性数学教育

教师与家长合作是激发幼儿学习数学的兴趣,实现数学教育目标,发展幼儿数学能力的有效途径。首先,要引导家长转变教育观念,这是实现在家庭生活中渗透数学教育的必要前提。幼儿园可以对家长进行培训,开办"幼儿园数学教育专题"宣传栏,定期举办家长讲座等,让家长树立科学的幼儿数学教育理念。其次,通过让家长参与幼儿园数学教育活动及家长开放日等活动,让家长了解目前幼儿园数学教育的生活化、游戏化趋势。再次,教师可结合教学进度,帮助家长制定家庭生活中渗透数学教育的方案,让家长意识到家庭生活中也渗透着数、量、形、时间、空间、加减运算等方面的数学教育内容。

3. 社会生活中的渗透性数学教育

社会生活中也存在着对幼儿进行数学教育的契机。例如,植物园春游、秋游,可让幼儿感受自然界的色彩和形状,感受量的差异,认识时间等。家长带孩子外出购物、走亲访友,可以让孩子帮助算钱、付费、记住公交车车次和站牌、观察商场建筑的造型等。

总之,幼儿一日生活中的数学教育环境是十分丰富多样的,环境中的事物都具有数、量、形方面的属性,教师应当充分地利用这一自然的、随机的环境,提供儿童宽松、自由的学习空间,在感受、观察、交流与讨论等活动中获得数的相关经验。

(二) 游戏活动中的数学教育渗透

苏联著名教育家克鲁普斯卡娅说过:"游戏对于儿童是学习,是劳动,是重要的教育形式。"儿童的生活离不开游戏,它是儿童最喜爱的活动,是最符合儿童身心发展特点的活动之一,因而,它也是向儿童进行数学教育的有力手段和途径之一。结合游戏进行数学教育可使儿童摆脱枯燥抽象的数量概念,在欢愉、轻松、有趣的气氛中参与、体验、感受和学习初步的数学知识。所以在教师有目的,有计划地安排的数学教育活动时,往往采用游戏的形式来组织活动。此外,在儿童生活中的其他各种游戏活动中也涉及大量有关数量、空间、时间、形状等方面的知识。

1. 利用玩具和操作材料进行数学教育

利用玩具和各种材料。如"连连乐"玩具运用数学和符号进行加法、减法、乘法、除法的列式运算,能开发幼儿的思维和理解能力。利用数字及符号在游戏盘上进行连等式运算,看谁连得多。通过游戏加深幼儿对数字的认识、学会运算的技巧,培养幼儿学习的兴趣,为小学的读、写、算打好基础。例如,在大班开展学习"8"的组成活动时,教师事先为学前儿童创设了一个大花园,还为每个幼儿准备了花坛,然后让他们自由选择种两种不同颜色的花,以此来理解"8"的分合。

2. 在建筑游戏进行数学教育

幼儿园中的主要材料——积木正是现实生活中各种物体形状的再现,儿童在运用积木搭建各种建筑物和物体的过程中,可以获得并巩固各种数学知识。运用积木进行的建筑游戏涉及的数学知识,包括了空间、几何形体、测量等,而这些方面又与分类、排序、数及数量的比较(相等与不等)相联系(具体如图 3-1① 所示)。儿童在选择积木、辨认形体、拼搭建筑物的过程中,激活并运用了有关的数学知识,从而起到学习和巩固数学知识的作用。

---

① 林嘉绥,李丹玲. 学前儿童数学教育[M]. 北京:北京师范大学出版社,1994:58.

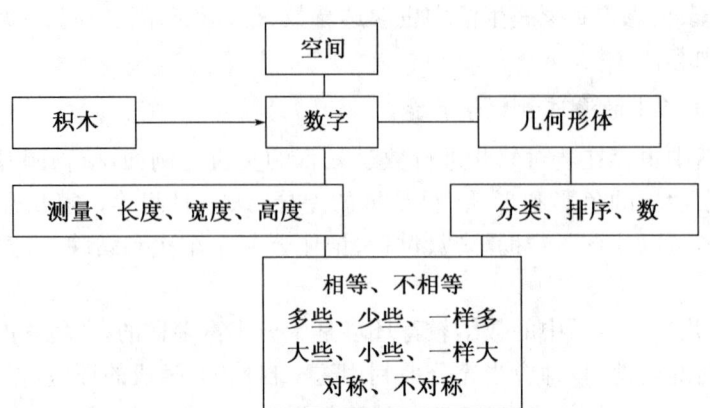

图 3-1 积木搭建所涉及的数学知识

3. 在角色游戏中进行数学教育

在角色游戏中的数学教育。在角色游戏中渗透数学知识,幼儿在游戏中理解并掌握数学。日常的数学教学,应把学前儿童当成合作伙伴,平等的关系有助于儿童在心理上获得安全、放松,加上环境的宽松、和谐,儿童在这样的环境中能充分地"做"和"玩",会显得兴致勃勃、跃跃欲试。角色游戏中通过"娃娃家"游戏,请客人吃饭,分碗、分汤匙、分蛋糕、分水果等,发展学前儿童一一对应的概念。同时在"娃娃家"游戏中也可以设置很多问题,例如,教师可向客人设置问题:"这只小猫想出去玩,谁能告诉小猫从哪个门(娃娃家里有两个门)出去比较近?"于是幼儿尝试运用各种方法测量,有的用跨步子,有的用笔,有的用绳子,有的用吸管,有的用脚掌,有的用手掌等方法,在解决问题的过程中掌握了基本的测量方法。

买卖游戏能帮助儿童复习数的加减运算;娃娃家游戏中布置娃娃家家具,能帮助儿童复习并运用分类的知识,这些活动帮助儿童通过扮演角色,在游戏情节中获得数的经验。另外,娱乐游戏中的玩沙、玩水游戏也是儿童十分喜欢的一种游戏。在这些游戏中儿童不仅能感受到沙和水的性质,而且用各种形状的杯子、碗等装沙和水,通过反复翻倒,逐步感知量的比较和守恒概念。

总之,寓数学教育于游戏活动之中,能使儿童在自由活动和有趣新奇的游戏体验中获得数、形的经验和知识。因此,在实施幼儿园数学教育的过程中,教师应当从整合和多方位渗透的角度出发,合理利用游戏环境,在各类游戏活动中自然、有机地渗透数学教育,创造让幼儿多途径感知和体验数学的各种机会。

(三)主题及其他各科教育活动中的数学教育渗透

1. 主题教育活动中的数学渗透

从当前的幼儿园课程改革实践来看,整合式、主题式的课程结构模式已成为一种发展趋势。与原来的分科教学不同的是,幼儿园的数学教育活动不再仅是从学科本身的逻辑结构和起点出发的专项活动,而是注重围绕着幼儿的生活,在整合式的课程载体下融入数学教育的内容。因此,渗透的、整合的数学活动自然就成了幼儿园数学教育活动的一个重要方面和途径。如何在主题的背景下,融入数学的内容,帮助幼儿从生活和游戏中感受事物的数量关系并体验到数学的重要和有趣,这成为《幼儿园教育指导纲要》理念下的幼儿园教师们共同探究的重要课题。

所谓主题活动,是指围绕着一个来自幼儿生活经验背景的中心内容即主题来展开教育教学活动。主题源自儿童的生活,反映的是一个整体的、具体的、生动的现实世界。每一个主题中也自然包含着儿童发展的各个不同领域,数学作为与儿童生活密切联系的一个领域也必然会在其中显现。因此,与主题相融合的"生活化数学"可以帮助幼儿在整合的、生活化的、具体的情境问题中感受事物的数、量、形、时、空,从而获得相应的数概念。

此外,在儿童生活的周围环境中,各种事物都是以一定的数量关系和空间形式存在的,且各种知识也是互相联系且相互渗透的。因此其他各领域的教育活动都是可以与数学教育找到结合点的。在这些教育活动的过程中结合数学教育,既是该领域教育内容本身的要求,也是完成数学教育任务不可分割的一部分。它能够巩固、加深、补充和促进儿童数学概念的发展,能使儿童数学学习更为生动和有效,因此,它也就成为向儿童进行数学教育的辅助手段和必要途径。

2. 其他领域教育活动中的数学教育

幼儿园其他领域教育活动中也可以渗透数学教育。例如,语言活动中的儿歌《打老虎》:"1,2,3,4,5,上山打老虎,老虎打不到,碰到小松鼠。松鼠有几只?让我数一数,数来又数去,1,2,3,4,5。"可以帮助幼儿熟悉自然数的顺序,为计数做好准备。美术活动中,可以用各种几何形状的纸粘贴画。音乐活动中的律动和节拍节奏,都与数有关。体育活动中的"上、下、前、后、左、右"等空间方位和"向上、向下、前、向后、向左、向右"等运动方向,都是幼儿感知和理解空间方位,发展空间知觉的有效途径。

下面提供一组中班"端午节"主题活动①,说明数学与语言、社会、艺术等其他领域的相互融合。

案例 3-3 活动名称:赛龙舟(健康)

【活动目标】

(1) 锻炼幼儿的腿部力量和协调性。

(2) 体验团结协作的乐趣,培养竞争意识。

【活动准备】

赛龙舟的录像,节奏鲜明的音乐,收音机,一面红旗。

【活动过程】

(1) 准备活动,听音乐,师生一起做模仿动作。

---

① 徐青,刘昕.学前儿童数学教育[M].高等教育出版社,2014,8:34-38.

(2)"开龙舟"游戏。幼儿自由结伴,五人一组,后面的幼儿依次抱住前面幼儿的腰或者拉住衣服,蹲着向前走。(教师只交代"开龙舟"游戏的基本玩法,让幼儿自己在玩中体验使"龙舟"前进的技巧)教师观察幼儿自由结伴的情况。观察在做"开龙舟"游戏时,幼儿能否步调一致,能否口数"1""2"并有节奏地蹲着向前走。

(3)集中幼儿一起讨论"开龙舟"游戏的感受。

(4)幼儿再玩"开龙舟"游戏。教师观察幼儿游戏的情况,并予以个别指导。

(5)竞赛游戏:赛龙舟。

(6)放松,整理活动。

【活动延伸】

收集有关赛龙舟的图片和照片。

【活动建议】

建议教师在分组时,要考虑每组幼儿能力是否平均,每组幼儿水平是否相当,最好是能力强的幼儿带能力弱的,在互相帮助中增强幼儿的集体荣誉感,提升集体的凝聚力。

案例3-4　活动名称:认识端午节(社会)

【活动目标】

(1)了解端午节的由来,知道爱国诗人屈原。

(2)知道端午节是中华民族的传统节日,了解有关此节日的一些风俗活动。

【活动准备】

有关端午节的录像片段:赛龙舟,吃粽子;实物粽子一串。

【活动过程】

(1)导入活动。教师出示一串粽子,询问幼儿:这是什么形状的?你吃过吗?是在什么节日吃的?要过什么节了?从而激起幼儿了解的兴趣。

(2)教师讲粽子的由来和屈原的故事。

(3)请幼儿观看录像片段。通过"包粽子""赛龙舟"活动,了解节日的民间庆祝活动。

(4)请幼儿品尝粽子。

【活动延伸】

建议家长端午节当天带幼儿到八女投江或北山公园感受端午节的节日氛围。

【活动建议】

教师可以安排另一课时,向幼儿介绍南方人过端午节的一些风俗,让幼儿了解南北风俗的差异,从而让幼儿感受中国的地域广阔、文化的博大精深。

案例3-5　活动名称:好吃的粽子(语言)

【活动目标】

(1)通过品尝粽子,知道粽子有各种各样的味道。

(2)知道端午节的来历,并鼓励幼儿大胆地讲述自己的想法。

【活动准备】

故事录音。各种形状的粽子、粽叶若干、米、皮筋、点心盘、毛巾等。

【活动过程】

1. 引出话题

小朋友们知道端午节吗？谁能告诉我端午节是在什么时候？在这一天,我们会吃什么？（粽子）

今天老师也为小朋友们带来了很多的粽子,请你们拿一个看一看,摸一摸,想一想,你们手里拿的粽子像什么？并用一句完整的话来说一说。

小结：粽子的形状真有趣！

2. 品尝粽子,并讲述

粽子的形状真有趣,我们来闻一闻,粽子香吗？你们知道粽子的清香来自哪儿吗？是从粽子外面的这片叶子上散发出来的,它叫粽叶。

3. 请一组小朋友从点心盘里拿出粽子分给另一组小朋友。

教师组织幼儿有序地一组一组分粽子给另一组小朋友。

4. 幼儿品尝

你们吃过粽子吗？你们吃过哪些粽子？今天老师也为你们准备了很多的粽子,我们来吃吃看,跟你们以前吃过的一样吗？

5. 请幼儿讲述粽子的馅及它的味道

鼓励幼儿尝试分享自己吃到的粽子的味道,大胆地在同伴面前表达自己的想法。

【活动延伸】

建议家长和孩子一起包粽子,让幼儿感受节日的氛围。

案例3-6 活动名称：有趣的三角形（科学）

【活动目标】

(1) 通过认识、操作和游戏活动,使幼儿初步了解三角形的基本特征。

(2) 激发幼儿对图形的兴趣,并学会目测分类。

(3) 锻炼幼儿的手工操作能力和思维的敏捷性。

【活动准备】

三角形教具、三角形拼图学具每人一套；圆形、三角形、正方形的头饰每人一个,相应的实物若干。运用三角形、圆形和正方形等几何图形组成画布置,用几何图形积木作幼儿的椅子。

【活动过程】

1. 导入活动

出示三角形,激发幼儿的学习兴趣,指导幼儿观察、分析,启发幼儿说出并记住图形名称和基本特征。

2. 游戏活动

请一名大班幼儿扮演"三角形娃娃",由他向大家介绍自己的朋友（形状与三角形相同的实物),然后让幼儿帮助"三角形娃娃"找朋友,巩固对三角形的认识。

3. 出示用三角形拼成的各种物体

引导幼儿观察这些物体是由哪些几何图形组成的。

4. 用三角形拼贴图案

用大小不同的三角形拼成各种图案,鼓励幼儿大胆想象,并将图案粘在作业纸上,然后把作品挂在活动室里作装饰,供教师和幼儿一起欣赏。

【活动延伸】

鼓励幼儿回家以后用小棍继续练习拼图。

【活动建议】

教师可以予以引申,让幼儿找出生活中更多的三角形,还可以用正方形或长方形的纸,让幼儿尝试怎么样把它们变成三角形,让幼儿在主动探索中掌握三角形的特征。

案例 3-7　活动名称:包粽子(艺术)

【活动目标】

(1) 引导幼儿学习用捏的方式来"包粽子"。

(2) 通过情境化的泥塑环境让幼儿对泥工活动感兴趣。

【活动准备】

各色面泥、盘子、粽子叶。

【活动过程】

(1) 魔术魔术变变变。教师出示面泥,告诉幼儿:"今天,我们要变魔术,一起来念口诀:魔术魔术变变变!"教师手藏身后,捏出粽子。激发幼儿兴趣。

(2) 幼儿学习包粽子,分组自主学习。

(3) 幼儿自主"变"出粽子。教师会变出粽子,你们想变魔术吗?我们一人拿一块彩色面泥,自己变变看,看谁能变出粽子。

(4) 教师个别指导。

(5) 展览粽子。

【活动延伸】

幼儿将一盘盘粽子送到邻居班,请他们参观、欣赏。

【活动建议】

教师在组织幼儿捏制粽子的过程中,可以引导幼儿捏出和教师捏的不一样的形状,不要限制幼儿的想象力。

第二节　学前儿童数学教育的方法

教育方法是指在教育过程中教师和学生为实现教育目标和教育任务所采取的行

为方式的总和。它是教育目标转化为儿童发展的中介途径和重要媒介。教育方法运用的恰当与否,将直接关系到教育任务的完成及教学的效果。因此,采用科学、合理、有效的教育方法,将有助于教育的最优化,有助于教育理想效应的达成。

学前儿童的数学教育活动是教师指导下的有目的、有计划的儿童主动的学习活动。在这种行为活动方式中,既包括教师教的方法,也包括儿童学的方法,还包括师幼行为活动的顺序。教师和儿童的行为不是割裂而孤立的,两者行为之间存在着一种有机的密切联系,体现出整体的统一。下面从儿童的视角出发,具体介绍和分析几种在学前儿童数学教育中常用的方法。

一、操作法

(一) 讲解演示法的含义

讲解演示法是讲解与演示相结合的方法。例如,小班幼儿学习计数时,教师先举起右手,用食指一边逐一点数桌子上排列的小兔子,一边说"现在老师用右手指,从左边开始,点一只小兔子,说一个数,1、2、3,一共 3 只小兔子",在说出 3 只小兔子时,用手指在小兔子周围划一圆圈,以表示 3 的总数意义。在这一过程中,教师既讲解和演示了正确进行计数的方法、技巧,又直观地表达了"3"的实际含义,从而帮助幼儿掌握计数的技能,理解数的意义。

但是,这种方法是以教师为中心的,我们应审慎地使用讲解演示法。长期以来,幼儿园数学教育活动中过多地、不适宜地运用讲解演示法的现象普遍存在,几乎不管教育内容和教育对象的特点,均以讲解演示为主,灌输知识,这显然有违《纲要》中"让幼儿得到生动、活泼、和谐发展和发展幼儿数学思维能力"的主张。因此,我们应有选择地、有针对性地运用讲解演示法。

(二) 讲解演示法的要求

第一,必须突出讲解的重点。讲解演示法应围绕要求幼儿掌握的知识和技能进行,不要让其他无关细节分散幼儿的注意力。

第二,讲解时语言要简练、准确、形象、通俗易懂。

第三,演示的直观教具要真实、美观、稍大些,并为幼儿所熟悉,以免因使用新奇的教具而分散幼儿的注意力。

第四,讲解演示法可与操作法、发现法等结合使用。

二、游戏法

(一) 游戏法的含义

游戏法是根据儿童天性好动,思维处于具体形象的阶段这些特点,将抽象的知识寓于儿童感兴趣的游戏中,让儿童在各种游戏活动中学习数学的一种方法。它是儿童数学学习十分重要的途径和方法,它有利于调动儿童的学习积极性,激发儿童的学习兴趣,体现儿童的学习特点和身心发展的规律。

学前儿童数学教育中的游戏是一种运用于教学中的有规则的游戏,是在教学过程中用以完成一定教学任务的游戏。游戏中有一定的动作和规则,教师可以将要求儿童掌握的初步数学知识和技能,渗透到规则和动作中去,使儿童在操作游戏规则和动作的过程中开展观察比较、分析综合、抽象概括以至判断推理等思维活动,从而使游戏成为儿童获得数学知识和发展思维的有效方法。

(二)游戏法的种类

1. 操作性数学游戏

这类游戏是指儿童通过操作玩具或实物材料,从而获得数学知识的一种游戏,它也有一定的游戏规则。如小班儿童学习分类时做的"图形宝宝找家"操作游戏,即安排三个动物玩具,分别贴上△、□、○的标记,让儿童把"图形宝宝"送到相应特征的玩具动物"家"里去。又如大班儿童学习数的组成时开展的"球盒"操作游戏,学习加减法的"掷骰子"等游戏,都是通过具体的实物操作,通过一定的游戏规则来学习初步的数学知识。

2. 情节性数学游戏

这类游戏因具有一定的游戏情节、内容和角色,特别适合于年龄小的儿童。通过游戏情节的安排来体现所要学习的数学知识。如为小班儿童学习"1"和"许多"而设计的"猫抓老鼠"游戏,教师、儿童分别扮 1 只"猫妈妈"和许多"小猫","猫妈妈"以游戏口吻要求"小猫"们去抓老鼠,要求每只"小猫"抓 1 条鱼,1 条、1 条的鱼合并成"许多"条鱼……在这一系列情节中渗透"1 和许多"的数学概念。这类游戏一般以一个主题贯穿整个游戏,但教师在设计这类游戏时,应注意情节的安排须有助于儿童更熟练地掌握数学的初步知识,有利于促进儿童观察力、想象力和思维能力的发展。游戏的过程不宜太新奇、规则不宜太复杂,以免分散儿童的注意力。

3. 竞赛性数学游戏

带有竞赛性质的数学游戏更适合于中、大班,不仅能满足儿童的竞赛、好胜心理,而且有助于对知识的巩固和发展儿童思维的敏捷性和灵活性。

4. 运动性数学游戏

这类游戏是指寓数学概念或知识于体育活动之中的游戏。例如,大班儿童学习数的组成,通过掷飞镖、投沙包等运动性游戏来记录某一总数中不同的投掷结果(如 5 个飞镖,投中 3 个,未投中 2 个),再根据对投掷结果的归纳来学习数的组成。这类游戏既满足了儿童好动的天性,又渗透了数学的初步概念。

5. 运用各种感官的数学游戏

这类游戏主要强调通过不同的感官进行数学学习,强调儿童对数、形知识的充分感知。例如,在儿童学习认数的过程中,可以让儿童通过看看、听听、摸摸等活动多方面理解数的实际意义。在学习认识、区别几何图形中,可以开展"奇妙的口袋"游戏,让幼儿通过触摸来感知、区别图形的不同特征。

6. 数学智力游戏

这是一种运用数学知识以促进儿童智力发展为主的游戏。数学智力游戏能极大地调动儿童思维的积极性,培养其思维的灵活性、敏捷性、独创性以及综合运用数学知识解决问题的能力。如让幼儿玩七巧板游戏,先沿实线剪出七块几何图形卡片,然后发挥想象力拼出各种可爱的图案。

(三)游戏法的运用要求

第一,游戏的内容要突出数、量、形知识,发展幼儿的思维能力。游戏的规则不要过于复杂,情节应当是幼儿所能理解的。

第二,游戏种类的选择及游戏所占的比重,应根据幼儿的实际水平而定。一般来说,情节性、操作性和运用各种感官的游戏适合于各年龄班,竞赛性游戏适合于中、大班。小、中班的数学课应以游戏为主的方式进行;大班可适当减少,这种安排也有助于培养幼儿良好的学习习惯。

三、讨论法

(一)讨论法的含义

语言是思维的工具。在数学教育中,讨论是引导儿童有目的、探讨性地主动学习数学的一种重要方法,它是一种多边的活动过程,可以是教师与儿童,也可以是儿童与儿童间的讨论,它能够起到互相交流、互相启发、共同探究的作用,进而促进分析、归纳,有利于儿童初步数概念的形成及思维的发展。

(二)讨论法的类型

第一,从讨论的时机来分,可以分为随机性讨论和有计划的讨论。前者是指根据教学的进展情况和儿童的反馈随时开展的讨论。这种讨论针对性强,有利于帮助儿童解决学习过程中的障碍;后者是指教师针对某一问题有目的有计划地组织儿童开展的讨论,一般在操作以后进行,可以引导儿童对数的各种体验进行整理,帮助儿童对某一问题进行分析与归纳。

第二,从讨论的功能来分,可以分为辨别性讨论,其目的在于通过讨论学会比较和积极思考;修正性讨论,其目的在于通过讨论认识操作中的错误,发现问题,提出修正办法;交流性讨论,其目的在于通过讨论获得多种答案,注重求异,丰富知识经验;归纳性讨论,其目的在于帮助儿童归纳操作中的体验,使之条理化、概念化。

(三)运用讨论法需注意的问题

1. 以操作体验作为讨论的基础

对儿童来说,在开展讨论前必须具有一定的知识经验和心理准备。因为讨论往往是伴随着操作活动而展开的,所以操作体验应是讨论的基础,儿童有了一定的感性认识,才能对要讨论的内容做出积极的反应,才能接受讨论的最终结果。比如要让儿童通过讨论来掌握数组成的规律,就必须在儿童有了关于数组成的操作经验,对数组成的关系有所体验的情况下进行。在教学中,应力求避免那种毫无准备、只求形式、不求实效的讨论。

2. 注重讨论的过程

儿童数学学习的重点不在于传授知识,而在于促进其思维的发展,因此讨论的过程比讨论的结果更重要。鼓励儿童积极参与讨论、开动脑筋、促进思维能力的发展才是讨论的目的所在。在讨论过程中,教师要注意倾听儿童的操作体验,观察分析儿童在讨论中的反应,了解儿童的思维形式和思维活动的过程,鼓励儿童积极发表自己的看法,引导他们自己得出结论。

3. 体现因人而异、因材施教的原则

作为独立的个体,儿童的发展水平和能力是各不相同的,有些能力较弱的儿童往往很少参与讨论。作为教师,应以激励者的身份鼓励引导他们积极参与,给儿童更多自由讨论的空间、时间,在宽松自由、无拘无束的讨论环境中帮助儿童克服自卑感、紧张感,树立自信心,大胆地说出自己的意见。同时也可以从较简单问题引入讨论,当儿童有了一定的基础之后,再渐渐提高问题的难度。

四、比较法

(一) 比较法的含义

比较法是学前儿童数学教育中被普遍采用的一种教育方法。比较是思维的一个过程,是通过对两个或两个以上物体的比较,让幼儿找出它们在数、量、形等方面的相同和不同。如比较两根绸带的长短,比较三个相邻数间的大小等。在比较过程中,幼儿首先要在比较的两个(或两个以上)对象间建立起联系,才能做出判断,在这个过程中也促进了幼儿的思维发展。

(二) 比较法的类型

1. 按比较的性质分

按比较的性质来分,可以分为简单的比较和复杂的比较。

(1) 简单的比较是指对两个(组)物体的大小、长短、高矮、粗细、宽窄、厚薄等的比较。例如,比较两根线的粗细。如图 3-2。

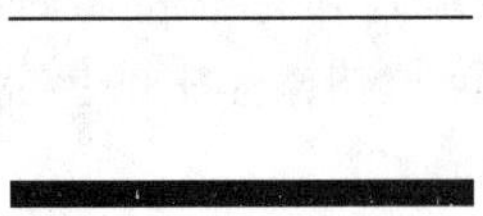

图 3-2 简单比较

(2) 复杂的比较是以简单的比较为基础的,是指对两个(组)以上物体的大小、长短、高矮、粗细、宽窄、厚薄等的比较。例如,比较以下圆形的多少,如图 3-3。

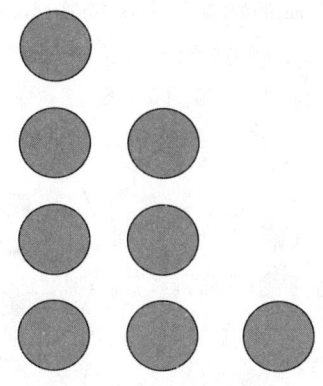

图 3-3 复杂比较

2. 按比较的排列形式分

按比较的排列形式来分,也可以分为对应比较和非对应比较两种。

(1) 对应比较。

对应比较是把两个(组)物体一一对应并加以比较,包括重叠比较、并放比较和连线比较。

重叠比较。把一个(组)物体重叠在另一个(组)物体上,形成两个(组)物体元素之间一一对应的关系,从而进行量或数的比较。例如,将圆柱一一叠放在圆上,如图3-4。

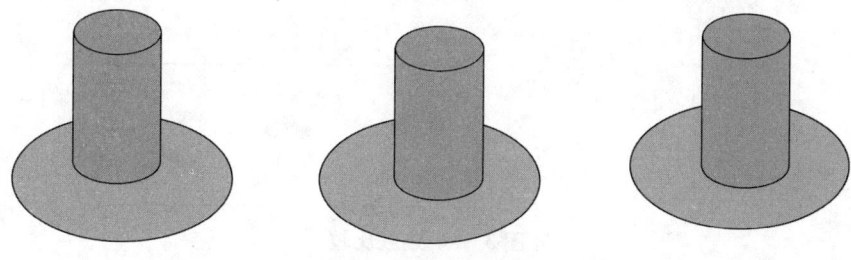

图 3-4 重叠比较

并放比较。把一个(组)物体并放在另一个(组)物体的下面,形成两个(组)物体元素之间一一对应的关系,进行量或数的比较。例如,将四个红心一一并放在四个笑脸下面而进行的比较,如图3-5。

图 3-5 并级比较

连线比较。是指将图片上画的物体和有关的物体、形状或数字等,用线联系起来进行比较,也可用连线的方式将两个集合的元素一一对应,而进行的量或数的比较。例如,比较下面两组物品数量的多少,如图3-6。

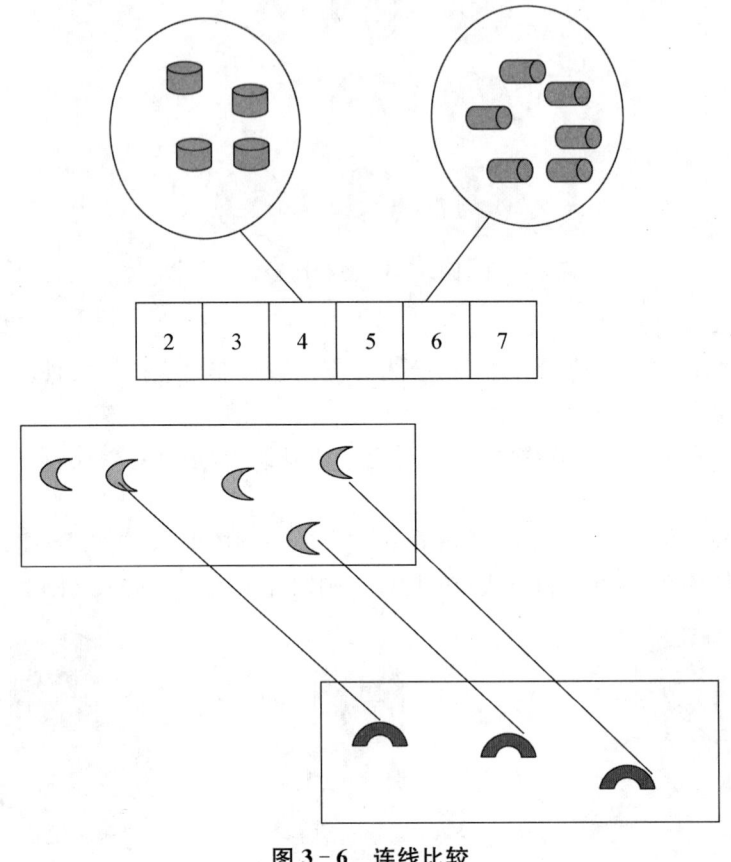

图3-6 连线比较

(2)非对应比较。

非对应比较又可分为单排比较、双排比较和不同排列形式的比较。

单排比较。是指将物体摆成一排或一行进行的比较。例如,比较下面三角形的高低,如图3-7。

图3-7 非对应比较

双排比较。是指将物体摆成双排进行的比较,有异数等长、异数异长、同数异长等方式。例如,比较下面图形的个数或长短,如图 3-8。

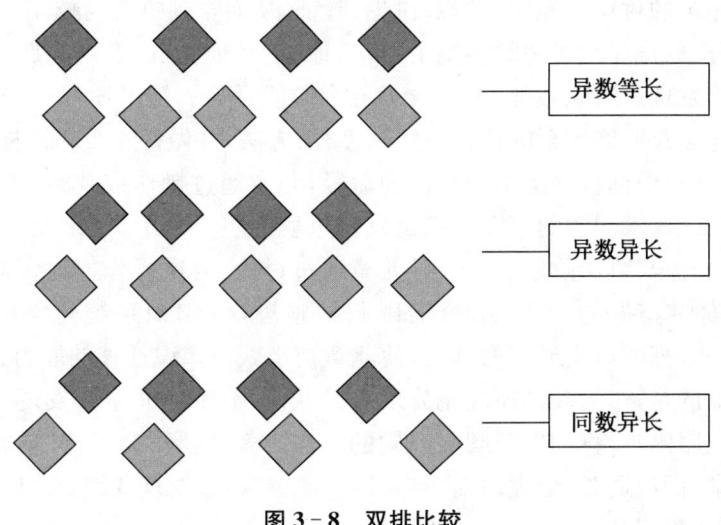

图 3-8　双排比较

不同排列形式的比较。是指将一组物体作不同形式的排列,进行数量比较,如图 3-9。

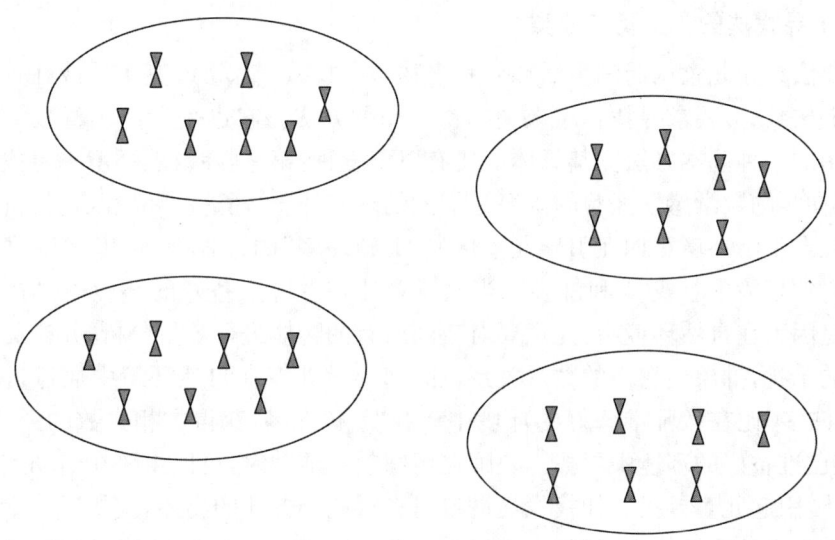

图 3-9　不同排列形式的比较

五、发现法

发现法是在教学过程中,教师不把数学的初步知识和概念直接向儿童讲解,而是引导儿童依靠已有的数学知识和经验去发现和探索并获得初步数学知识的一种方法。这种方法充分调动儿童学习的积极性和主动性,培养儿童学习数学的自主意识及独立解决问题的能力。

运用发现法的前提是教师必须为儿童的主动探索和发现创设一个合适的环境，能让儿童在一定的材料中操作、发现、讨论、验证，从而学到概念与技能。让儿童在宽松、自由、充分享有空间、时间的环境中，自信地、主动地尝试，发现问题，进而解决问题。一般运用发现法组织教学，可以分为五个阶段：第一，准备阶段——正式进入发现过程首先让儿童明确探索的目标、意义、途径、方法，并做好物质和精神的准备。第二，初探阶段——根据教师提出的目标和途径，儿童通过操作或观察，主动概括出原理、概念的定义，探求问题的答案。它是发现过程的主要环节，也是儿童获得知识的基础。第三，交流与再探阶段——引导儿童通过讨论，再次操作探讨。第四，总结阶段——把探索中获得的知识、结论加以归纳整理，使知识系统化。第五，运用阶段——通过一系列的口头或书面练习，使儿童初步获得知识迁移的能力。

值得一提的是，作为教师还应充分地相信儿童，放手让儿童去发现、探索、思考，并鼓励儿童克服困难，直到发现解决问题的办法。教师要学会等待、观察，不要急于暗示儿童答案，而应适时、合理地给予启发，对通过探索、发现找到解决问题办法的儿童，应多多给予肯定和鼓励。

六、寻找法

(一) 寻找法的含义及其分类

寻找法是让儿童从周围生活环境和事物中寻找数、量、形及其关系或在直接感知的基础上按数、形要求寻找相应数量实物的一种方法。它也是学前儿童数学教育中经常使用的一种基本方法。其具体形式有以下三种：第一，在自然环境中寻找。对儿童来说，初步的数学感性经验的源泉是周围的现实环境，而这一环境既包括自然环境也包括社会生活环境。如在引导儿童区别"1和许多"的过程中，可以运用寻找法让儿童在自然环境中寻找"1和许多"，当然这要比在教师准备好的环境中寻找更困难些。这是因为在自然环境中，儿童要对空间所有的物体进行数量分析，并排除物体排列形式的干扰，抽象出它们的数量关系，那么，显然儿童在自然环境中通过自己寻找的"1和许多"比在教师准备好的环境中寻找"1和许多"获得的相关数的经验要多。第二，在已准备好的环境中寻找。教师在组织教学活动时，可以事先在活动室布置有关的物体，引起儿童寻找。如找找活动室里有哪些长方体的物体，找找活动室里能用数字3来表示的物体等。第三，运用记忆表象来寻找。通过启发儿童在直接感知的基础上运用记忆表象，寻找出相应的物体。

寻找法不仅可以提高儿童学习的积极性，使儿童的好奇心得到一定的满足，同时也有利于培养儿童的观察力、注意力和分析、综合的能力。

(二) 运用寻找法需注意的问题

第一，应根据具体的教学内容及儿童的年龄特点适时适宜地选用，避免追求形式。

第二，寻找法可以和游戏法相结合，特别是年龄小的儿童，利用游戏的口吻、游戏的情节及游戏的场景启发儿童寻找。

第三，教师对儿童的寻找要进行必要的引导和启发。如小班儿童用寻找法区别"1和许多"，教师可以先提示儿童看一看活动室里有几位老师，多少小朋友，有几扇门，几扇窗等，然后再引导儿童寻找什么是一个，什么是许多个。

除了以上几种基本方法外，在学前儿童数学教育中还可以采用另外一些辅助性的方法，例如，欣赏法，引导儿童对呈现数、量、形、空、时等数学内容的现实环境或美丽图画进行学习前的感知，在欣赏感知中萌发对数学活动的兴趣及体验粗浅的数学知识和内容。如出示用圆形拼成的娃娃、蝴蝶等图画，让儿童在感知欣赏图形的美中来认识区别圆形；归纳法，在儿童已有知识的基础上，运用推理概括出一些简单的特征或规律，以获得新的数学知识。这是从特殊到一般的过程。在儿童数学教育的中、后期可逐步引导儿童进行简单的推理，初步运用归纳的方法。如大班儿童在认识了10以内相邻数的关系后，能从中概括出10以内自然数列的任何一个数都比前面一个数多1，比后面一个数少1的普遍规律；演绎法，引导儿童运用一些带有规律性的知识进行推理以获得新的数学知识。它是从一般到特殊的过程。如大班儿童通过学习3、4、5的组成，掌握了两个部分数与总数之间的互补、互换关系之后，他们就能运用这个一般规律推理出6～10中每个数的组成，达到了举一反三的效果。

"教有法而无定法"，教学方法具有很大的灵活性和创造性，它受教学目标、教学内容和教学对象的制约，即使同一种方法，由于目标、内容和对象的不同在实施中也应有所区别。在考虑学前儿童数学教育方法的过程中，应从儿童学习数学的思维特点及本身年龄的特点出发，避免单一枯燥的灌输式方法，而采用灵活多样、生动活泼、手脑并用、多种感官参与的方法。同时，我们在采用某一种方法进行教育活动中也可兼用其他方法相辅，使教学方法成为一个有机的整体，彼此互相渗透、交融，从而更有效地激发儿童学习的兴趣，更有针对性、创造性地进行数学启蒙教育，更好地贯彻"儿童为主体，教师为主导"的教育思想，使儿童获得初步数学知识的启蒙和思维的发展。

复习与思考

1. 如何理解幼儿园专门的数学教育活动与渗透的数学教育活动各自的价值，它们之间有何关系？谈谈你的认识。
2. 何谓正式的数学教育活动、非正式的数学教育活动？请结合实际、谈谈你对两类活动价值定位和实际运用的理解。
3. 结合某一主题内容，设计一则渗透数学教育活动的案例。
4. 什么是操作法？在具体的运用中应注意哪些要点？
5. 简析发现法在儿童数学学习中的意义和作用。
6. 什么是寻找法？主要有哪几种形式？

第四章 学前儿童数学教育活动的设计与组织

学前儿童数学教育活动的设计是教师组织数学教育活动的前提,是在教育理论指导下教师思维活动与教育实践活动相结合的产物。教育活动设计,是指依据一定的教育目标,选择一定的教育内容和形式,对儿童施加教育影响的方案。教育活动设计既是某种教育理论、教育观点和课程设计思想的具体体现,同时也是实施、完成教育目标的重要环节和保证。因此,在组织教育活动之前,设计教育活动是教育者必须做的一项重要工作。

设计幼儿园的数学教育活动,教师必须考虑到数学教育的目标、儿童学习数学的规律和特点、师幼互动的方式等因素,科学、合理而有效地进行活动设计,从而调动儿童的学习兴趣,促进儿童对数概念的主动建构和思维的发展。

第一节 学前儿童数学教育活动设计的基本理论

幼儿园数学教育活动的设计是教师为促进儿童数概念发展而有计划、有目的展开的一项创造性工作,它是建立在教师把握和分析活动对象的特点上,进而制定适宜的教育活动目标,合理选择教育活动的内容与形式,并充分创设和调动教育活动的环境及其他要素的基础之上的。因此,对于这样一种与教育目标、教育观念、教材教法、教师与儿童以及环境与时空等各项因素相关的设计工作,为了促进其科学、合理而有效,有必要在设计中提出以及遵循一些基本的准则和要求。

一、学前儿童数学教育活动设计的依据

(一)依据教育目标

教育目标规定着把受教育者培养成为什么样的人的根本性问题,它是教育活动设计的出发点和主要依据。学前儿童数学教育的目标是在教育总目标的指导下制定的。根据《幼儿园教育指导纲要(试行)》科学领域的目标精神,学前儿童数学教育总目标应包含以下具体内容。

第一,对周围环境中事物的数量、形状、时间和空间等感兴趣,有好奇心和求知欲,喜欢参加数学活动和游戏。

第二,能从生活和游戏中感受事物的数量关系,获得有关数、形、量、时间和空间等感性经验,体验到数学的重要和有趣。

第三,学习用简单的教学方法,解决生活和游戏中某些简单的问题,能用恰当的

方式表达,交流操作和探索问题的过程和结果。

第四,会正确使用教学活动的材料,能按规定进行活动,有良好的学习习惯。

我们从数学教育目标的三层次结构中可以看到每一层次的目标都可以概括为认知、情感与态度及操作技能三个领域的要求。因此,纵横交错的数学教育目标体系可以从不同的层面为教育活动的设计提供依据:为教育活动设计的方向提供依据;影响教育活动设计的范围(学前儿童数学教育目标体系中关于儿童发展的要求为确定数学教育活动设计的具体范围提供了依据);影响教育活动设计的难易程度(学前数学教育对数学教育活动设计的内容和要求的难易程度产生一定的影响)。

(二)依据儿童特点

一个教育活动的设计与安排,看似简单,其实不易。它不仅涉及对教育目标、教育观念的把握和理解,同时还必须涉及对教育对象——儿童的发展水平的认识。因此,教育对象身心发展的特点也是数学教育活动设计的另一条主要依据。当然这里的发展水平,既包括儿童在数学方面的基础和发展水平,也包括儿童在身体、认知、情感、个性、社会性等方面整体的发展水平和特点。只有考虑到儿童发展的共性特点和个性特点,才能在活动设计的过程中做到有的放矢,制定相应的活动设计目标,选择适合的活动内容和范围,采用恰当的活动方式,使活动设计更具合理性、新颖性。

二、学前儿童数学教育活动设计的原则

数学教育活动设计的原则是指设计教育活动应遵循的基本准则,它既是教育思想、教育理论观点的体现,又是教育活动客观规律的反映。在设计学前儿童数学教育活动时,必须遵循的原则有以下几个方面:

(一)发展性原则

发展性原则是指在设计儿童数学教育活动时应着眼于促进所有儿童全面和谐的发展。它基本包括两层含义:

第一,数学教育活动的设计应适应儿童的发展水平,考虑儿童的原有基础,教育要求和教育内容应以儿童的身心发展成熟程度及可接受水平为基础。既要考虑各年龄阶段儿童身心发展的特点,更要顾及儿童发展过程中的个体差异,既不可任意拔高,也不可盲目滞后。在活动设计中从儿童身心发展的现实水平和已有的"内部结构"出发,既从他们现实的需要、兴趣和可能出发,又使他们经过一定的努力能够获得更进一步的发展和提高。正如苏联心理学家维果茨基所认为的,教师应确定儿童的两种发展水平:"现有发展水平"和"最近发展区",让教学建立在"最近发展区"的基础上,教学活动走在发展的前面,从而更好地促进儿童的发展。

第二,数学教育活动设计应以促进儿童的发展为落脚点,牢牢把握"发展"这个教育活动设计的核心。无论是在数学教育活动目标的制定、内容和材料的选择,还是方法和组织形式的运用,每一个层面都要以如何有利于促进儿童的发展作为依据和准则。当然,这种发展也应当是全面而综合的,既包括儿童在数认知方面的发展,也包

括儿童在态度、情感和社会性等方面的发展,它们应当是以一个合理而有机结合的整体体现在幼儿园数学教育活动的设计之中的。

(二) 主体性原则

所谓主体是相对于客体而言的,一般说来,它是指有目的、有意识地从事实践活动和认识活动的个体。从幼儿园数学教育活动本身的呈现特点来看,教师和儿童在教育活动中是共同参与、相互配合的,他们理所应当都是教育活动的主体。但是,活动设计的主体性原则是针对教师的角色和工作而言的,应当包含以下两层含义:

第一,数学教育活动设计中的主体性原则是指教师必须坚持遵循和体现以儿童作为数学活动的主体,不仅要在活动内容的选择以及活动形式的安排方面注重激发儿童的能动性、自主性、创造性,通过为儿童创设具有兴趣性、探索性、可供儿童自由交流和操作的环境与材料来引发儿童积极主动地与环境相互作用以获得相应的数经验和数概念,而且在儿童自己发现和解决数学问题的过程中发展他们的数学能力和数学思维。教师对儿童施加的教育影响,绝不能代替儿童自己的学习、实践和发展。

第二,数学教育活动设计中的主体性原则是指教师应当在重视儿童主体性和自我建构数概念的同时,适时、适地、适宜地发挥教师的主体性作用。即在活动设计中正确地认识和把握好教师的角色以及对儿童学习和活动的"指导",在互动中促进其社会建构。教师的主体性发挥,首先,体现在活动设计中教师对自身参与活动态度的认识和把握上。应当以饱满的热情和积极的态度融入儿童的活动之中,努力营造一种宽松、平等、自由的活动氛围,在满足儿童需要和意愿的同时潜移默化地发展儿童的自主性。其次,教师的主体性发挥还体现在数学活动设计时对教师介入角色的定位和把握上。教育活动作为一种师幼互动的活动,其中教师与儿童的互动方式可以是"指导性的互动",也可以是"引导性的互动"和"中介性的互动",在与儿童的交流和互动过程中,教师不再是"高高在上"的权威和领导者,而应当是儿童活动和学习的参与者、合作者以及支持者。最后,教师的主体性体现并不仅仅在其对儿童活动的直接指导方面,而是体现在其对儿童数探究、数思维活动的"隐性支持"方面,有了这样一种认识,才能够使教师在活动设计中对其"主导"的作用和价值有一个更正确而全面的把握,进而更好地推进儿童的数探究和数思维能力的发展。

(三) 生活化原则

生活化原则就是让幼儿园教学教育具有幼儿生活的色彩和意义。将教学教育的目标、内容和方法与幼儿的生活建立有机联系,选择符合幼儿学习规律的生活经验,抽取富有教育价值的内容纳入教学活动中,增加数学教育的人文精神。

数学作为一种文化具有普适性和渗透性的特征,在日常生活中我们经常要用数学的方法解决问题,因此在对幼儿进行数学教育时,尽可能地利用实际生活这一活教材,让数学动起来。儿童数学学习是以一种个体孤立的方式和状态存在的,如果我们把儿童置于社会情境中,儿童发生认知冲突的可能性就会大大增加。来自儿童社会生活情境中最直接的数学问题才是儿童重新发明算术的背景。儿童头脑中的数概念既不是来自书本，也不是来自教师的解释，而是来自儿童对其生活的现实进行逻辑融入社会生活经验之后的"社会情境中学习"。生活化原则要求在幼儿园数学教育活动设计时要紧密结合幼儿的生活，遵循生活化的要求。需要注意以下两点：

第一，教育活动的生活化。教育活动的生活化包含了教育活动内容选择的生活化和教育活动形式的生活化。提倡数学教育活动的生活化，并不是把生活与教育活动相混合，而是要加强数学教育与生活的联系，将贴近幼儿生活的内容加以选择，广泛利用幼儿的生活经验，帮助幼儿更好地组织生活经验。儿童在早年的生活中已接触并积累了大量有关数学方面的感性经验，这是向幼儿进行数学教育的重要前提。

第二，生活环节教育化。幼儿园数学教育活动设计不仅仅是数学课堂教学活动，也应该包括幼儿日常生活的各个环节。让幼儿在生活中体验数学的应用。不仅要让幼儿在生活中感知数学，还要让幼儿学习运用数学知识尝试解决简单的数学问题。因此，我们必须充分利用幼儿已有的生活经验，引导幼儿把所学的数学知识应用到现实生活中去，以体会数学在现实生活中的应用价值，增进幼儿对数学的理解和应用数学的信心。

（四）渗透性原则

所谓渗透性原则是指在数学教育活动设计中将数学与儿童的生活、与各种不同教育领域的内容、各种不同的学习形式与方法加以有机地融合，将其作为一个互相联系而不可分割的完整体系来对待儿童的早期数学教育。虽然，幼儿园的教育活动从不同的侧面可以进行人为的分类，但幼儿园教育活动在促进儿童发展的目标上所涉及和涵盖的是儿童在不同领域、不同层面的整体发展。《幼儿园工作规程》中指出幼儿园教育应当贯彻"体、智、德、美等方面的教育应当相互渗透，有机结合"的原则，提出要"充分发挥各种教育手段的交互作用"等，且幼儿园课程已经转型为整合式的课程，不再有明确的学科分界，因而在数学教育活动的设计和实施中必然会涉及与其他各个领域之间的相互渗透和有机整合。

数学教育活动设计中遵循渗透性原则主要体现在两个方面：一是数学教育内容与其他领域教育内容的相互渗透和整合。幼儿园课程和教育活动的呈现是以儿童的生活经验为基础的综合式、主题式活动，它是以儿童的生活和经验为起点而构建起来的活动，活动的内容涉及科学、艺术、语言、社会、健康等各个方面，对于数学教育的相关内容来说，应当与儿童的生活相联系，从生活出发，与其他不同领域的教育内容以一定的主题活动的方式加以整合，使其在一个或若干个教育活动中相互渗透、有机整合。这样的活动设计既符合儿童的年龄和认知特点，也有利于儿童的积极参与。二是数学教育活动的形式应体现渗透和整合。一方面是指将集体进行的、正式的数学教育活动形式与个别选择的、非正式的数学教育活动形式相互渗透和结合；另一方面是指在一个数学教育活动的设计中将不同的学习形式与方法加以相互的渗透和组合，让儿童在操作、实验、游戏、体验、讨论、合作等不同的学习形式下加深对活动内容的把握，更好地获得数的相关经验和概念。

（五）整合性原则

整合性原则指的是在数学教育活动设计中要将数学教育的内容和方法与儿童的生活、与儿童各种不同的教育领域内容、各种不同的学习形式与方式加以有机融合，将其作为一个相互联系而不可分割的完整体系。数学教育活动的整合性原则主要体现在两个方面：

第一，数学教育的内容要回归儿童的生活，是指数学教育内容和其他领域内容以及儿童的生活经验相互渗透和融合。幼儿园课程和教育活动是以儿童的生活和经验为起点构建起来的活动，儿童生活活动的内容会涉及科学、艺术、语言、社会、健康等各个方面，常常是难以按清晰的领域来分割。数学教育领域的相关内容也应当与儿童的生活相联系，从生活出发，使各个领域的教育内容可以在具体的教育活动中相互渗透和补充，这样可以更好地体现发展性原则中所要求的全面和谐的发展。

第二，数学教育活动的形式也应该回归儿童的生活。在教育活动设计上，以儿童活动为中心，注重趣味性、情境性和体验性，让儿童在合作、交流、体验和探索中发现和建构知识，避免将集体教学活动形式作为唯一的教学组织形式，而是将集体的教学活动形式与个别选择的活动形式、小组活动的形式等进行相互渗透和融合。

（六）科学性原则

科学性原则是指数学教育活动设计的内容和所采用的方法必须是科学的。

1. 内容的科学性

数学是一门具有高度的抽象性和严密的逻辑性的学科，而学前儿童的思维主要是以具体形象思维为主，为了帮助儿童能具体、形象地感知、理解有关的抽象数概念，教师在设计活动的过程中往往会对某些知识加以通俗化、形象化的表述。这当然是必要的，但必须注意在深入浅出中还应避免造成曲解，把握知识的严谨性和科学性。例如，"倒数"和"倒着数"是两个不同的概念；说"皮球是圆形"是不正确、不科学的。此外科学性原则还体现在准确运用数学词语上，教师在设计活动时必须注意措辞的严谨、规范，如"3朵花"、"3支花"和"3束花"含义是不同的，不能混淆；"比比哪根纸长"、"比比哪条边大"等也是不正确的，应该是"比比哪根纸条长"、"比比哪条边长"。内容的科学性原则还体现在活动设计的内容必须符合客观实际。当前，社会发展正处于新的历史时期，高科技不断取得突破性进展，高新技术产业特别是信息产业蓬勃发展。儿童可以通过周围生活、宣传媒介等各种途径获得更多新的信息，因而教师在设计数学教育活动时，绝不能仅仅停留在把小狗、小猫、苹果、香蕉等事物作为数概念的认识、理解对象上，而应借助一些最新的、儿童能够感知、理解的内容和信息，加强、加深儿童对数概念的认识和理解。这是知识内容必须符合客观实际的一个方面。另外，由于数学知识本身的精确性，要求我们对问题或数据的表述要符合客观实际。如给儿童举例实际运用题时说："计算机厂家昨天生产了1台计算机，今天又生产了2台计算机，问两天一共生产了几台计算机？"一个厂家两天内只生产了3台计算机，显然不符合客观实际，因此，必须考虑到内容本身的客观性与正确性。

2. 方法的科学性

第一，根据内容性质选择相应的方法。学前儿童数学教育的内容大致可以分为两种：一种是新授的知识内容，另一种是复习的知识内容。对于这两类不同性质的内容应分别选择不同的教育形式和方法。如复习性质的知识内容就比较适合采用操作法、归纳法、讨论法、游戏法等，而选择讲解演示法显然不够恰当，不仅会使儿童学习的主动性、积极性受到影响，还直接影响了学习的效率。

第二，根据儿童年龄特点选择适当的方法。研究表明，对于较抽象的数理知识，儿童是从环境生活中相应材料的"力"作用，逐渐体验、积累并感知而初步习得，在过程中通过动手操作，在游戏和各项活动中积累和发展。正如美国学者纽勒所言："数学对儿童而言是一个动词，是小朋友在做东西，在从事一项活动。"可见，操作法是儿童数学教育活动最主要的方法，但是，对于不同年龄的儿童来说，操作法运用的具体程度、具体形式可以各不相同，有所差异，如小班年龄儿童，思维更具体、形象，动手操作中教师的指导、介入可以更具体些，同时还应更多地采用游戏的方法，以游戏的口吻和情节性的内容进行初步的数学启蒙。大班年龄的孩子，其逻辑思维能力已有了初步的发展，同样是操作法，应较多地以鼓励儿童自己探索、发现并归纳整理为主，不需要教师太多的干涉和指导。同样，竞赛性游戏、讨论法等也可以更多地被这一年龄阶段儿童的数学学习采用。因此，数学教育活动设计中方法的科学性原则应更多地体现在方法的多元、合理和灵活运用上。

三、学前儿童数学教育活动设计的取向

学前儿童数学教育活动的设计是一个价值选择和追求的过程，反映的是儿童教育活动的基本价值和性质，表明了此教育活动所依存的数学学习理论以及对儿童数学教育的价值认识。我国常见的学前儿童数学教育活动设计取向主要有两类，即学科取向的数学教育活动设计和生活取向的数学教育活动设计。

（一）学科取向的数学教育活动设计

学科取向的数学教育活动设计，以数学的学科特性和知识体系为逻辑起点，在活动设计中遵循和体现数学本身的学科系统性、连贯性，以严密、递进而结构化的活动方案落实对儿童早期数学能力的培养以及相关知识概念的获得。

在学科取向的数学教育活动设计中，活动目标的制定、活动内容的选择和规划、活动环境材料的提供以及活动评价的实施都紧紧围绕着数学学科知识体系，主要表现在：

第一，活动目标强调对儿童数学认知发展和相关数理逻辑概念获得的追求。

第二，活动内容将数学学科中的数、量、形、空间、时间等相关知识点作横向构架，以儿童的年龄特点和发展水平作为内容渐进提升的纵向依据和标准。

第三，活动环境和材料以数学学科知识为中心，体现以丰富多样的材料操作帮助儿童对数理逻辑概念的建构。

第四,活动评价围绕着活动目标,注重对儿童是否获得了数学能力的发展以及相关知识概念的考量。

以学科为取向的数学教育活动,既可以体现在幼儿园的集体数学教育活动设计中,也可以在幼儿园的数学区角活动的个别或小组数学活动中有所反映。

学科取向的数学教育活动,强调的是知识的"给予"性质,强调数学内容知识可以按照自身的逻辑结构和演进顺次有序地灌输给儿童,儿童可以通过反复的练习和记忆获取这些知识,巩固这些知识。

虽然以儿童个别学习或操作体验为主的区角活动并不像数学集体活动那样具有明确的目标内容和过程实施方案,但活动区的材料选择和投放的重要依据仍然指向儿童的数学概念的获得。在学科取向中,数学区角活动仅仅是数学集体教育活动的延伸和补充,是对集体教学教育活动所传递知识的进一步巩固和熟化。总之,学科取向的数学教育活动主要突出"知识中心"、"教师中心"、"结果中心"、"教材中心"和"课堂中心"。

总之,以学科为取向的数学教育活动设计具有如下一些特点:① 相信儿童数学认知的发展依赖于社会化过程,有计划、有组织的教学可以促进儿童的数学认知发展;② 数学知识和概念是一个相互联系且前后贯通的系统,循序渐进的教学序列有助于儿童系统而全面地获得相关的数学概念;③ 数学教育活动的目标、内容和评价主要关注儿童对数学概念的理解以及数学能力的发展。

(二)生活取向的数学教育活动设计

生活取向的数学教育活动设计,以儿童的日常生活经验为背景,在活动设计中遵循将蕴含在儿童生活资源中的有关数、量、形的相关概念渗透在一定的情境中,以联系生活、应用于问题解决的数学学习过程来发展儿童相关的数学概念和能力。

生活取向的数学教育活动设计,活动目标的制定、活动内容的选择和规划、活动环境材料的提供以及活动评价的实施并不仅仅指向数学本身,而是更多关注和体现儿童的全面、和谐、整体的发展,主要表现在以下几点:

第一,活动目标注重在认知、情感和社会性等多方面的发展,关注在一定的情境下对儿童各个方面能力的培养,在数学能力方面,更体现对数学联系生活并应用于生活中相关问题解决能力的追求。

第二,活动内容的选择和组织强调将数学学科的逻辑隐含于相关的主题内容背景之中,通过与主题内容相互联系和紧密渗透的过程隐性体现学科逻辑。

第三,活动环境和材料的设计更关注利用材料的操作和感知,帮助幼儿将数学的相关概念与生活中的问题情境相联系。

第四,活动评价与活动目标所追求的价值一致,主要发展儿童运用数学开发逻辑思维能力、解决问题能力、联系与表征等一系列能力,重点关注活动过程,教师的启发引导以及儿童的活动表现是否实现了活动目标的价值追求。

当前,在幼儿园课程从分科走向整合的大背景下,生活取向的数学教育活动设计已成为一种比较主流的价值理念。当然,与学科取向的数学教育活动设计相比,生活取向的数学教育活动设计对教师的专业能力提出了更高的要求,因为在活动设计的过程中,教师需要在理解和消化数学学科本身的概念、知识的基础上,联系与儿童生活经验相关的情境和背景展开活动,使幼儿在特定情境中感知和思考数学问题的同时,促进其逻辑思维和多方面能力的发展。同样,在以幼儿个别学习和小组学习为主的数学区角活动设计中,生活取向的数学教育不仅从挖掘材料的数学特性出发,而且既关注材料中渗透的数学概念和相关知识,又关注材料的选择与提供从而体现与儿童生活经验的联系以及与主题内容的联系。总体而言,以生活为取向的数学教育活动设计具有如下一些特点:① 认为儿童数学认知的发展和数学学习是建立在儿童所熟悉的生活经验基础之上的,为幼儿提供适当的情境和背景有助于儿童的数概念建构;② 数学知识和概念既是抽象的、概括的,又具有逻辑的严谨性,同时也是联系并运用于解决生活问题的工具,具有应用性;③ 数学教育活动的目标、内容和评价在关注培养幼儿逻辑思维的同时,注意发展其解决问题以及联系、表征和应用等多方面能力。

第二节 学前儿童数学教育活动设计的基本过程

学前儿童教育活动设计可以被看成是对教师教学组织行为的一种预先筹划,它是对一系列外部事件进行精心设计和安排的过程,其目的是为了支持和促进儿童内部的学习。它是由一定的学习经历所组成的,通过特殊的转换和发展,以确保学习经历卓有成效并能够达到特定的学习目标。事实上,它是为促进儿童学习而对学习过程和资源所做的系统安排,是分析儿童的学习需要和目标以形成满足学习需要的互动系统的全过程。

学前儿童数学教育活动设计的基本过程包括对学习对象、学习需要的分析;对活动目标的设计;对教育活动内容的选择和组织;对教育活动策略的设计;对教育活动的评价等。数学教育活动的设计一般可以分为以下几个过程:

一、了解幼儿的发展水平

分析和确定幼儿已有的数学认知水平,不仅指分析确定幼儿在进行新内容的学习之前所具有的知识经验、技能和思维水平,也包括了解幼儿的学习动机、学习态度等情意性因素。当然,这种分析和了解不能只局限在大多数幼儿在数学知识和技能方面的一般性发展水平,还要充分考虑到幼儿的个体性差异。这样才能在数学教育活动设计时,做到有的放矢,使活动具有层次性,让不同发展水平的幼儿均能在活动中得到真正的发展,体现以幼儿为主的原则。分析和确定幼儿数学认知的已有水平,也能够较好地分析幼儿发展的可能性水平,确定幼儿的最近发展区,分析从幼儿已有的数学发展水平到可能的教学目标之间所需要的知识技能和情感态度等,并确定他们之间的层级关系,从而为选择和建构更适宜有效的教学策略提供依据。

例如,在为大班儿童设计3个相关数列4道题的活动时,可以根据儿童的不同发展水平和起点,在设计活动时提出不同的发展目标、选择不同的活动内容——提供变数的操作材料(圈出3个可以编4道题的数或找出那些写有3个可以编4道题数的语句);提供补数的操作材料(给2个或1个有数字的套环补1个或2个有数字的套环);提供改数的操作材料(给3只蝴蝶的身上数字改去一个,成为可以编4道题的3个数);提供选数的操作材料(选择写有数字的3朵花,把可以编4道题的插入花瓶中)。以此体现不同难易程度的操作活动设计,才能使不同发展水平的儿童都能在数学活动中真正得到发展。

在了解、分析本班儿童数学发展水平的过程中,除了注意儿童的个别差异,选择和制定适合其发展的学习内容和材料外,教师还应当在了解、确定儿童发展水平的过程中,采用合理的方法、科学的工具。如通过观察记录的方式了解儿童在某一数概念内容或某一新材料操作上的已有水平和可能性发展水平;通过个别测试的途径鉴定儿童在某一方面概念发展上的已有水平和表现特点。借助这些方式获得的一手资料都是科学合理地设计数学教育活动所不可缺少的重要信息。

二、制定数学教育活动的目标

教育活动目标的制定,是教育活动设计最重要的一环。教育活动目标是教育活动的起始环节,是开展教育活动的出发点和归宿,它规定着教育活动预期获得的某种效果。确切的、具体的、可操作的教学目标是教学内容选择、方法运用、效果评价的原则和依据。因此,教师在制定和表述具体的数学活动目标时必须注意以下几个方面:

1. 目标的发展性

对于数学活动目标的制定,教师首先应当着眼于儿童的发展,既包括数认知方面的发展要求,也包括在情感、学习态度、个性和社会性方面的发展要求。教师只有在活动设计中牢牢把握住儿童的年龄特点和已有发展水平,才能在过程中体现循序渐进、从简单到复杂、从具体到抽象的原则。在目标制定中从发展性的角度出发还意味着教师必须清楚地了解幼儿的发展基础,整体幼儿的发展水平,由此才能确定所设计的活动目标对幼儿是否有发展价值,是不是真正体现了发展性。

2. 目标的全面性

所谓目标的全面性是指在设计和制定目标时,一般应尽量地从儿童发展的多个方面去考虑,从认知、情感与态度、操作技能等三个维度去思考能够在本活动内容和情境条件下帮助幼儿达成与实现的目标。这三个方面的目标建立能促使教师去思考"幼儿学会了什么?"(知识目标)、"幼儿能学吗?"(能力目标)、"幼儿学得有趣吗?"(情感目标)。

虽然,从数学的学科性质看,儿童的数学学习可能更多突显的是一种认知发展价值,但是在一个活动方案的设计和实施过程中,会包含和蕴藏着其他的教育场景和契机,同样也能够促进儿童在情感、个性、社会性等方面的发展,因此,教师应当综合地从三个方面去分析和思考该教育活动可能帮助儿童达成的目标究竟有哪些。一般说来,活动目标应包括学习内容的要求及幼儿行为的养成要求,它主要包括知识概念的学习、认知能力的学习、操作技能的学习、兴趣、态度和行为习惯的学习,行为的养成应与学习和运用某种内容相联系。

当然,从三个方面出发是一个活动目标思考和制定的前提,但并不意味着每一个数学活动的目标都必须包含三个纬度,如果绝对化或者简单地以三个方面作为数学活动目标制定的模式或"套路"的话,就有可能导致活动目标中的某一条或两条成为一种"点缀"或装饰,从而也就失去了目标应该具有和达到的功能与价值。因此,在数学活动目标制定上体现全面性时应避免两种倾向:一种是对于数学活动的目标教师往往比较关注的是以知识为落脚点,因而目标的制定会比较偏向于知识概念的学习与掌握,甚至出现若干条定位在知识和概念层面上的目标;另一种是错误理解"全面性",以脱离了活动内容和具体情境的形式上的面面俱到代替对目标全面性的理解,凡是每个数学活动必定有认知、情感与态度、操作技能三个方面的目标(虽然在教育活动中,活动内容可能对幼儿的发展有多方面的影响,但所提出的目标往往只是选择其主要的方面,不可能,也不必要将所有的方面都——列出),但活动本身并没有真正体现和落实这些目标。

如数学活动:扣扣乐(小班),目标设定为:① 能排除形状、颜色的干扰,将具有共同特征的物体看成一个整体;② 能手口一致地点数 5 以内的数量的物体并说出总数。显然,这样的目标主要关注于幼儿的认知能力,没有考虑与认知能力发展相匹配的情感态度方面的要求。而小班数学排序的活动目标应为:① 能根据物体大小、颜色等特征按照 AB(AABB)等规律进行排序;② 能大胆地表述物体的排序规律;③ 感受物体排序的规律美。这样可以较好地把幼儿数学教育的目标定位到幼儿对数学操作活动的兴趣和对数学知识的运用上。既关注幼儿知识技能的学习,又关注学习习惯和兴趣的培养;既关注学习的结果,也关注幼儿积极参与学习的过程,着眼于幼儿的整体发展。

3. 目标的针对性

教育活动的目标可以作为教育活动效果检验的依据之一,因此,作为具有检验的导向和指导作用的目标应当是具体的、可观察的、可操作的和可评价的。也就是说,目标的制定必须是有针对性的,而不是空泛的、笼统的。数学活动目标的表述应具体、可操作,并尽量用行为化的语言加以描述,这样既能使教师在活动中观察到儿童掌握目标的情况,观察、判断儿童的发展状况,同时教师又能依据对活动的评价设计后面的教育活动,提出相应的、更上一层的教育目标。

如数学活动:家里的数字(中班),目标设定为:① 感受数字与人类生活之间的关系;② 培养幼儿对家庭的美好情感。显然这样的目标显得比较空洞而没有针对性,无法作为评价活动效果的有效依据。因此,这一活动的目标可以调整为:① 通过寻找和搜集自己家里有数字的照片或图片,在交流与分享活动中感受数字与我们生活的密切关系,理解数字的应用;② 愿意与同伴交流,尝试大胆表述;③ 在集体参与的观察和交流活动中萌发幼儿对自己家庭的美好情感。这样的三条目标显得相对比较具体而富有针对性。

4. 目标的统一性

美国课程专家布鲁姆认为："教师所期望的学生的变化便是教学目标或教学目的。""阐述教学目标，就是要以一种较特定的方式，描述在单元或学程完成之后，学生应能做(或产生)些什么，或者学生应该具备哪些特征。"也就是说，教师可以用儿童外在的行动形式来表述教学目标(行为目标)。例如，以幼儿"能够"、"说出"、"会用"等，或者以教师对儿童的教育影响和具体教学行为的出发点为主体来表述教学目标，运用"使幼儿……"、"启发幼儿……"、"引导幼儿……"等词语进行表述。但是在目标的制定和表述中必须是统一的，即或以儿童为主体表述或以教师为主体表述。

一般来说，在表述数学教育活动目标时，可以从教师角度出发提教育目标(如培养儿童的数数能力)，也可以从儿童角度出发提发展目标(如在"造花坛"的游戏情景中学习10以内的点数和目测数)，还可以从评价的需要出发提评价目标(如能手口一致地点数5以内的实物)。为了让教师在教育活动中将注意的焦点集中在关心儿童变化、研究儿童发展上，在教育活动目标的制定中较多提倡的是从幼儿主体的角度进行表述(即发展目标)，因为这种表述可使教师从幼儿行为变化中观察到他们的发展状况。

我们可以来看下面的一个例子，活动"我和影子捉迷藏"(大班)的目标为：① 通过活动使幼儿知道影子比较与测量的一般方法；② 在观察和比较中初步学会思考和探究问题，尝试大胆地提出问题。以上目标的表述上缺乏统一性，而且目标定位比较空泛，不够具体，过分突出认知领域的目标，缺乏目标的整合性和针对性。我们可以将这一活动的目标调整为：① 尝试用同一种材料以首尾相接的测量方法比较影子的长短，解决在影子比较与测量过程中产生的问题；② 在画影子与比较测量影子的活动中，激起对探究活动的兴趣，学会提问题。这样调整后的目标就比较统一，都是以儿童的角度出发进行的表述。

5. 目标的适宜性

所谓目标的适宜性是指教师在活动目标的设定中必须从三个方面着手考虑目标是否适宜。首先，从幼儿的年龄特点和本班幼儿的实际情况出发，判定所规划的活动目标是否合适儿童的水平和基础，是否是能体现在儿童"最近发展区"之上的教育教学；其次，从该活动目标是否能与上一层级目标(年龄阶段目标及数学教育总目标)保持联系与统一，能体现出对上级目标的具体化和系列化的角度出发进行审视，使总的教育目标、年龄目标和具体的教育活动目标能够在一个互相贯通和联系的基础上充分发挥目标导向的作用，因为只有相互衔接，才能使儿童在系统而有序的数学学习活动中由简到繁、由易到难、由具体到抽象、由低级到高级地获得数认知的渐进发展，在融合于生活和情景问题之中的数学学习与交流互动中获得其他相关领域的综合发展；再次，数学教育活动目标的提出还应与活动的知识内容紧密联系，也就是说，教师在引导儿童学习某一知识内容时,应充分调动儿童学习的主动性和积极性,让儿童在活动中,通过自己的探索与发现,获得有关的数学经验。在探索与发现的过程中,儿童的认识能力、情感与态度、动作与技能也就能获得相应的发展。对于融合于主题背景之下的数学教育集体活动而言,数学知识点的把握和确定相对较分科教学活动要更难,因为主题之下的"数学"学科线索需要教师去把握和提炼,而不是现成已经设置好的,而且在有的主题内容中,数学的知识点也可能是多个的,也可能是隐性的,更需要教师去判断、去分析,进而确立合适的知识点定位。

总之,学前儿童数学教育活动目标的设置和表述不仅要与活动内容相联系,体现系统性和逻辑性,也要与活动方式相联系,体现多样性和灵活性;活动目标的设置和表述应涵盖儿童发展的各个方面,且要关注各领域、各方面的平衡,既不能偏重某一方面,也不能遗漏另一方面,最终以促进儿童各方面素质的全面、和谐发展为目的。

三、选择数学教育活动的内容

幼儿园数学教育活动的内容是指为促进幼儿数概念和数认知能力的发展,为实现数学教育的目标任务而设定的要求幼儿通过学习去获得的有关数的知识、技能和经验等。虽然,数学有其学科本身的逻辑结构和特殊性,数学教育的内容主要反映的是偏认知层面的知识或概念,但是,教育内容是为教育目标服务的,教育内容的选择和编排也应以实现目标为原则,保持与目标的一致性。因此,数学教育活动的内容应当还包括儿童在学习过程中所形成的态度、价值观以及相应的行为方式,以保证儿童身心的全面发展。

在《3~6岁儿童学习与发展指南》中,关于数学认知的学习内容,主要涉及三项大的内容目标:感知生活中的数学的有用和有趣;感知和理解数、量以及数量关系;感知形状与空间关系。

《幼儿园教育指导纲要(试行)》对教育活动内容的选择提出了以下原则:

(1) 既符合幼儿的现有水平,又有一定的挑战性;
(2) 既符合幼儿的现实需要,又有利于其长远的发展;
(3) 既贴近幼儿的生活来选择幼儿感兴趣的事物和问题,又有助于拓展幼儿的经验和视野。

幼儿园数学教育活动内容的选择,除了要遵循以上原则外,还应该考虑以下几个方面的要求:

1. 幼儿园教学教育活动内容应具有启蒙性

学前儿童数学教育的启蒙性特征,决定了其具体的幼儿园数学教育活动内容也应该体现启蒙性特征。向幼儿进行数学教育,其要求是让幼儿在生活和游戏中在操作的层面上对某一数学内容有所感知,有所体验,从而获得较丰富的感性经验,并体验到数学的重要和有趣。

2. 幼儿园数学教育活动内容应具有生活性

幼儿园数学教育活动内容应具有生活性,是指数学教育活动内容应从幼儿认知水平出发,选择幼儿熟悉的、能理解、感兴趣并密切贴近其生活实际的数学教育内容,让他们感受到数学可以解决人们生活中遇到的问题。现实生活是幼儿学习数学概念的重要源泉,日常生活中包含了大量学习数学的机会,幼儿每天接触的事物都会和数、量、形有关。幼儿园数学教育活动的内容如能和幼儿的生活实际相联系,不仅会让他们感到数学就在他们身边,而且能够感到数学的有用,这样就会激发幼儿学习数学的愿望,产生学习数学的动机。因此,教师要善于利用这些教育契机,引导幼儿了解数学与生活的关系,体验数学在生活中的价值。

3. 幼儿园数学教育活动内容应具有可探索性

对学前儿童的数学教学活动,应给儿童提供机会让他们在具有现实背景的活动中去探索,去自由地操作,并由儿童来发现。探索过程本身就是幼儿学习数学的过程,这个过程不只是对幼儿数学能力的培养,而且也让幼儿感受到数学是活生生的,就在自己的身边,从自己生活的情境中可以找到数学问题,运用数学可以解决实际问题,因此教师在设计教学的每一个环节时,都应当有意识地体现出探索的内容。

让幼儿探索、操作,就是要让幼儿通过自己的活动建构数学知识,通过幼儿与环境之间的相互作用,在对材料的摆弄中,将抽象的数学知识内化于自己的头脑中。在动作基础上建构起来的数学知识,也是符合幼儿年龄特点和认知结构的。需要注意的是提供探究的内容应在幼儿能力的"最近发展区"之内。

4. 幼儿园数学教育活动内容应具有一定的逻辑性

幼儿的数学学习虽具有启蒙性,但数学知识自身具有系统性和逻辑性特征。在幼儿园数学教育活动内容的选择和安排上,也就必须要考虑数学知识的逻辑和幼儿学习数学的逻辑顺序,要体现先易后难、循序渐进、前后联系的特点。

四、组织数学教育活动的内容

学前儿童数学教育活动的目标和价值取向并不仅限于促进儿童的认知发展,还包括对儿童身体、情感、个性、社会性等方面发展的作用。教师在选择和组织数学教育活动内容时,需要兼顾儿童发展、学科知识结构、儿童学习数学的特点以及环境条件等多方面的因素,但决定数学教育活动内容组织形式的还是价值取向。根据幼儿园两种价值取向的差异,学科取向和生活取向在学前儿童教育活动设计的各个方面均会存在较大的差异,这一特点同样也表现在数学教育活动内容的组织上。

(一) 学科取向的数学教育活动组织

在活动内容的组织编排上常常会把数学学科自身的逻辑结构作为其逻辑起点,直线式地组织数学教育活动内容。这一学科取向的内容组织架构中常常会表现出如下特点:

(1) 重认知结果。由于数学教育活动内容的每个方面均是以幼儿在该领域关键概念发展的心理特点和一般规律作为参照来组织安排的,因而从数学认识发展的角度看,它有比较明确的认识结果的定位和落实点。

(2) 内容组织体现了较强的逻辑序列和渐进性特征。由于数学学科知识自身具有较严密的逻辑结构,学科取向的数学教育活动的内容安排常常依据数学学科知识的内在结构进行组织,按照由简单到复杂、由易到难的原则编排。这种组织体现了儿童思维结构与数学学科知识结构的一致性,让儿童渐进性地掌握学科知识,不断拓展和加深学科内容。

(二) 生活取向的数学教育活动组织

在活动内容的组织编排上则会以儿童的生活经验为逻辑起点,从儿童的现实生活中挖掘数学活动赖以开展的资源,非线性地组织数学教育活动内容。生活取向的内容组织架构中常常表现出如下的特点:

(1) 关注学习过程中的个人体验和情感。生活取向的数学活动内容的组织不再过分关注认知的结果,而是重点关注儿童在学习过程中所获得的心理体验,所形成的态度、价值观以及相应的行为变化。

(2) 内容组织上体现生活性。生活取向的幼儿园数学教育活动内容体现了从幼儿的生活经验出发,在生活中寻找与数学相关的内容、情境、问题,以儿童的生活经验为准则,创设生活中的数学问题情境,发现生活中的数学意义,从而让儿童真正体验到数学的重要和有趣。

但在实际的幼儿园数学教育活动设计时,由于我们要综合考虑影响活动设计的多方面因素,所以我们在学科取向中也不可能不考虑学前儿童数学教育的启蒙性特征,而在生活取向中也不可能无视数学学科自身的逻辑性结构。因此,在现实的数学教育活动内容的组织上,常常体现了两种取向的互补与拓展。儿童的生活逻辑与数学知识的学科逻辑常常是明暗相映、共振互存的。

五、设计数学教育活动的教学策略

选择和设计特定的教学策略是为了实现特定的教学目标而采取的教学方式,可以有效地解决"如何教"和"如何学"的问题。教学策略的设计与选择主要是围绕教学方法的选择、教学顺序的确定、教学活动的安排和教学组织形式的选用等一系列具体的教学问题。选择最有效的教学方法是教学设计中的核心部分,而教学方法的选择的主要依据是幼儿的特点及其所学习的内容,幼儿年龄、个性、兴趣、能力等差异要求教师采用不同的教学方法,不同的学习内容所需要的方法也不同。但总的来说,幼儿园数学教学方法上要求让幼儿在情境中学习,在合作中学习,在操作探究中学习,在游戏中学习。教师根据幼儿的情况和教学内容而创设的问题情境要能诱发幼儿的好奇心和求知欲,点燃其思维的火花。幼儿在交流情境中可以对数学的概念、关系、规律、应用等的认识和感受进行表达、接受和转换,有利于其思维的活跃。幼儿数学教育活动重在幼儿的操作探究,重在培养幼儿对数学的探究兴趣和情感体验,因此在设计时要充分调动幼儿的感官,引导幼儿的观察、操作等多种探索方式,主动参与探索活动。幼儿园的教育活动形式一般有集体教育活动形式、小组教育活动形式和个别教育活动形式。教师在教育活动形式的组织安排上要灵活多样,互相补充。

六、数学教育活动的评价

评价是检验教学效果和调整教学过程的重要手段,它贯穿于教育活动设计与实施的全过程。教育活动评价既是教育活动的终点,也是教育活动的起点;既是教育活动过程中相对独立的一个环节,又渗透于教育活动过程中的各个环节。反思也是贯穿于教学设计的全过程。教师不仅在教后要反思和总结自己在活动设计和组织中的功过得失,在反思中挖掘进一步发展的空间,而且在教学设计的过程中始终都要贯穿教师对自己的教学设计行为的反思。那么,学前儿童数学教育活动评价的内容主要分为以下几个方面:

(一)对数学教育活动目标的评价

对数学教育活动目标的评价包括:活动目标是否与学期目标、儿童的年龄特点以及儿童发展的总目标一致;活动目标是否符合本班幼儿发展水平和已有经验,并兼顾不同发展水平儿童的个体需要;活动目标的构成是否包括知识经验,情感态度以及科学的思维方式、方法。

(二)对数学教育活动内容的评价

对数学教育活动内容的评价包括:活动内容是否与活动目标相一致;活动中有没有为幼儿提供直接参与的机会;活动内容是否和幼儿的生活有联系,是否适合幼儿的最近发展区等。

(三)对数学教育活动方法的评价

对数学教育活动方法的评价包括:教学方法、手段及情境的设计是否适合幼儿的年龄特点,活动方式是否能满足幼儿学习方式上的差异性,能否促进幼儿在已有水平上的有效学习,教师的教学形式是否适宜于教学内容等。

(四)对数学教育活动过程的评价

对数学教育活动过程的评价包括:活动结构是否严密、层层递进,活动过程中是否充分考虑到幼儿的个体差异;活动环节的衔接是否流畅、自然;活动过程中是否充分体现师幼互动以及教师处理随机事件的教育机智。

(五)对数学教育活动环境的评价

学前儿童数学教育活动环境主要包括心理环境和物质环境。对心理环境的评价指教师提供的环境是否宽松、和谐、安全和自由;幼儿是否能在此环境中可以放松地操作、表达,不压抑、不紧张。对物质环境的评价指创设的环境是否和活动目标吻合,使环境成为活动的组成部分;在活动过程中,教师是否提供了适宜的活动材料,并注重材料的丰富性和功能性,是否有助于幼儿自由选择、探索、发现。

七、数学教育活动的方案设计

(一)集体的数学教育学活动

集体的数学教学活动方案的构成,一般包括以下几个要素:

1. 活动名称

活动名称是对活动目标、活动内容的概括性反映。为了引起儿童的活动兴趣,活动名称应简单明了且生动形象。如"踩图形"、"小猫捉鱼"、"水果娃娃"等。因此,活动名称的取向多是按活动内容和选用的材料或游戏,用生活化的语言加以定名。当然,也可以采用数学术语直接定名,如学习"7"的组成、认识圆形等,简单直接。

2. 活动目标

集体的数学教育活动目标是数学教育活动预期达到和将要实现的,是反映儿童在数学概念及思维能力、兴趣习惯等方面所应获得的发展。因此,数学教育活动目标的表述应具体化、行为化、体现可操作性。

3. 活动准备

数学教育活动的准备既包括知识上的准备,也包括环境、材料等物质上的准备。它也是数学教育活动设计中的一个重要方面,与活动的进程及目标的达成有关。因此,"活动准备"应写明实施活动所必须具备的条件,包括数学活动所需的环境和材料。环境一般可以包括空间场地、位置等。材料通常包括教具和学具两种。教具是指教师向幼儿演示讲解时所用的直观材料,学具是指幼儿在活动中操作、摆弄的材料(实物、图片、几何图形、各类卡片等)。幼儿的已有经验准备,即为了达到提出的数学活动目标需要幼儿先期具备的知识、经验或能力。

4. 活动过程

数学教育活动的过程是指活动进程的顺序和步骤,它是活动设计的中心环节。活动过程的设计应从儿童年龄特点和思维发展水平出发,从儿童感知、理解数概念的特点出发,从数学学科本身的规律出发,循序渐进、层层递进地考虑活动进程。同时更多地体现儿童对抽象数学知识的感性操作,在反复体验中感知内化,促进儿童数概念的形成与发展。活动过程的设计一般应包括活动的基本流程、构成活动进程的主要教学事件和环节、活动采用的主要形式和方法以及每个活动环节具体如何展开等。因此,在表述活动的过程中,教师应当以清晰的条理、概括的文字来加以体现。在每个环节的表述中,要注意突出重点,即内容重点、形式重点和实施重点。同时,应当特别注意各活动环节之间的衔接和过渡,使各活动之间体现层次性和递进性。

5. 活动建议

活动建议一般是指针对数学教育活动中需要注意的问题或要点所提出的建议。活动建议的提出可以根据幼儿的年龄特点、班级实际、时空条件、教师因素、材料选择等多方面着手考虑,但要注意体现其合理性和有效性。

(二)小组或个别的区域数学活动

小组或个别的区域数学活动方案的构成,一般包括以下几个要素:

1. 活动名称(内容)

指概括性地反映活动内容和活动材料的文字命名。如"串彩链"(按一种特征排序);"小猫钓鱼"(复习10以内的加减运算)等。要求语言简练,形象概括,突出重点。

2. 活动材料

指幼儿操作中所需用的实物、图片或其他学具。一般应注明材料的名称和制作方法。在材料的选择和提供中,不仅要求能够满足不同发展水平幼儿的学习需要,同时更要体现材料的丰富性、多样性,有助于幼儿思维的抽象和概括。

3. 活动规则

指活动材料如何使用和操作的要求与实施步骤。活动规则的制定和表述一方面应当体现出规则所蕴含的数学概念属性、关系、规律等,另一方面应当注意能够使幼儿明了活动的目的和清楚材料的使用方法。

4. 活动指导

指在幼儿活动过程中教师所给予的支持、启发和回应。活动指导既可以是向幼儿介绍讲明材料、玩法与规则等直接性的指导,也可以是通过观察、提示,交流中的间接性指导。

5. 活动评价

指教师对幼儿操作、摆弄材料的活动效果的评价,可以包括对目标达成情况、材料操作情况、互动交流情况、参与态度情况等效果的评价。

第三节　学前儿童数学教育活动的组织与实施

数学教育活动的设计是教师根据数学教育的目标与任务、儿童发展的特点与水平以及数学学科本身的逻辑发展顺序等因素的综合考虑而做出的预先安排和计划。这种预设的活动是否能真正成为促进儿童发展的有效的活动,达到预期设定的目标,不可缺少的重要环节就是活动的实施进程。由于教育活动是由师生双方、环境、材料、时空等多种因素构成的,带有特定情境性的一种动态性的活动,因此,对教育活动的组织与实施就成为一项具有重要意义且带有一定复杂性的工作。本节将对在数学教育活动组织与实施中,教师的一般组织策略与指导重点加以讨论,以引起教师对活动实践的思考与审视。

一、集体的数学教学活动的组织与实施

集体的数学教学活动是一种儿童集体参与的有计划的数学活动,教师作为活动的设计者、组织者和指导者,在活动的进程中起着举足轻重的作用。教师对活动的组织和指导策略主要有以下几个方面:

(一)创设恰当的问题情境,促进幼儿的主动探究

儿童的兴趣往往是探究的有效起点,在儿童兴趣点上生成的探究活动能够激发

儿童内在的学习动机,它是儿童进入主动学习的前提。在幼儿园的数学教育活动中,教师应当充分地利用日常生活场景中的数学问题,敏锐地捕捉儿童在实际生活中产生的、对蕴涵数学问题的情境的兴趣点,凭借着教师对活动目标的准确判断,去积极地为幼儿营造一个基于真实或模拟的生活情境的数学学习活动。例如,测量的概念和技能对于5~6岁的儿童来说,往往是离他们的生活经验甚远,同时也是儿童很难通过自我学习、自我探究而习得的,教师在相关内容活动的组织中,如何更好地将这一新的知识点给儿童? 比直接的传递和讲解更科学更有效的方法是适时地抓住一个融于儿童的生活背景之中的真实情境问题——量教室、量身高、量桌子等,将儿童引入一个积极探索、讨论交流、迁移经验并共同建构的学习氛围中,通过同伴之间的相互学习、交流与沟通、分享与有效反馈使儿童获得对测量工具和测量单位的初步认知。

对于学前儿童来说,数学存在于周围现实的生活中,能从真实的生活和游戏中感受事物的数量关系并体验到数学的重要和有趣,使他们觉得数学学习是最自然、轻松而愉快的。把儿童的数学学习活动置身于有意义的、真实的社会情境中,不仅可以激发儿童主动建构的动机,引起意义建构的心向,促进儿童以已有的知识和经验去归属和固着新知识,从而赋予其某种意义。而且,真实情境也为儿童提供了将数学知识与其他知识加以整合,实现"生活化数学"、"应用性数学"的桥梁。事实上,儿童相当多的数学学习是发生在非正式的学习情境中的,把数学放置在一个真实的背景问题中,提供儿童关于日常问题的故事,将需要解决的数学问题蕴涵在情境中将有助于儿童建构丰富的数学环境,在与他人的社会互动中促进对数学知识的理解和习得。

因此,作为教师,应当明白对于儿童来说,每一个科学概念的建构,往往都要基于其前期有价值的生活经验;应当善于思考并发现,尤其是儿童的生活中所蕴藏的数学问题,把数学的问题镶嵌在一定的情境之中,在解决情境中一系列问题的过程中引导儿童主动地探究数的相关知识;更应当清醒地认识到,当我们把儿童置于一定的社会情境中时,更能增加引起儿童认知冲突发生的可能性,为儿童在"学校数学"与"日常数学"之间架设一座桥梁,使他们在有意义的情境中加深并丰富对数学概念的深层理解。

(二) 积极关注幼儿的活动,及时地加以绎解和回应

在幼儿园的正式数学教育活动中,儿童的数学学习和探究并不只是以一种个体的孤立的方式和状态而存在的,而是置身在一个群体互动和交流的社会性情境中,在数学学习发生的过程中,学习者的参与是以共同体的形式出现的,学习可以被看作是一种共同体的实践,是一种互动的、以某种相互关系为基础的社会建构过程,儿童的数认知发展是深受成人、同伴以及其他环境因素所提供的导向和中介影响的,它既依赖于教师的支持,也依赖于有能力同伴的帮助。而其中,教师在儿童意义建构过程中的及时介入和互动回应是十分必要的。

在基于学习者共同体间交流和社会互动的学习氛围中,在对儿童合作学习和共同建构的支持和推动中,教师首先应当对儿童的学习活动给予积极的关注和倾听。

因为教师对活动自始至终地关注以及以欣赏姿态投入式的倾听，不仅表达了对儿童的尊重、理解和期望，能让儿童体会到满足和自信。而且通过观察儿童在不同问题情境中的行为表现、倾听并记录儿童的具体反响，可以为教师分析儿童的数认知水平和数概念发展特点提供有价值的依据。

在关注数学活动中幼儿的行为表现和参与态度等的过程中，教师还应当从恰当的透视点入手，依据儿童的认知水平和表现方式对儿童的数概念建构进行积极而有立场的解读，并给予及时的回应。如在"分饮料"（帮助幼儿初步感知量的守恒）的数学集体活动中，教师在观察各个小组幼儿用不同形状、大小的杯子给不同的小动物倒饮料的操作活动中发现，有一部分幼儿始终无法确定两个不同外形的杯子中"饮料"的等量，教师及时地与幼儿展开对话和讨论，并取出和其中一个杯子形状相同的杯子让幼儿进行分步骤、分层次的比较。从教师做出的这一调整和回应策略中我们可以看出：教师，作为一个绎解者，伴随着关注和观察的过程，及时地捕捉到了推进儿童概念建构的关键性教育契机，通过及时的绎解，教师寻找到了一个了解和分析儿童思维水平和概念建构特点的突破口，并以此去解析儿童建构活动的大致脉络、透视儿童的概念立场，同时，通过及时而有效的绎解，教师也进一步地理解了儿童的思维过程，并以此为据去证实和修正自己以往的观念和看法，进而及时地给幼儿以"回应"，这种回应，有时是一种质疑，有时是一种求证，有时是一种建议，有时是一种挑战，但它绝不是一种自上而下的"倾泻"或灌输，而是建立在不干扰和破坏儿童自主建构前提下的、与儿童在合作学习、共同建构基础上的"垂直性互动"。它为儿童的学习和意义建构起到了"推波助澜"的作用——不仅为儿童的意义建构提示线索，推动着儿童的活动和思维发展，同时也能进一步地帮助儿童去发现和生成新的问题，甚至使儿童某些偶发性的、目的性并不明确的学习活动，在与教师的互动对话和回应交流中成为一个有意义的、促进儿童概念建构的学习过程。

（三）支持幼儿的发现和探究，适时给予支持和提携

儿童数概念的学习和建构是一个依赖于主体与环境、材料的积极互动以及在解决问题过程中与他人的社会性合作和互动的基础上的自我调节的学习过程，它要求儿童有学习的主动性，能积极地探索，大胆地发现。但是，数概念本身的抽象性和概括性特点又决定了儿童不可能在感性经验的获得和抽象概念的建构之间简单地画上等号。从数的经验积累到数的抽象概念之间的过渡需要有教师的点拨和提升。但是，在这种点拨和提升式的指导中，教师的角色和作用不是一个传递者、讲解者，而应当是一个默默的支持者、提携者。

这种支持和提携首先要求教师能够了解儿童的原有发展水平，能从儿童的角度出发，为儿童着想，其次要求教师能够对已经发生和即将发生的学习情境通过建议、提示和部分介入等方式给予支持，加速和推动儿童的学习进程。维果茨基提出的"鹰架教学"的概念和策略就是对该观点和意义的生动解释与演绎。在有效的鹰架式教学中，教师并不是告诉儿童解决问题的方法，而是随机地、巧妙而隐蔽地使用问题情境中可利用的资源，及时捕捉儿童将要向学习跨出一步的微妙时刻给予适时提携，引

导、支持儿童自己解决问题。此时,教师的暗示和提携无疑能为儿童的问题解决提供有益的认知背景,能促进儿童的有效迁移,并推进儿童数概念的建构。

这种支架和提携经常发生在一个新的问题呈现在儿童面前时,并且当儿童的已有经验往往不能解决当前问题的时候,教师对儿童的支持和帮助并不是及时地去提示儿童或告知答案,而是隐藏起自己的自主性,把问题再抛回给儿童,完全开放地鼓励或者说"迫使"儿童自己面对问题并尝试解决。有的时候,让儿童经历失败并不是一件坏事,失败能使儿童产生认知冲突,它对于儿童获取经验,并在此基础上经由抽象而形成概念是不可或缺的。因此,不轻易地将答案告诉儿童,而是鼓励儿童在尝试错误中去解决问题也是教师支持儿童的概念获得和学习中经常运用的一种策略。因为一名智慧的教师清醒地知道,对于儿童来说,在体验错误后的顿悟往往比直接的接受来得更有意义和价值。

数学活动中教师的支持和提携就是一种"指导",但这种指导是一种隐性的指导、间接的指导,是在不断支持儿童主动探究、思考的前提下完成的,如在幼儿讨论活动发生争执时的一句提醒;幼儿探究过程中思维受阻时的一个质疑性提问;幼儿解决问题中发生认知偏差时的一个看似不经意的建议等,实际上都可以说是教师独具匠心的适时支持,它能够为儿童学习任务的完成、问题情境的进一步思考提供一种暂时的支持,使得孩子们在新的发现和探究中获得新的认识、新的经验,从而修正以往的经验。这是儿童自身感受和体验的过程,而不是教师直接给予的过程,因此,它对于儿童概念的建构是十分有益的,儿童清晰的概念正是其在经历许多次尝试经验的过程中逐渐形成和发展起来的。

二、区域数学教育活动的组织与实施

区域数学教育活动通常是指教师为幼儿提供和创设特别的数学学习材料,让幼儿在自由选择的操作性活动中建构相应数概念的活动。教师对活动的组织指导主要体现在对幼儿活动的观察、记录以及对幼儿的个别化指导和教师的自我反思方面。

(一)观察与记录

观察与记录是教师在幼儿的非正式数活动中首先要做到的一项基本工作。通过观察与记录,能够及时地了解幼儿在操作中对操作材料的适应状况、幼儿的操作态度、数学思维发展水平、与同伴的合作交往能力等多方面的信息,从而为制定针对个别幼儿的指导方案提供有价值的依据。

(二)个别化指导方案

由于非正式数学活动主要是以幼儿的个别活动和个体操作为主的一种活动形式,而幼儿的数概念发展水平具有明显的个体差异,因此,教师对于非正式数学活动的指导主要体现在为个别儿童制定有针对性的、促进其数概念发展的个别化指导方案。

(三) 评价与反思

评价与反思是教师在非正式数活动实施过程中,针对个别化指导方案的施行情况所做的自我鉴定和评价。它的价值在于通过教师自身参与的自主性评价,寻找和发现在个别化指导过程中存在的问题,尤其是对于方案制定的可行性、有效性的分析,以此更好地提高教师工作的有效性,真正促进儿童发展。

复习与思考

1. 幼儿园的数学教育活动设计应遵循哪些原则?为什么?
2. 如何理解数学活动设计的科学性原则?
3. 以"10以内数概念"发展中的某一内容为主,设计一个集体的数学教育活动方案,并简单说明设计思路。
4. 数学教育活动中,教师的组织和指导策略主要体现在哪些方面?试举例说明。
5. 在区域数学活动的组织与实施中,教师的作用主要体现在哪些方面?为什么?
6. 试结合幼儿园的数学活动,从活动目标、材料准备和过程实施等方面加以评析。

第五章　学前儿童感知集合活动的设计与实施

操场上，教师正在和幼儿一起玩"占圈圈"的游戏，地上放着红、绿两个塑料圈，教师首先当"大灰狼"。游戏规则：幼儿在老师发出的口令后男生回到红颜色的"圈圈家"里；女生回到绿色的"圈圈家"里，各自奔向自己的"家"，以安全地躲避"大灰狼"。在重复的游戏中，教师的口令在不断变化，根据幼儿的衣服颜色、鞋子种类、身上饰物、头发长短等特征进行区分性提示，等幼儿熟悉这个游戏以后，教师提问幼儿："你们谁想来试试做大灰狼呢？"、"我们还可以怎样来发口令让大家都能安全地躲到'圈圈家'呢？"

"数学的核心价值是感觉和意义、模式和关系、排序和预测的探求。"[①]儿童在学前期就可以开始按照各种类别对物体进行区分、分类、排序。他们也能辨认、描述、扩展模式，分析重复模式和渐增模式是如何产生的。集合、分类、排序、模式等内容是儿童理解数学抽象关系的基础，它不仅有助于儿童发现和建构现实生活中的数量关系及其变化规律，为其数理思维和函数关系的后续学习打下基础，而且有助于培养儿童的逻辑思维和运用数学思想解决生活问题的意识习惯。[②]

第一节　学前儿童关于集合概念的学习与活动设计

一、关于集合的基本知识

（一）集合及其元素

在数学中，把具有某种相同属性的事物的全体称为集合。在日常生活中，我们经常把香蕉、苹果、橘子……归在一起，统称为水果。把汽车、火车、飞机、轮船……归在一起，统称为交通工具。由此可见，集合的归并是以对象所具有的共同属性为条件的。

组成集合的每一个对象被叫作这个集合的元素。一般说来，集合中的元素具有以下三个性质：互异性，即集合中任何两个元素是可以区分的，例如，一个集合可以表示为{5,3}，但不能表示为{5,3,3}；确定性，即任一元素都能确定它是否为某一集合

---

① Richardson, L. and Salkeld, L. (1995). Transforming mathematics curriculum. In S. Bredekamp and T. Rosegrant (EDs.), Reaching potentials: Transforming early childhood curriculum and assessment, Vol. 2(pp. 23-42). Washington, DC: National Associaltion for the Education of Young Childhood. p. 23.

② 黄瑾.幼儿园数学教育与活动设计[M].北京:高等教育出版社,2010:151.

的元素;无序性,即不需考虑元素之间的顺序,只要元素相同,就可认为是同一集合。例如,{2,4,6,8,10}与{10,8,6,4,2}就可以看成是两个完全相同的集合。

(二) 区分"1"与"许多"

区别"1"与"许多"是小班初期学习的关键概念。"1"是自然数的基本单位,也是表示集合元素数量的基本单位。"许多"不是一个确切的数量,但是"许多"是由一个个物体(元素)构成的。

幼儿很小的时候就对物体的多数量有反应,如幼儿总是想多要几块饼干,吃完还要,比如妈妈给幼儿一块饼干,幼儿还朝妈妈要,妈妈把这一块饼干掰成两块给幼儿,幼儿就满意了,认为自己拥有的饼干"变多了",这就表明他们并没有意识到构成"许多"的元素。3岁的幼儿对集中元素的感知也是泛化的,所以"1"和"许多"关键概念的学习主要是引导幼儿感知集合及其因素,促进幼儿感知元素的分化过程。当幼儿把一个个物体放在一起变成了"许多"的时候,他们在这个动作过程中才是真切感受到了"许多"这个集合的一个个元素。

(三) 集合间的关系与运算

一般说来,两个集合间存在着包含关系和相等关系,如水果这个集合包含苹果这个集合,动物这一集合包含老虎这一集合。包含关系是整体和部分的关系,感知集合的包含关系便于儿童理解"类包含"的概念。

两个集合间的包含关系是整体和部分的关系,感知集合的包含关系便于幼儿理解类包含的观念。

集合间的相等关系是指两个集合间的元素是完全相同的,如A={1,3,5,7,9},B={10以内的奇数},则A=B。

集合之间也存在着运算,即通常所指的交集、并集、差集、补集的运算。

由同时属于两个集合的元素所组成的集合称为两个集合的交集。所有属于两个集合的元素组成的集合称为两个集合的并集。由全集中所有不属于该子集的元素组成的集合称为补集。由属于一个集合而不属于另一集合的元素组成的集合称为差集。下面集合图5-1,5-2,5-3和5-4中的阴影部分就分别表示交集、并集、补集、差集的不同运算。

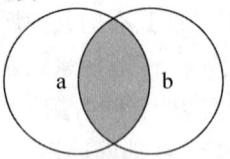

图5-1 a与b的交集

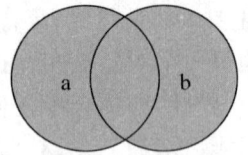

图5-2 a与b的并集

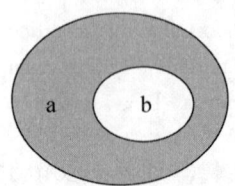

图5-3 a是b的补集

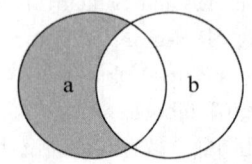

图5-4 a与b的差集

从集合的角度看,幼儿数学中的加法就是求已知两个没有公共元素的有限集合的并集的基数,减法就是求有限集合与它的子集的差集的基数。集合概念是幼儿掌握数概念、进行数的运算的前提和基础。

(四)集合元素之间的一一对应比较

幼儿没有对两个或几个集合数量进行确切比较的能力,但是他们可以凭借直觉倾向于更多一些的糖果,他们对糖果的数量究竟是多少并不确切知道,也就是说他们并未感知到集合中的每个元素,也就不会用一一对应的方法计算出其数量。在对集合数量笼统感知和通过计算得知集合数量这两个环节之间,有一个中间过渡环节便是幼儿对集合中元素的确切感知和会用对应的方法比较集合中的元素。比如,一个集合是 4 只红色的小熊,另一个集合是 5 只蓝色的小熊,每只红色小熊和蓝色小熊为一对好朋友,最后剩下一只蓝色小熊没有好朋友,那么蓝色小熊就多出来了。

二、学前儿童感知集合的意义和特点

(一)学前儿童感知集合的意义

感知集合是儿童在尚未学习计数、认数以前的准备性学习,当幼儿没有真正知道和理解什么是数时,就开始提前学习大量的计数、加减运算等,这样,幼儿最终并不能获得数学思维能力和解决问题的能力,而且很可能由于挫败感而对数学不感兴趣。

感知集合符合学前儿童数学学习与发展的规律,同时也是幼儿正确学习和建立初步数概念及加减运算的感性基础。

1. 对集合的笼统感知是儿童数概念发生的起始

苏联幼儿数学教育家列乌申娜在《学前儿童初步数概念的形成》一书中明确指出:"儿童在最初形成的是关于元素的含糊的数量观念,而后是关于作为统一整体的集合的概念,在这个基础上发展对集合的比较的兴趣和更准确地确定集合中元素数量的兴趣,以后儿童才能掌握计数的技巧和数数的概念。"由列乌申娜的观点可见,儿童数概念的最初发生起始于对集合的笼统感知。这种笼统感知表现为一种泛化的、模糊的知觉,尚不能明确知觉集合中所有元素的数量,但却能辨别是多还是少。在这种笼统感知的基础上,才逐渐产生作为统一整体的集合的概念,并由此准确地意识、比较、确定集合中元素的数量,最后过渡到能掌握计数的技巧和数的概念。可见,儿童在数概念的形成过程中,最初形成的是关于元素的含糊的数量概念,即对集合的笼统感知。

有研究表明,12~18 个月的婴儿就能知道两个小的集合中哪个集合多。研究人员在研究中出示配对的含义有 1~4 个物体的图案,并提供三种情况,分别是"一样多"(先后出示相同数量的物体)、"更多"(先出示 2 个物体,再出示 3 个物体)、"更少"(先出示 3 个物体,再出示 2 个物体)。通过观察他们对出示物体注视时间的变化,发现 12~18 个月的婴儿就已经笼统感知到了集合的数量。而且,2 岁半之前的幼儿更倾向于大数量的集合,比如愿意要更多的东西。这时候的幼儿虽然不能准确说出一组物体的数量,但是能辨别它们是多还是少。

2. 感知集合是幼儿数概念形成和发展的感性基础

我们经常会发现,幼儿在学会计数之前,会出现手口不一致的现象。这说明幼儿对集合的元素尚缺乏精确的感知。正是由于缺少了对集合及其元素的感知及两个集合间元素的对应比较这一中间环节的训练,才会使学习计数和掌握数概念产生困难。因此,幼儿数概念的形成和发展并不是始于计数活动,而是始于模糊的集合观念。

有人曾经对幼儿进行单纯的计数训练,但结果发现该训练对数概念的形成和发展并无作用。经过一个月的训练之后,只有30%的幼儿学会。这也从反面证明了计数活动并不能促进数概念的形成和发展,只有当幼儿形成了对集合中所有元素的确切感知时,才能对数概念有深入的理解。所以,及时地向幼儿进行感知集合的教育,能更好地让幼儿过渡到学习计数阶段,形成和发展初步的数概念。

3. 感知集合的包含和对应关系有助于幼儿掌握数概念及数量关系

众所周知,集合与子集之间存在着包含关系,即整体与部分的关系。幼儿要表示数目,真正理解数的实际意义,必须在思想上形成类包含概念,形成整体和部分之间的包含关系。应该知道数表示的是一个总体,它包含了其中的所有个体。如6就包含了6个1。只有理解了数的包含关系,幼儿才可能学会数的组成和加减运算。

一一对应在幼儿数学中被广泛应用。在两个集合中,当一个集合的每一个元素分别与另一个集合的每一个元素形成某种对应关系时,这种对应叫一一对应。通过一一对应,幼儿可以不必计数就能比较两组物体的多少;幼儿在计数过程中,能把需要数的集合里的元素与自然数列中从1开始的自然数顺次建立一一对应,从而得出总数。可见,一一对应的逻辑概念正是帮助幼儿形成和理解数的等量关系和进行数的多少比较的基础。

总之,感知集合符合幼儿认数的规律,是幼儿认数、学算的基础。在幼儿数学启蒙中渗透感知集合的教育思想和内容,不仅为幼儿学数提供了准备教育,而且也帮助幼儿形象、直观地学习和理解早期数学概念,掌握和具有一些学算基本能力,同时还有利于发展幼儿多种感官能力、抽象概括能力,调动数学学习的兴趣和积极性,所以它应贯穿在整个学前期数学教育的过程中。

(二)学前儿童感知集合的特点

学前儿童感知集合的发展是一个由泛化笼统到精确的过程。一般可以分为四个阶段。

1. 泛化笼统的感知阶段(3岁前)

2~3岁左右的幼儿对集合的感知是没有明显的集合界限的,只是一种相当笼统的感知,也就是对元素模糊的泛化的知觉,他们尚不能精确地意识到集合中元素的数量,只是具有"多"、"少"的相对笼统的知觉。对于集合的感知,往往还没有范围和界限的意识。例如,儿童在玩积木时,若有人在他不注意的时候拿走1~2块,他是不会察觉的,因为他感觉的是一堆不确定的模糊不清的东西。我国的寇崇玲等曾做过一项学前儿童对5个物体集合的两边元素消失的实验①,结果表明,2~3岁幼儿中能注意到两边元素消失的仅占23.9%,3~3.5岁的幼儿占63%,说明3岁前的幼儿,不是将物体群作为结构完整的统一体的集合来感知,还没有精确地意识到它的数量。

2. 感知有限集合阶段(3岁后)

3岁的儿童已经能在集合的界线以内感知集合,但他们还缺乏对集合的所有元素的明确知觉,不会注意集合中的每一个元素。例如,让儿童给4只兔子吃萝卜,儿童往往只喂第一个和最后一个,而不注意那些在中间的兔子;让他们在画有4只瓶子的纸卡上叠放小瓶盖时,他们只用瓶盖盖住纸卡上第一个和第四个瓶子。这都说明他们把注意力只集中在集合的界限上。

这个年龄段的儿童在分放物体时,往往右边用右手,左边用左手。在感知作为结构完整的统一体的集合时,在手和眼的运动中出现了两个起算点,从集合的两边向它的中心移动。这也说明儿童在感知有限集合时,注意力是集中在集合的界限上的。如集合的右边界限是起点,幼儿就用右手向左边进行,如起点是集合的左边界限,则幼儿用左手从左往右依次行动。

3. 感知集合元素的阶段(4岁左右)

4岁左右的幼儿能把一个集合的元素与另一个集合的元素进行一一对应的摆放,并能不超出集合的界限,逐步达到准确地一一对应。由此说明,此阶段儿童已能注意到集合中元素的个数。曾经有研究者做过让儿童(约三岁半至四岁)完成一个杯子配一个杯盖任务的实验,结果显示,3岁半的儿童有50%完成任务,4岁完成任务率达到84%,差异非常明显,由此可见,三岁半到四岁正是儿童对应能力迅速发展的阶段。

4. 感知集合的包含关系的阶段(5岁以后)

5岁前儿童对集与子集包含关系的理解较为困难。例如,有4块大积木,2块小积木,问儿童是大积木多还是小积木多,3~4岁儿童的回答是:"大积木多"。因为他们所看到的是大积木,而积木包含了大小积木,这点对儿童来讲就显得抽象了,因而回答大积木多。可见,儿童只有具备了一定的抽象概括能力,才能理解集与子集的包含关系。有人对3~7岁儿童理解类包含关系的能力做过实验研究。他们将3只背有救生圈的小猪图片并排摆放,其中有2只穿着红裤衩,问儿童:"是背有救生圈的小猪多还是穿着红裤衩的小猪多?"各年龄幼儿回答情况如表5-1所示:

表5-1 不同年龄段儿童类包含关系能力实验统计表

年龄	正确人数
4	5%
5	45%
6	65%

---

① 金浩.学前儿童数学教育概论[M].上海:华东师范大学出版社,2000:148.

从上表数据可见,4 岁儿童尚不能理解全集与子集的包含关系;5 岁儿童能初步理解,但准确率还不高;6 岁儿童对全集与子集包含关系的理解较 5 岁组有所提高。由此说明,儿童对全集与子集包含关系的理解在 5 岁以后可能会有一个逐步的发展与提高。

三、学前儿童感知集合的活动设计与实施

(一)区分"1"与"许多"

"1"是自然数的基本单位。任何一个大于 1 的自然数都是由若干个 1 组成。"许多"是一个笼统的词汇,它表示集合中有两个以上的基本元素。对幼儿进行"1"和"许多"的区分的教学主要是为了引导他们感知集合及其元素。

1. 区分"1"和"许多"的教学目标

区分"1"和"许多"是小班初期儿童学数前的教育内容。其基本的教学目标有:幼儿能区分出 1 个物体和许多个物体;感知和体验"1"和"许多"之间的关系;能在日常生活中运用"1"和"许多"等词汇表述物体量的多少,如"1 个老师,许多个小朋友"。

2. 区分"1"和"许多"的教学方法

(1)多感官体验法。

幼儿用听觉、触觉等观察和比较物体,能区别 1 个物体和许多个物体。例如,1 辆大汽车和许多辆小汽车、1 个鱼缸和许多条金鱼、1 棵树上结了许多个果子等。通过对各种 1 个和许多个物体的观察和比较,使幼儿初步理解"1"和"许多"都是表示物体数量的词语,学会区别 1 个物体和许多个物体。

(2)环境寻找法。

让幼儿在周围环境中寻找"1"和"许多",通过寻找活动促进幼儿理解"1"和"许多"的关系。具体讲,教师可以让幼儿在周围环境中,寻找"1"个和"许多"个物体。例如,教师在金鱼缸里放 1 条黑色金鱼和许多条红色金鱼,让儿童去区分。教师可以引导儿童在自然环境中寻找"1"和"许多"。例如,小河里有 1 只鸭妈妈带着许多只小鸭子在游泳;1 棵树上长出许多树枝、树叶等。教师还可以引导幼儿通过回忆来寻找"1"和"许多"。例如,教师让幼儿回忆自己的家里有 1 张桌子和许多把椅子;公共汽车上有 1 位司机和许多乘客等。

(3)游戏操作法。

教师采用游戏法的形式,通过分与合的操作,让幼儿学习理解和巩固"1"和"许多"的关系。例如,"拔萝卜"游戏,让幼儿一个一个地拔萝卜,然后放在 1 个箩筐里,就有了"许多"萝卜。

以下是区分"1"与"许多"的活动设计案例:

案例 5-1:集体教学:采蘑菇(小班上)①
【活动目标】
(1) 理解"1"和"许多"的关系。
(2) 体验游戏的乐趣。
【活动准备】
(1) 沙箱 1 个(或将较厚的大泡沫板固定于地面),插有与全班幼儿人数相等的"蘑菇"。
(2) 篮子 1 个。
(3) 地上画 1 个圈代表兔子的"家"。
【活动过程】
(1) 教师当兔妈妈,幼儿当兔宝宝。首先,教师告诉幼儿"今天要去采蘑菇",然后他们蹦蹦跳跳地来到"山上"。教师引导幼儿观察蘑菇并启发他们说出"有许多蘑菇",教师要求幼儿"每人采 1 个蘑菇,放进妈妈的篮子里"。
(2) 蘑菇采完后,教师先引导幼儿注意到"山上没有蘑菇了",接着询问幼儿"许多蘑菇哪去了?",并启发幼儿体会"许多蘑菇可以分成 1 个蘑菇、1 个蘑菇……"。教师再引导幼儿注意到篮子里的蘑菇,让他们说出"篮子里有许多蘑菇",再次问幼儿"篮子里怎么会有许多蘑菇呢?",并启发幼儿体会"1 个蘑菇、1 个……合起来是许多蘑菇"。
(3) 教师告诉幼儿"咱们回家吃蘑菇吧",然后他们蹦蹦跳跳地回到"家"。教师请幼儿每人从篮子里拿 1 个蘑菇,拿完后,教师引导幼儿注意到"篮子里没有蘑菇了",接着问幼儿"许多蘑菇去哪儿了?",并启发幼儿观察每人手里拿的 1 个蘑菇,体会"许多蘑菇可以分成 1 个蘑菇、1 个蘑菇……"。教师高兴地对幼儿说:"聪明的兔宝宝们,请吃我们自己采的蘑菇吧!"游戏结束。

案例 5-2:日常游戏:小蚂蚁运粮②
【玩法】
老师出示塑料筐(当仓库),说:"仓库里 1 袋粮食都没有了,怎样才能使仓库里有许多粮食?"请幼儿扮演小蚂蚁,每人运 1 袋粮食放进仓库。然后提问:"仓库里有多少粮食?每只小蚂蚁运了多少粮食?"(每只小蚂蚁运 1 袋粮食,仓库里就有许多粮食,1 袋 1 袋放在一起就变成了许多粮食。)老师说:"今天天气真好,小蚂蚁把粮食运到外面晒晒太阳吧!"让幼儿每人运 1 袋粮食,看看仓库里有没有粮食。(每只小蚂蚁运 1 袋粮食,仓库里 1 袋粮食也没有了,许多粮食就分成 1 袋,1 袋……)

---

① 林嘉绥,李丹玲. 学前儿童数学教育[M]. 北京:北京师范大学出版社,2013:87.
② 赵振国. 学前儿童数学教育与活动设计[M]. 北京:北京大学出版社,2016:126.

(二) 两个集合元素的一一对应比较

1. 一一对应比较的教学意义

两个集合元素的一一对应比较就是不通过数数的方式,借助于对应比较来确定两组物体(集合元素)的相等与不等。其教学意义表现在:

(1) 有助于感知理解对应法则

在两个集合中,若一个集合的每一个元素分别与另一个集合的每一个元素形成某种对应关系,那么,这种对应就叫作"一一对应"。一一对应方法在幼儿数学教育中被广泛地应用。通过一一对应,幼儿在不会计数之前就可以比较出两组物体的多少,也有助于促进幼儿计数能力的发展。

(2) 有助于对元素及数量的正确感知

两个集合中的元素一一对应地放在一起相比较,可以比较直接地观察到集合中元素的个数。这种一个对一个地放置形式较具体形象,能够增强幼儿感知集合元素的准确性。通过比较,得出多、少或一样多的结论,能够帮助幼儿逐步感知到各组中物体(元素)的数量,从而获得数的感性经验。

(3) 有助于掌握计数

比较两组物体相等与不等的活动过程,能使幼儿学会对应的方法,即将一个集合中的元素逐一重叠(或并放)在另一个集合的相应元素上(或附近)。这是幼儿学习计数及理解数概念不可缺少的基础。因为计数活动是把需要数的集合的元素与自然数列的集合建立一一对应的过程。因此,一一对应比较的方法,能够为幼儿以后掌握计数,正确理解数目的实际含义做好前期准备。

2. "一一对应比较"教学的一般方法

(1) 重叠比较

将一组物体摆成一行,再将另一组物体逐个一对一地重叠到前一组物体上面,比较两组物体是一样多还是不一样多。例如,将瓢虫卡片一一叠放在树叶卡片之上;将锅子与盖子图片一一重叠;或将葡萄一一放置在相应的竹篮上,让幼儿观察发现并比较它们的多少(或一样多)。

(2) 并放比较

将一组物体摆成一行,再将另一组物体一个对一个地并排放在这组物体的旁边,比较这两组物体的数量。例如,给幼儿 4 只盘子卡片,3 把刀叉卡片,让幼儿把盘子排成一行,然后在每只盘子,右面放 1 把刀叉,引导幼儿观察比较并说出盘子与刀叉不一样多,盘子多,刀叉少。也可以将一组物体摆成一行,再将另一组物体一个对一个地并排放在该组物体的下面(或上面),比较它们的数量多少。先将 4 张大象卡片排成一行,再将小铃卡片一一对应地并放在大象卡片的上面,比较大象与小铃的多少。

(3) 连线比较

对两个集合间元素数量的比较也可以通过连线的方式加以一一对应的比较,这种方式往往在幼儿的个别操作活动,尤其是书面材料的操作中比较多见。

(4) 游戏活动中比较

利用幼儿喜爱的娱乐性游戏,将一一对应比较的内容有机地渗透到游戏的情境与规则之中,游戏活动可以作为幼儿自然地学习和掌握一一对应比较的一种有效手段。

以下是关于一一对应比较的活动设计案例:

案例 5-3:集体教学:找椅子(小班)①

【活动目标】

(1) 活动中学习用一一对应的方法比较两组物体的多、少或一样多。

(2) 培养幼儿积极思维,动脑筋解决活动中衍生的问题的能力。

【活动准备】

椅子 5 把、小铃 1 副。

【活动过程】

1. 和幼儿一起玩"找椅子"的游戏

规则:参加游戏者听铃声,边口念儿歌边走,念完歌的瞬间找一把椅子坐下。

预先玩三次:

第一次:5 把椅子,6 名幼儿。问:几个小朋友没找到椅子?谁没找到椅子?

第二次:5 把椅子,6 名幼儿。问:几个小朋友没找到椅子?谁没找到椅子?

第三次:5 把椅子,6 名幼儿。问:几个小朋友没找到椅子?怎么总是有一位小朋友找不到椅子?

2. 按幼儿出现的"解决问题的方法"继续玩游戏

(1) 幼儿又找了 1 把椅子来,尝试以 6 把椅子和 5 名幼儿玩找椅子游戏。

(2) 幼儿让找不到椅子的幼儿退出游戏,尝试 5 把椅子,5 名幼儿玩找椅子游戏。

注意:无论哪种情况出现,必须满足幼儿人人都找到椅子的活动需要。同时"检查"是否每个幼儿都找到了椅子。带领幼儿进行"1 把椅子,1 个小朋友;1 把椅子 1 个小朋友……"的一一对应方法的过程示范和讲述,得出"小朋友和椅子"一样多的结论,因为小朋友与椅子一样多,所以每人都找到椅子。

(3) 再次以 5 把椅子,6 名幼儿玩游戏。出现 1 个找不到椅子的结果。进行一一对应比较方法演示,得出椅子少,小朋友会找不到椅子。

(4) 视幼儿情绪及发展水平,提出"要让每个小朋友都找到椅子"与幼儿一起来请参加游戏的幼儿(用 1 把椅子前站 1 个小朋友,一一对应方法请幼儿),然后经过游戏证实是否每个幼儿都找得到椅子。此时再比较椅子与人数哪个多,哪个少,还是一样多。

(儿歌:小铃小铃你真灵,敲的声音真好听。叮叮叮叮敲起铃,小朋友快找椅子来坐定。)

---

① 徐苗郎.我的幼儿园数学活动模式[M].上海:上海社会科学院出版社,2004:47.

案例 5-4：区角活动：实物接龙（小班上）①

【设计意图】

让幼儿在接龙游戏中将两个相同的物体配对，体验两个相同物体间的对应关系。

【活动准备】

磁性白板一块，磁贴实物接龙卡1套（两端印有不同实物的长方形磁性贴片）或图形接龙卡。

【操作规则】

从底板的左上端开始，沿着上底边，将接龙卡片放置于板上，两个相同的实物接在一起，直到接完为止。

【指导策略】

接龙游戏的目的是体验相同实物的对应关系，发展幼儿的对应能力，为学习对应比较和点数奠定基础。教师应向幼儿讲清楚接龙游戏的规则：从许多接龙卡中找到相同的两个实物，然后接在一起。如果幼儿能理解操作规则，但偶有出错或违规（如不是朝两头接，而是接在中间，或没有接完所有的卡片），教师可以提示幼儿接龙的规则（只能在两头接，不可以从中间接，直到所有卡片接完）。

（三）感知集合间的关系与运算

感知集合间的包含或相等关系以及两个集合间的交集、差集、并集等概念，对幼儿更好地理解集合概念以及学习数的组成和加减运算具有积极的意义。在教学中，这部分内容主要是以帮助幼儿感知为主，而不是直接的概念传授和讲解。因此，可以结合幼儿的分类活动、数概念、形体的认识等活动，通过操作、游戏等手段加以渗透。

以下是感知集合关系与运算的活动设计案例：

案例 5-5：集体教学：蔬菜的家（中班）②

【活动目标】

（1）通过游戏、操作等活动，在分类的基础上初步感知集合，了解集合与子集的包含关系。

（2）通过观察，能够按照一种或几种标准把同类物体放到一起。

【活动准备】

场景布置：用彩带围成草莓、西瓜、苹果、葡萄、香蕉的家；音乐磁带：我的朋友在哪里；头饰：草莓、西瓜、苹果、葡萄、香蕉各6个；幼儿操作材料：衣服、花、图形及空白集合图若干、记号笔；电脑课件：小动物找家、蔬菜的家。

---

① 张俊.幼儿园数学领域教育精要——关键经验与活动指导[M].北京：教育科学出版社，2015：88.

② 赵振国.学前儿童数学教育与活动设计[M].北京：北京大学出版社，2016：124.

【活动过程】

1. 通过游戏活动,初步感知集合

(1) 请小朋友带上不同水果娃娃的头饰,教师:"今天我们都成了水果娃娃,请你告诉我你是什么水果娃娃呀?现在我们来做个游戏,请每个娃娃去找跟你相同的娃娃做朋友,找齐了好朋友,就可以找一个家坐下来。"

(2) 幼儿游戏。

(3) 教师:"你们都找到了自己的家,可小动物们还没有找到家呢?你们愿不愿意帮帮他们呀?"

(4) 出示大屏幕——(小动物找家)并提问:

① 这是什么地方?蓝蓝的天空会是哪些小动物的家?为什么蓝蓝的天空是这些小动物的家?

② 这是什么地方?绿绿的草地会是哪些小动物的家?为什么绿绿的草地是这些小动物的家?

③ 这是什么地方?青青的小河会是哪些小动物的家?为什么青青的小河是这些小动物的家?

小结:小动物们都找到了自己的家。蓝蓝的天空是会飞的小鸟的家;青青的小河是会游泳的小动物的家;绿绿的草地是爱跑爱跳的小动物的家。

2. 通过操作活动,初步了解集合、子集的包含关系

(1) 出示大屏幕二(蔬菜的集合),教师问幼儿:"这个家里有谁?我们给这个家取个名字吧(蔬菜的家)。对,这么多蔬菜住在一起组成了一个大家庭。"

(2) 水果大家庭是由哪些小家组成?是苹果娃多呢还是水果娃娃多?为什么?

3. 幼儿分组操作活动

(1) 教师:"这是谁?衣服和花衣服看到我们既有大的家又有小的家,很羡慕,也想请我们帮帮忙,给他们分小家,请你们一边分,一边想想,你们是按照什么来分的?"

(2) 每组请一名幼儿来讲述结果。教师提问:"你们组是按照什么来分的?是花衣服多还是衣服多?为什么?"

4. 幼儿个别操作活动

教师:"这些是谁?他们还没有自己的家,请你们赶快帮他们找到家吧。"请幼儿分组按颜色、大小、形状分成不同的子集,并介绍给其他幼儿或客人老师听。

【点评】

这节教学活动有多个层次,有全班一起进行的水果找朋友游戏、小动物找家游戏、集合比较问答;这节教学活动有多种形式,有游戏形式、操作形式、问答形式,有全班操作、小组操作,还有个别操作;这节活动运用了多种集合的材料,有水果、蔬菜、衣服,还有其他个别操作的材料。多个层次、多种形式、多种材料,更有利于儿童对集合的感知从个别到一般。

案例 5-6：集体教学：谁是幸运儿①（中班）

【活动目标】

（1）能将事物按某一属性归类，初步感知交集的概念。

（2）在寻找"幸运儿"的过程中体会共同探索的乐趣。

【活动准备】

蓝圈、绿圈各一个，摸箱两个。特征卡片若干（卡片上画有选帽衫、短袖、背心、运动鞋等），印章，蓝、绿圈塑封纸，五角星贴纸，如图 5-5。

图 5-5 活动材料

【活动过程】

1. 第一次游戏，按某一属性归类

（1）话题导入。

——你抽过奖吗？你在哪里抽过奖？

小结：抽奖是一件开心的事，今天我们就来抽奖，中奖的人就是"幸运儿"，可以获得一个幸运印章。

（2）出示一个蓝圈和一个蓝色摸箱，进行第一轮游戏。游戏可玩两次，帮助儿童熟悉游戏规则。

——摸箱里有一些带特征的卡片，如果你符合卡片上的特征，就表示你中奖了。请站在圆圈里。

——你中奖了吗？为什么？

小结：我们可以根据衣服款式、发型、性别等特征来判断自己是否中奖。

2. 第二次游戏，感知交集的形成

（1）交代游戏规则。

——第一次游戏有好多"幸运儿"都中奖了，这次游戏难度要提升了。刚才符合

---

① 温剑青. 童心玩数学（教师用书 中班 第二学期）[M]. 上海：少年儿童出版社，2015：16.

一个条件就算中奖,这次一定要符合两个条件才算中奖。

(2) 再出示一个绿圈和一个绿色摸箱,进行第二轮游戏

——每人从蓝色摸箱和绿色摸箱里各抽出一张特征卡片,同时符合两个特征的人才是"幸运儿"。如果你符合蓝箱的卡片特征,请你站在蓝圈里;如果你符合绿箱的卡片特征,请你站在绿圈里。

——(请一名幼儿示范抽奖)卡片上画了什么?

——第一个特征是什么?第二个特征是什么?

——他(她)中奖了吗?应该站在什么颜色的圈里?

小结:要同时符合既"穿着××"又"穿着××"这两个特征才是中奖的"幸运儿",所以既要站在蓝圈里,又要站在绿圈里。

(3) 帮助幼儿使用图示表示交集

——刚才中奖的幸运儿既要站在蓝圈里,又要站在绿圈里,怎样才能做到?(幼儿自由讨论)

小结:让两个圈重叠一部分,"幸运儿"站在两个圈重叠的地方,这样就能既站在蓝圈里,又站在绿圈里,表示概符合蓝圈的特征,又符合绿圈的特征。

3. 第三次游戏,进一步理解交集的概念

(1) 出示更多特征卡片,幼儿认识特征卡片上的内容。

——我给你们准备了许多特征卡片,看看上面画了哪些内容。

(2) 幼儿再次进行游戏,教师强调要同时符合两个特征才是"幸运儿"

——谁来说一说这次什么样的人才是"幸运儿"?他(她)应该站在哪里?

——你为什么不是幸运儿?说说你的理由。

小结:同时符合两张卡片上的特征才是"幸运儿",应该站在两个圈重叠的地方。

第二节 学前儿童关于分类概念的学习与活动设计

一、关于分类的基本知识

(一) 分类及形式

1. 分类

所谓分类,是根据事物的某种特征将其集合成类的过程。也就是把具有某一共同属性(特征)的物体归并在一起。例如,把玩具放一起、把图书放一起;又如在一些图片(黄瓜、苹果、橙子、西瓜、白菜、茄子等)中,把水果卡片放一起,把蔬菜卡片放一起……这些都是分类。

2. 分类的形式

(1) 按物体的名称分类

把相同名称的物体放在一起,例如,把图书放一起、笔放一起、娃娃放一起等。

(2) 按物体的外部特征分类

即按物体的颜色、形状分类。例如,很多气球中,按颜色把红气球放一边,蓝气球放一边,或按形状把圆气球、娃娃状气球分开放。

(3) 按物体量的差异分类

即按物体大小、长短、粗细、厚薄、宽窄、轻重等量的差异分类。例如,把大小皮球分别放在两个筐里,把长木棍、短木棍分别用绳子扎起来。

(4) 按物体的用途分类

例如,把蜡笔、铅画纸、手工剪刀归成一类,都是学习用品;把毛巾、茶杯、牙刷归成一类,都是生活用品。

(5) 按物体材料的性质分类

例如,将塑料做的花片、小碗、玩具电话;木头做的积木、玩具小橱;布做的娃娃、小衣裤等分别归类。

(6) 按物体的数量分类

例如,把数量只有一个的物品归在一起或把数量为两个、三个的归在一起等。

(7) 按事物间的关系分类

例如,在一堆动物与食物中,将小兔与萝卜归在一起,娃娃与香蕉归在一起等。

(8) 按事物的其他特征分类

在学前儿童的分类活动中,除了以上几种分类形式外,还可按娃娃的表情,如哭的、笑的归类;也可按动作姿态,如唱歌的、闭着眼睡觉的归类。再如苹果的分类图片,除了按颜色、大小等特征分类以外,还可以启发幼儿观察,按有叶与无叶的特征进行分类。

还可以按照维度的个数进行分类,如按一个维度分类、两个维度分类、三个维度分类等。例如,按大小分、颜色分、数量分等都是按一个维度分的;如果要求儿童把大的三角形归并在一起,把三个红色的物品归并在一起,把小灰兔和萝卜归并在一起,这都是按两个维度分类;如把大的红三角形归并在一起,就是按三个维度分类了。

二、学前儿童分类概念获得的意义和要求

(一) 学前儿童分类概念获得的意义

第一,分类活动可以帮助学前儿童感知集合及其元素的同与不同,并逐步形成物体的集合概念。也就是说,当儿童把具有共同特征的物体归放在一起时,他们也就有了对这些物体的集合元素的感知。

第二,分类活动是学前儿童学习计数的前提,是形成"数"概念的基础。儿童要知道某类物体的数量,首先需要将这类物体与其他物体区分开来,才能进行计数比较。例如,要回答活动室里有多少女孩的问题,就要先将女孩从整体中分出来,再数一数有多少。另外,学前儿童在分类活动中要把物体一个个地加以区分,再一个个地归并在一起,这样能促进儿童对集合中元素个数的感知,同时为儿童手口一致地点数活动

打下基础。

第三,分类活动有利于学前儿童掌握数的组成和数的加减运算方法。数的组成和加减运算反映的是集与子集的关系,也就是整体与部分的关系。学前儿童对集合的分类促进了其对整体与部分之间关系的认识。

第四,分类活动有利于促进学前儿童思维品质的发展。分类活动涉及分析、比较、观察、判断等,这些活动能够锻炼和提高学前儿童的逻辑思维能力,有助于培养幼儿良好的思维品质。

因此,分类活动是幼儿园数学教育中的一项重要内容。

(二)学前儿童分类概念获得的年龄段要求

1. 小班(3~4岁)

(1)探究物体的特征,辨认物体的异同;

(2)根据范例和口头指示,能从一堆物体集合中分出一组物体;

(3)能按照物体的某一外部特征或物体量(每类物体的数量不超过4个)的差异进行分类,即"一元分类";

(4)理解并掌握有关词汇,如"相同"、"不同"、"都是"等。

2. 中班(4~5岁)

(1)能按照物体的外部特征(如颜色、形状)或物体量的差异(每类物体的数量不超过5个)进行分类;

(2)能按照物体的数量差异进行分类;

(3)能概括物体的两个特征,并按特征进行分类,即"二元分类";

(4)能理解并掌握相关词汇,如"合起来"、"分开"、"分成"等。

3. 大班(5~6岁)

(1)能按照物体的多个特征进行分类,即"多元分类";

(2)让幼儿自己确定分类的标准,自由分类,并用语言表达出"为什么要把它们放在一起";

(3)引导幼儿对集合做层级分类,体验集与子集的包含关系。如,苹果有红苹果和青苹果,它们合起来都叫苹果,苹果比青苹果多。

三、学前儿童分类的活动设计与实施

(一)有关分类学习的一般的方法与手段

1. 操作

操作是幼儿学习分类的最有效的方法之一。分类活动中的操作材料或学具对幼儿来说是十分重要的。对于小年龄幼儿,应尽可能提供人手一份的操作材料,并应在分类活动中提倡以幼儿自身参与的体验和操作活动为先,教师的归纳和提升为后的原则。同时,在材料的选择和提供中,应当给幼儿充分的、足够的材料去操作不同形式的分类。至于操作的方法既可以在集体的数学教育活动中运用,也可以让幼儿通过非正式的、个别的、小组的活动及区角活动等途径来进行。

2. 游戏

运用游戏的形式与手段以及在游戏的情境中让幼儿学习分类也是非常有效的,尤其是对于小年龄幼儿来说,游戏是幼儿最自然、最喜欢的活动,在游戏中,通过活动,角色扮演和问题解决等过程帮助幼儿体验和学习分类不失为一种有意义的途径。

(二) 有关分类学习活动的设计要点

1. 充分利用自然条件和日常生活情境

分类的要求和活动与幼儿生活的环境以及日常生活有着紧密联系,因此,对幼儿的分类教学来说,不应当仅仅局限在集体活动或是每天、每周有限的区角操作活动时间中,而应当把分类渗透到幼儿的生活中,在幼儿接触社会生活以及自然环境的过程中,潜移默化、随时随机地加以运用。如外出参观活动,散步活动,当幼儿发现秋天树叶的变化,春天开出的花时,就可以很自然地引导幼儿根据他们的观察对其加以分类。同样,在日常生活以及幼儿园一日活动的各环节中,如在幼儿每次游戏结束后,让他们收拾玩具,引导他们按玩具的种类分别整理放好。午睡时,引导并要求幼儿将被子、衣服、小凳子都分类整理好,放在固定的地方。这些涉及分类要求的活动不仅训练了幼儿分类的能力,也培养了幼儿做事的条理性和良好的生活习惯。

2. 提倡并鼓励幼儿交流分类的结果

在幼儿的分类操作活动之后,组织幼儿交流,用语言表述自己的分类结果是分类教学中的一个重要环节。对幼儿来说,用语言对自己所分出的结果进行表述是体现幼儿思维抽象和内化水平的一个重要标志。学前幼儿,受年龄和思维发展所限,其逻辑表达往往较多依赖于外在物体和外显动作,即通常所说的是一种动作水平的表达,要能够用概括的语言加以陈述则是思维从具体向抽象过渡的一个重要表现。因此,在动作水平上的分类之后,引导幼儿用语言经过内化加以正确的表述这对促进幼儿抽象逻辑思维的发展具有重要的意义。同时,通过交流和表达陈述的过程,还能够促进幼儿之间的互动以及对口语表达能力的锻炼。在交流环节中,可让幼儿把自己分类的物品展示给大家看,并注重讲解自己是按什么分类的,是怎样分的。教师也可以把每个幼儿的分类结果放在桌上,组织全体幼儿互相观看,最后把看到的情况进行交流,如请幼儿回答,看到哪些小朋友分的与自己不一样,自己是怎么分的,别人是怎么分的,哪些地方不一样等。当然,在幼儿的交流和表述基础上,教师的适时归纳和提升也是相当重要的。教师应当对幼儿的分类结果加以比较、归纳和总结,帮助幼儿获得有关分类的关键性经验。如帮助幼儿总结出分类的不同标准、分类的标记指示等。

3. 扩展幼儿有关分类的标准,尝试多种分类形式

随着幼儿分类活动的增加以及分类经验的不断积累,教师在教学中应当特别注意帮助幼儿拓展多种维度的分类以及自由分类。在教学中,结合幼儿按一种维度分

类的不同结果,帮助幼儿归纳到分类的不同标准,并由此提示幼儿尝试一维特征的多种自由分类、层级分类以及按二维(或以上)特征的分类,逐步帮助幼儿在分类活动中发展其思维的抽象性、发散性、灵活性。

以下是关于分类的活动设计案例:

案例5-7:集体活动:找鞋子①(中班)

【关键元素】

分类,匹配。

【活动目标】

(1) 结合生活经验,根据物体特征进行匹配和分类。

(2) 在听觉辨认中感受活动的趣味。

【活动准备】

婴儿鞋三双,男童跑鞋四双,女童跑鞋两双,女童皮鞋三双,音频(跑鞋"嚓嚓"声、皮鞋"哒哒"声、重脚步声、轻脚步声、正常脚步声),箩筐两个,鞋架两个。

【活动过程】

1. 找一只鞋

游戏前请一部分幼儿脱下一只鞋子混放在箩筐里,然后请其他幼儿来帮忙,随机拿出一只鞋子,说出鞋子的主人。

——你从哪里看出来这只鞋子是某某小朋友的?它们什么地方是一样的?(引导幼儿观察鞋面上的花纹、颜色、鞋带等特征。)

——快把鞋子送给它的主人吧。看看你找对了吗?

小结:一双鞋有两只,它们的大小、颜色、图案都是一样的。

2. 鞋子配对

(1) 幼儿操作配对。

——看,这里有许多鞋子,东一只西一只,真是乱糟糟。谁能来把它们整理一下?

请两名幼儿来整理,教师引导幼儿根据鞋子的形状、大小、颜色、图案等特征进行匹配。

(2) 观察并验证。

——每双鞋子都一样吗?哪里不同?

——特别小的鞋子可能是谁穿的?有蝴蝶结的鞋子可能是谁的?

——什么时候需要穿跑鞋?穿这种鞋子走路时可能会发出什么声音?你能模仿一下吗?

教师播放相应的音频:宝宝轻轻的脚步声、小朋友重重的脚步声、穿跑鞋行走的声音(嚓嚓嚓)、穿皮鞋行走的声音(嗒嗒)……

小结:不同的鞋子是为不同的人、不同的需要准备的,穿上不同的鞋子行走时发

---

① 温剑青.童心玩数学(教师用书 中班 第一学期)[M].上海:少年儿童出版社,2015:14.

出的声音也不一样。

3. 鞋子的多种分类

——这里有两个鞋架，如果我们要把这些鞋子分别放在两个鞋架上，你觉得可以怎么放？

教师和幼儿一起按不同的特征(如大小、功能、材质颜色等)对鞋子进行分类，然后放在鞋架上。

小结：物品分类有很多种方法，可以按大小、颜色、用途等特征来区分。

4. 游戏：走了几个人

教师将所有的鞋子从鞋架上取出，放在教室中间，然后播放各种脚步声，每暂停一次，表示走掉一个人。幼儿根据听到声音的次数将相应数量的鞋子放入鞋架内。

——玩了这么久了，鞋子们要回去了。请你听听脚步声，数一数走了几个人。

案例5-8：区角活动：蝴蝶结（中班）①

【材料】

一组具有颜色、大小、花边等差异的蝴蝶结，可一分为二的分类盛器。

【观察要点】

捕捉幼儿在分类活动中的矛盾点，引发认知冲突。

【幼儿操作状况】

幼儿在操作汽车分家、动物分家、蝴蝶结分家时已出现了两种分类方法：一是按颜色和大小分，二是按颜色和长短分。他们在交流这些分类方法后，决定今天再想出第三种分类方法。

琴琴和芳芳在一起分蝴蝶结。过了一会儿她们说找到了第三种办法。

琴琴边分边表演解释："我给蝴蝶结分成红家和绿家、大家和小家"，接着又把两种蝴蝶结调换了一下位置："第三种办法是小家和大家。"

芳芳见了马上说："第三种办法前面已经分过了，不算不算。"可是，琴琴还是坚持两种位置调换是不一样的分法。

芳芳开始了自己的解释："红家绿家，大家小家，还有第三种分法是有金边和没有金边。"

芳芳说："我才是对的，你的不算。"琴琴说："你也对，我也对，大家都对。"两人争执不下，去请老师做裁判。

【点评】

从两种分法上可以看出两个幼儿虽然都有求异的愿望，但由于发展水平不同，表现也有差异，琴琴认为把两组位置调换就是不一样，芳芳却坚持要找出蝴蝶结上的另一个不同点。教师不直接肯定对错，可以将两种方法介绍给大家，肯定芳芳找出蝴蝶结绸带边的不同的分法，同时也可以指出琴琴的分法和芳芳不一样，也动了脑筋，换

---

① 徐苗郎. 我的幼儿园数学活动模式[M]. 上海：上海社会科学院出版社，2004.

个位置变出另一种办法来。教师把方式介绍给其他幼儿,供幼儿自由选择,这样就顺应了幼儿的发展,没有急于把处于不同水平的幼儿强行统一到相同的答案上来。随着年龄增长,成熟和经验会使他们在多重分类学习时,从寻找不同特征中进行不同的分类。

案例5‐9:集体教学:分家家(中班)①
【活动目标】
(1) 通过活动鼓励幼儿寻找物体的不同特征,多次尝试按物体的一个特征的肯定与否定标准分类,进一步理解上述分类方法的意思。
(2) 提高幼儿观察、比较、分析、综合的能力,促进幼儿逻辑思维的初步发展。
【活动准备】
(1) 分类物品:3种颜色、4种动物的塑料片(如有红、黄、白的兔、猫、鹅、鱼的塑料片为一组);3种形状、4种颜色的图形片(如有三角形、圆形、正方形的红、黄、蓝、绿四色图形为一组),以上材料组数为幼儿参加活动的人数。
(2) 分类盛器:可抽动隔板分割成小格的盛器一个(可隔成四格、三格、二格)。
(3) 地上画有可站立8~10人的圈两个。
【活动过程】
1. 观察分类材料,寻找特征自由分类
(1) 观察幼儿操作,可能出现的分类方法。
按幼儿的分类材料:甲种,可能出现按物体的名称分(4家),按动物片颜色分(3家);乙种,可能出现按图形片名称分(3家),按图形片颜色分(4家)。
(2) 交流。
我是怎么分的,分了几家,各家的名称是什么?
(3) 小结。
小朋友真能干,分家的办法想得都不一样,同样分动物,有分成4家的,有分成3家的,分图形片也是用不同方法分成3家和4家。
2. 提出分类要求
分动物片或是图形片,都要试一试分成两家,看一看有没有不同的分法。
(1) 观察幼儿操作。
甲种材料可能出现:A 按名称分,是××家,不是××家;B 按颜色分,是红色家,不是红色家。
乙种材料可能出现:A 按形状分,是××图形的家,不是××图形的家;B 按颜色分,是×颜色图形的家,不是×颜色图形的家。
(2) 交流第一次尝试的结果,提出问题。
甲种材料:同样是分动物图片,按颜色分怎么会分出"是红图片家,不是红图片

---
① 徐苗郎. 我的幼儿园数学活动模式[M]. 上海:上海社会科学院出版社. 2004:63.

家"和"是蓝图片家,不是蓝图片家"两种不同的名字呢?

同样是分图形片,按形状分怎么会分出"是三角形家,不是三角形家"和"是圆形家,不是圆形家"两种不同的名称呢?

(3) 第二次再尝试变一变,用不同方法分,取不同的名字。

(4) 依据幼儿提供的情况,再一次交流,以后再做第三次尝试……

3. 玩小朋友分家家的游戏

(1) 请一组幼儿,教师参与商议以后,分在两个圈中站立,让全体幼儿观察,猜猜他们分家家所取的名字是什么。如女孩子家,不是男孩子家;或穿系带鞋子小朋友的家,不穿系带鞋子小朋友的家。

(2) 调换一组幼儿,自己商议后,分站两个圈中,教师和幼儿一同猜猜他们分家家后取的名字。

【点评】

教师有序提供一系列操作学具,由幼儿自由选择,在幼儿自主地进行操作时,教师观察了解幼儿操作分类的过程,适时地做一些间接指导,或鼓励幼儿尝试多种操作材料,或就一种材料进行多种分类方法的探索,让每个幼儿都能在自身不同发展水平的基础上,积累新的分类经验。

案例 5-10:区角活动:送图形宝宝回家(小班)

【材料准备】

吹塑纸剪成的△、□、○若干,图形片上添画简单的眼睛、鼻子、嘴巴,成拟人化的"图形宝宝";塑料筐若干。

【操作提示】

请幼儿根据"图形宝宝"的不同特征,把相同的图形宝宝(可以是形状、颜色或大小等)送到同一个"家"(塑料筐)中。

案例 5-11:区角活动:插花(小、中班)

【材料准备】

吹塑纸剪成的花若干,颜色、形状、大小各异;塑料广口瓶若干;标记纸卡。

【操作提示】

根据教师提供的材料,请幼儿选择将相同的花插在同一个瓶中,并要求幼儿将分类的结果以标记卡形式贴在瓶上。

第三节　学前儿童关于模式概念的学习与活动设计

一、关于模式的基本知识

(一) 模式及其基本特性

所谓模式(Pattern)，是指客观事物和现象之间本质、稳定、反复出现的关系，它反映的是对事物和对象的具有隐蔽性、抽象性的规律特征的认识。作为一种重复出现的有规则性的序列，在儿童的日常生活中随处可见各种模式，包括图案、花样、动作、声音或事件等，如视觉上的"红—黄—蓝，红—黄—蓝……"；听觉上的"掌声—鼓声—哨声，掌声—鼓声—哨声……"；身体动作上的"拍手—跺脚，拍手—跺脚……"；自然现象的"上午—下午—晚上，上午—下午—晚上……"等。

模式有两个根本特性：重复性和可预测性。模式的重复性是指模式是由相同的单元或按照同一规律发展变化的单元构成，如模式"ABABAB"是由相同的单元AB重复构成的，模式"1,2,3,5,8"则是由前两项相加等于第三项这一规则的重复执行形成的单元构成。通过对模式的结构及其中的规律性关系进行概括，可以对模式的发展进行预测。模式的重复性是其可预测性的前提和基础。①

(二) 模式的类型

1. 按照模式组成的基本单元划分

(1) 重复性模式

重复性模式指组成模式的基本单元是由 n 个相同的、保持不变的单元构成，例如，"ABC ABC ABC ..."。

(2) 发展性模式

发展性模式指模式由按照同一规律发展变化的单元构成，例如，"ab, abb, abbb, abbbb ..."。

发展性模式需要感知"看不见"的规律的重复，这与重复性模式相比，对儿童的挑战更大。一般来说，儿童先获得重复性模式的经验，再习得发展性模式的经验。

2. 按照组成模式的载体不同划分

(1) 实物模式

所谓实物模式，是指以实物或动作、声音等实体的形式呈现的模式，如"敲鼓—击掌—跳，敲鼓—击掌—跳……"的动作模式。

---

① 史亚娟.论模式能力及其对儿童数学认知能力发展的影响[J].学前教育研究,2003(07).

(2) 符号模式

符号模式则是指通过字母、数字、文字等抽象的符号系统来表达的模式,如数列"0,1,2,3,4,5,6,……"。

从组成模式的载体来看,实物或者图片对儿童来说是最容易的,动作、声音等稍有难度,而符号形式的模式对儿童来说则更有难度。

(三) 模式能力的结构①

模式能力主要包括模式的识别、复制、扩展、创造、比较、转换、描述和交流等,其中模式识别能力是基础,模式的复制、扩展、创造、比较、转换、描述和交流都是在模式识别能力的基础上发展起来的模式运用能力。

知海拾贝

模式能力

模式识别能力就是指获得模式结构的能力,即辨别出模式单元有哪些组成元素,模式各单元之间的相互关系是怎样的。

模式复制能力是指创造出与原有模式具有相同结构的模式的能力。

模式扩展能力是指在模式识别基础之上的对模式发展的预测能力,它并不只限于把模式看作一个简单序列,去预测下一个元素或单元是什么,更重要的是分析模式的整体结构及其中的规律性联系,从而对模式在任何时间、空间中的发展、变化进行预测,它反映了儿童的逻辑推理能力的发展。

模式创造能力指的是一种对模式结构的新的学习和反应能力,它要求儿童能够明确构成模式的要素,能对所要创造的模式结构有清晰的计划和设想,能够自己创造出一种模式结构或序列。

模式比较能力是指能够在分析模式结构异同的基础上,把握住决定模式结构的本质要素的能力,例如,通过对于动作模式"坐,站,坐,站……"与数字模式"1,3;1,3……"的比较分析,儿童能透过表面现象发现尽管它们在表现形式上不同,但它们有相同的结构,都可以概括成"ABAB……"的结构,理解它们是相同模式在不同情境中的不同表现形式。

模式转换能力是指用不同的材料或符号再造某一模式,也就是用不同的表现形式表征同一模式的能力,儿童能够进行模式转换,意味着儿童对模式的本质和内涵有了准确的理解。

模式描述能力是指使用文字、字母、数字或其他符号对模式结构及其中包含的规律性联系的概括表征能力,实际上,有很多儿童只用部分信息对模式进行概括,尤其是对于较复杂的模式,儿童出现这种情况的概率更高。

---

① 史亚娟. 论模式能力及其对儿童数学认知能力发展的影响[J]. 学前教育研究,2003(07).

模式交流能力是指使用公认的、标准的符号、图形等数学概念、数学符号系统来描述和表征模式的能力,它是建立在对模式进行概括时能排除一些非本质特征的影响,获得对模式结构的更确切的概括基础之上的抽象的表达能力。通过模式交流,儿童彼此交换对模式的理解、解释和表征,这有助于儿童对模式各构成元素特征的全面把握,使儿童逐渐从使用自己创造的符号、图形、语言表达等方式,并结合实物和具体情境来描述模式,发展到使用多数儿童认可的符号、图形、语言表达的方式来描述模式,最后到脱离具体情境使用标准的数学概念、数学符号系统来表征模式。模式交流在帮助儿童建构数学知识以及建立非正式的数学概念和数学观念的抽象符号系统之间的联系上具有重要的作用。

(四) 模式与排序的关系

所谓排序,是指能够将2个以上的物品或对象按照某种规律排列成序,儿童的排序操作活动涉及对序列概念的认识和理解,所谓序列,是指理解事物间的关系以及将这些事物关系依照逻辑顺序排列出来。可见,儿童的序列概念和排序活动与模式概念的发展有着紧密的关系。

儿童模式的发展必须建立在儿童对排序的基本理解的基础之上。它包括创造和发现对象在视觉、听觉和运动上的规律。而排序是一种较高层次的分类活动。排序涉及比较两种或两种以上的对象或对象组,同时也涉及把对象按照一定的顺序(从第一到最后)排列起来。当儿童还处于感知运动阶段时,就开始发展排序的概念了,如儿童能够把物体按照从大到小的顺序排列。

排序还包括一种持续、均匀地增加的模式或遵循既定的规律出现重复的顺序。根据查尔斯沃思和莱德洛夫(Charlesworth & Radeloff)的研究,模式与排序关系密切,排序既是模式的一种,也是模式的根本。这反映在一方面儿童必须对排列的逻辑顺序关系有基本的了解才能创造模式,另一方面排序涉及辨认一个渐次等增(或减)的模式。[①]

二、学前儿童模式概念获得的意义和特点

(一) 学前儿童模式概念获得的意义

作为儿童早期基本数学能力之一,模式认知能力与其他数学内容相互联系,渗透在分析数量关系、解决问题、建模、判断、证明、预测等各种活动中,是儿童进入数学世界的重要中介。第一,模式与儿童的代数思维和逻辑推理能力紧密相连,为儿童日后进行更抽象的数学学习奠定基础。第二,模式的学习有助于帮助儿童去发现、理解数学自身独特的结构以及数学中代数、几何、测量等各大主题之间的联系,使儿童获得有效的数学图式。第三,模式的学习与儿童日后的学习关系密切,日常生活中的艺术、建筑、舞蹈、音乐等方面都存在大量的模式方面的因素,如一个人学习舞蹈时,如

---

① 林泳海等.3.5~6.5岁儿童式样认知发展的实验研究[J].心理学探新,2003(01).

果不能及时发现其中的模式,学习起来则会存在困难,所以模式经验的获得对儿童终身学习会有重大意义。探索模式能帮助幼儿从不同的关系来审视物体,从而帮助儿童理解数学结构。

(二) 学前儿童模式概念获得的发展特点

关于儿童早期模式能力的发展及特点,我国也有研究者进行过相关的研究并得出了结论。其中,林泳海等对3.5~6.5岁儿童模式认知发展的实验研究表明,儿童模式认知水平随年龄增长而不断发展,呈现出从循环模式→重复模式→滋长模式→变异模式的认知发展递升态势,可以概括为五种发展水平,即完全没有模式概念;处于模式认知的萌芽;开始有模式认知,但不稳定;基本上有模式认知,较稳定;有模式认知概念,且不受模式内容特征影响。研究同时指出,儿童的模式认知发展,在各年龄阶段之间变化不平衡,有两个快速发展期,3.5~4.5岁以及5.5~6.5岁。另外,史亚娟等对学前儿童模式认知能力发展进行的研究发现,儿童早期的模式认知能力无显著性别差异,但女孩的模式扩展能力显著高于男孩;儿童早期模式认知能力发展的年龄主效应显著,性别主效应显著,年龄与性别的交互作用亦显著;儿童模式复制能力在3.5~4.5岁之间发展较为迅速,模式扩展能力在4~5岁之间发展较为迅速;儿童的模式复制能力显著高于模式扩展能力,随着年龄的增长它们之间的差距有减小的趋势;随着年龄的增长,儿童在模式复制和模式扩展任务中所犯错误水平逐渐下降。

从以上关于儿童早期模式认知能力发展的研究可见,这一时期儿童的模式概念发展具有以下两方面的特点:

1. 模式认知随年龄增长呈上升趋势

儿童早期的模式认知是一个逐步发展的渐进过程,虽然儿童早期就已经在生活经验中表现出最初的对模式规律的粗浅认知,但这只是儿童模式概念的萌芽,还不是一种对模式概念的清晰而稳定的认知,一般3岁左右的儿童已经具备了初步的模式认知,随着儿童年龄的增长,尤其是4岁以后,随着儿童数认知能力的不断发展以及抽象逻辑思维能力的发展,儿童的模式认知能力有了更明显、快速的发展,体现出随年龄增长的上升趋势,可以归纳为从模式的识别→模式的复制→模式的扩展→模式的创造→模式的比较→模式的转换→模式的交流在能力结构上的渐进发展趋势。

2. 对不同类型的模式认知有差异

在儿童早期模式认知能力的发展过程中,对不同类型的模式规律的认知具有明显的差异。一般说来,儿童往往更容易判断和认识重复性模式,对于发展性模式的认知具有一定的困难,这是因为儿童早期在生活中首先和较多接触到的是具有重复性特征规律的模式,加之发展性模式扩展任务涉及分类、推理、抽象概括及辨识数量的递增等多个方面的认知能力,受儿童早期抽象逻辑思维发展的局限,他们还不能从本质上认识到一组事物的规律性特征并进行推断和预测。同样,对于实物为材料的模式和以符号为材料的模式的认知在儿童早期也具有明显的差异。一般而言,儿童的模式判别和推断易受材料的影响,他们对于具体的实物或动作、声音为材料载体组成的模式往往容易认知,而对于以抽象的符号和数字、字母等为材料载体的模式进行表征则比较困难。

三、学前儿童模式概念的活动设计与实施

(一)有关模式概念学习的基本内容

从有关模式概念的基本结构可见,在学前儿童数学启蒙教育中,模式的识别和运用能力的培养是促进儿童数学认知发展和逻辑思维能力发展的重要方面,其具体的教学内容主要包括对重复性模式的识别、复制、扩展、创造、比较、转换、描述和交流等。由于儿童的年龄特点和抽象思维发展的局限,在幼儿园所进行的有关模式的教育教学活动主要是以实物或图片为载体的,一般不出现以抽象的数字或符号为载体的模式规律,这是因为儿童思维的发展有一个从实物认知到形象认知再到抽象认知的过程,在模式教学中,首先,应与儿童一起操作实物材料(包括他们自己的身体运动),纯粹用符号来表征的模式,如 AB AB AB 对幼儿来说太抽象,抽象的概念往往要建立在儿童实物感知经验的基础之上。其次,让学前儿童所接触到的重复性模式,也主要是以较显见的、单元个数有限的模式为主,对隐含较抽象性规律的重复性模式,学龄前儿童的理解和表征则具有一定的困难。

(二)有关模式学习活动的设计要点

1. 合理、巧妙利用生活情景和故事情景

虽然模式概念涉及关于物体对象的具有隐蔽性和抽象性规律特征的认识,它是反映儿童思维抽象性发展水平的重要指标之一,但对于模式能力的培养于幼儿园教育教学之中的贯彻和实施却应当以儿童的年龄特点、心理发展特点为依据,即不能进行纯粹的模式教学,而应当将有关模式的内容渗透到儿童的一日生活各个环节,巧妙地结合日常化的背景渗透相关概念,如每天作息时间安排的重复性模式、美工角装饰活动中的模式规律、积木建构活动中的模式规律等,即使是在教师设计的数学集体活动中,也应当关注合理利用情景背景来渗透模式概念。

2. 有序体现模式能力发展的渐进要求

从前面关于模式的基本概念梳理中可见,儿童的模式能力发展是一个渐进的、有序的过程,它包括了从识别、复制、扩展、创造、比较、转换、描述和交流等一系列发展的过程,在教师关于模式相关活动的设计中,特别要注意按照模式能力结构的有序发展来编排活动进度,体现渐进有序性。教师在活动设计中要考虑到模式单元中构成元素的个数及其构成的复杂性问题,对于初次进行模式相关活动或者模式相关经验并不多的小年龄幼儿来说,单元个数可以从 2 个开始,慢慢发展到 3~4 个;同样,构成每个单元的元素之复杂性程度也是需要有序递增的,一般可以从没有变化的模式(拍手、拍手……)到有一个变化的模式(AB AB AB……)到重复一个构成元素的模式(AAB AAB AAB……或 ABB ABB ABB……)再到包含一个以上特征的模式(大且红 小且黄 小且黄;大且红 小且黄 小且黄……)。在这种有序的渐进序列中,儿童的

年龄阶段是一个很重要的参照点,但相比较于模式能力本身的发展序列而言,年龄阶段不是绝对的,而发展的线索却是教师在活动设计中要把握好并加以有效设计的。

3. 关注多样化的模式表征

在有关模式的数学活动设计中,教师较多考虑和安排的活动形式与任务大多是排序活动,确实,排序活动可以通过不同的材料和操作帮助幼儿建构和丰富模式的相关经验,但模式并不等同于排序,也不应局限于排序。在活动设计中,教师要关注引导幼儿以多种形式和手段来理解模式,并运用一定的方式加以表征。如在集体活动5-12的案例中,教师最后设计的一个环节,是启发幼儿用身体动作和声音的方式来再现AAB AAB AAB的模式,这样的设计其价值就是启发幼儿体验到模式的多种表征形式,它可以为儿童模式比较和转换能力的发展奠定基础。总之,多种形式的模式表征是极有必要的,它一方面可以拓展儿童对模式本质规律的认识,另一方面也培养和发展了幼儿思维的发散性、变通性。

以下是关于模式概念的活动设计案例:

案例 5-12:集体活动:碗和勺的游戏①

【关键元素】

积累模式经验。

【活动目标】

(1) 在游戏中感知 AAB 模式,体会同一个模式的不同表达方式。

(2) 体验游戏的乐趣,提升创造能力。

【活动准备】

雪花片若干,长纸条人手一条(用于贴雪花片),碗、勺人手一个,如图 5-6。

图 5-6　活动材料

【活动过程】

1. 做敲碗游戏,感知 AAB 模式

——一个碗和一把勺在一起,它们等着吃好吃的东西。不过现在还没开饭,让我

---

① 温剑青.童心玩数学(教师用书　中班　第一学期)[M].上海:少年儿童出版社,2015:45.

们和碗、勺做个游戏吧!

——我做一个动作,请你和我一起做,一定要和我的动作一模一样哦。

准备开始(用勺敲两下碗口,敲一下碗底)你们都能跟上我的动作。我做了哪些动作?我的动作有规律吗?什么规律?

小结:先敲两次碗口,再敲一次碗底,是两个和一个轮流的规律。

2. 用开火车的方法表现规律

(1) 个别幼儿示范。

——说明游戏方法。

还是做敲碗的动作,但是这次要开火车来玩。每人只能敲一下,但是一个一个连起来要敲出和刚才一样的规律。

——请三个幼儿先尝试。

第一个人敲哪里?第二个人应该敲哪里呢?第三个人呢?接下去应该怎么玩?

(2) 幼儿开火车有规律地敲碗。

——(游戏中教师及时发现问题并提问)他这个动作对吗?应该敲碗的哪里?为什么?

小结:我们的规律是敲两下碗口,敲一下碗底。刚才已经敲完两下碗口,所以接下来的动作应该是敲一下碗底。每位小朋友一定要看清楚其他人的动作,才能知道自己接下来该做什么。

可以换个方向再开一次火车,让幼儿按规律敲出节奏。

3. 提炼模式并用符号表示

——玩了这么多遍,这个动作的规律到底怎么表示呢?我这里有一些雪花片和长纸条,请你用雪花片排出正确的规律。(幼儿操作,将雪花片贴在纸条上)

——针对 ABAB、ABB 情况。

你可以做一下刚才的动作,感觉一下这三个动作中哪两个动作是一样的?

——针对 AAB 情况。

这里的两个红色表示什么意思?敲几下碗口?一个蓝色表示什么意思?是什么动作?

小结:我们的动作是两个相同的动作和另一个不同的动作轮流的规律,所以排出来也应该是两个相同的雪花片和另一个不同的雪花片轮流的规律。

4. 创造不同方式表现 AAB 模式

——除了用碗和勺敲出这个规律,你还能用其他动作表示这个规律吗?(请个别幼儿表现,如拍手拍腿、跺脚扭屁股等)

——让我们一起来学学他的动作。现在我们又要开火车了,每人只能做其中一个动作,请你仔细看每个同伴的动作。(及时纠正并请幼儿说说原因)

——能不能用声音来表示这个规律呢?(请个别幼儿示范)

小结:今天我们玩的那么多游戏都是两个和一个、两个和一个的规律,都可以用两个和一个、两个和一个的规律卡片来表示。

案例5-13：集体活动：接下来会是什么呢①

【关键元素】

模式的识别与创造

【活动目标】

(1) 能识别构成模式的单元，并进行模式的复制、填空和创造。

(2) 能遵守游戏规则和秩序，体验游戏的快乐。

【活动准备】

即时贴内芯一个，塑料串珠一串，塑料筐三个，三种颜色圆形磁铁若干，大骰子一个，幼儿操作材料人手一份（三色圆形贴纸，长条形卡纸），大黑板一块，如图5-7。

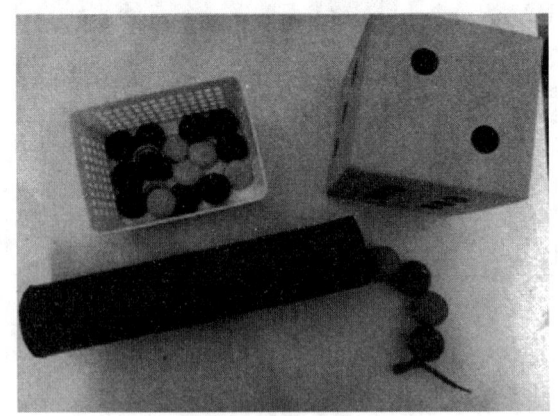

图5-7 活动材料

【活动过程】

1. 猜颜色

(1) 教师从纸筒内拉出一颗小圆球。

——这是什么？（圆球）

——什么颜色的圆球？

——（教师继续拉出圆球）猜猜接下来是什么颜色呢？再接下来呢？

(2) 教师将整串圆球从长筒内拉出。

——小球们是怎么排队的呀？（一个红球两个蓝球，一个红球两个蓝球）

——你们会按照这个规律给小球排队吗？

2. 接龙游戏

(1) 教师在黑板上用圆形磁铁排出ABBABB模式，请幼儿上前每人放一个或两个磁铁，继续排下去。

---

① 温剑青.童心玩数学（教师用书 大班 第一学期）[M].上海：少年儿童出版社，2015：36.

(2) 教师排出 ABCABC 模式,请幼儿轮流掷骰子,根据掷到的点数接下去放磁铁。

(3) 教师请一名幼儿排出一个新模式,再请幼儿轮流掷骰子进行接龙游戏。

3. 少了什么

请其他幼儿闭上眼睛,请一名幼儿走上前,拿走模式中的一个或两个磁铁后,再请其余幼儿睁开眼睛。

——哪里的磁铁不见了?是什么颜色的磁铁?你怎么知道的?

请个别幼儿上前将缺失的磁铁补上。

4. 设计腰带

(1) 教师出示长条形卡纸,请幼儿按设计好的模式在纸带上排圆点,装饰纸带。

(2) 幼儿介绍自己设计的模式。

(3) 教师出示自己装饰的纸带,遮住后半部分。

——猜猜接下来我是怎么排的?

(4) 教师和幼儿一起戴上腰带,互相欣赏。

案例 5-14:区角活动:点心时间[①]

【关键元素】

积累模式经验。

【活动材料】

不同颜色的饼干图片,标有排列模式的底板,标有模式难度的星级示意图。

【玩法】

(1) 幼儿自选星级示意图,根据示意图用饼干图片进行相应模式的排列。

(2) 幼儿用彩色饼干图片自由进行各种模式的排列。

案例 5-15:区角活动:贴瓷砖[②]

【关键元素】

模式的复制与创造。

【活动材料】

两种颜色(或多种颜色)的长方形(或正方形)色纸,两种颜色的贴花,自制小房子(或画有格子的底板),如图 5-8。

【玩法】

(1) 幼儿观察厨房、卫生间里的瓷砖,发现瓷砖的规律,根据一定的规律在自制的小房子(或地板上)贴瓷砖。

(2) 指导幼儿注意不仅布局要有规律,整体也要体现出规律。

[①] 温剑青.童心玩数学(教师用书 中班 第一学期)[M].上海:少年儿童出版社,2015:47.
[②] 温剑青.童心玩数学(教师用书 大班 第一学期)[M].上海:少年儿童出版社,2015:80.

图 5-8 活动材料

案例 5-16：日常游戏：今天我来排（大班）

【活动目标】

(1) 按照一定的规律或模式要求相互配合排列队伍。

(2) 自由创造规律或模式进行队伍的排列。

【活动过程】

儿童排队的时候，教师选择一名小队长来决定队伍如何排列，但是一定要按照一定规律，如按照两个男孩一个女孩或一个长头发两个短头发的规律排列等。小队长大声说出要排的规律，其他儿童按照要求自觉排列，小队长要检查儿童的队伍排列是否正确，如果不正确要帮助调整。教师每天选择不同的儿童来当小队长。

【活动建议】

(1) 此活动可以在任何需要排队的场合灵活展开。如出去户外活动、活动完回班、去春游等。

(2) 教师尽量鼓励小队长选择更复杂的规律来排队，必要时教师可以给予适时的引导和帮助。

(3) 如果小队长不选择儿童固有的外在特征（如男女、衣服颜色、鞋子类型等）进行排队或在选择这些特征上存在困难的话，也可以允许小队长自己创造队伍的规律或模式，如一个张开手臂、一个放下手、一个把手背在身后、一个张开手臂、一个放下手、一个把手背在身后等。

(4) 可以根据儿童的年龄特征或本班儿童的实际水平，对儿童提出不同层次的要求，如对于小年龄的儿童，可以由教师任队长，协助儿童排队，或提出一些比较简单的规律。

以上两则大班的区域和日常活动同样都涉及对模式规律的理解和运用，除了一般通常采用的视觉表征方式将物品进行有规律的排序外，教师还可以启发幼儿在生活中应用动作、声音等其他表征方式去表现模式规律，在比较和转换过程中发展幼儿的迁移性思维。

案例 5-17：日常游戏：听觉模式①

【活动目标】

复制和延伸听觉模式。

【活动过程】

进行拍手游戏，让儿童跟着一起做，拍法如拍、拍、停、拍（重复几遍）。玩 60～90 秒，以使每个人都有机会参加。也可以教师做拍、拍、停，儿童拍最后一下，重复三遍后结束。还可以教师拍一组节奏，请儿童接着拍下一组。尝试其他模式，如拍手、拍手、拍胳膊或拍手、跺脚、拍腿。

【活动延伸】

帮助儿童建构自己的模式。让他们使用乐器建构自己的模式（如鼓声、铃声、鼓声、沙锤声）。

复习与思考

1. 感知集合的教育对幼儿数概念发展与教育有何影响与作用？
2. 如何理解学前期的感知集合教育？涉及哪些教学内容和活动？
3. 何谓分类？分类的形式一般有哪些？
4. 举例说明一一对应比较的三种形式。
5. 何谓模式？模式有哪些基本特性？
6. 学前儿童模式能力的发展具有怎样的特点？
7. 学前期感知模式的学习可以有哪些基本途径？

---

① 罗莎琳德·查尔斯沃斯. 3～8 岁儿童的数学经验[M]. 北京：人民教育出版社，2007：168.

第六章　学前儿童数概念与数运算活动的设计与实施

大量的国内外研究结果表明,儿童在入学前已经发展了丰富的感性的数知识和技能,这些感性经验在很大程度上会影响儿童在小学的数学学习和数学能力的发展。学前期儿童数学教育的关键是建立儿童丰富的数的感性经验,并在数学教育中紧密联系儿童的感性经验,通过现实经验和对具体材料的操作来建构数感。因而,引导幼儿感知事物的数量及其关系,建构初步的数概念,形成数感,是幼儿数学教育的主要内容之一。向幼儿进行10以内的数的加减运算教育,让幼儿更好地感受和体验日常生活和游戏中事物的数量关系,并学习用简单的数学方法来解决且常生活中的某些简单的问题。

第一节　学前儿童关于数概念的学习与活动设计

一、关于数概念的基本知识

(一) 数与数字

数和形是数学中最古老、最原始、最基本的两个概念,在自然界和生活中,数可以用来表示客观世界中各种事物的量,量的结果可以用数字来表示。

数字是一种抽象的符号,是代表数词用来记数的一种符号。在自然界和幼儿的生活中,会有许多接触到数字的机会,如电话号码、房间门牌号、钟表数字等,但是,让幼儿认识数字,必须与理解数字所表达的实际意义相联系而不是纯粹的数字认读,这是因为数字是在抽取出事物的其他特征的基础上,对其本质的数理逻辑特征的一种概括和提炼,只有当幼儿从4块糖、4本书、4只气球等数量物品中,把4作为代表一切数目是4的物品的数词和记数符号时,才能够真正得到对数字所包含意义的理解。因此,在对学前儿童进行数字的认读和书写教育时,应当避免简单化、形式化的倾向和方法。

(二) 自然数和自然数列

自然数的概念是人类祖先在长期生活和生产劳动的过程中逐渐形成的。

在自然数中,最小的数是"1",被称为自然数的单位,其他任何自然数的形成都是由若干个单位"1"添加而成的。因此,从"1"开始,逐次添加一个单位,如此依次排列的所有自然数所组成的排列就叫作自然数列。它具有以下特征：① 有始性,自然数列的第一个数是"1"。② 有序性,在自然数列中,每一个数后面有且只有一个后续数。而且除"1"以外,每一个自然数也有且只有一个先行数。先行的数小,后续的数大,前后之间相差"1"。③ 无限性,自然数列是一个无限集合,里面没有最后一个自然数。

(三) 零和扩大的自然数列

零不是自然数,自然数列中也不包括零。当然,零除了表示没有之外,作为一个独立的数,还可以表示其他意义,如坐标上的原点；温度计上作为零上零下温度的分界点；记数中表示数位(如 10、107)等。因此,在让幼儿感知和获得"零"的概念时,成人和教师应当给予正确的解释,"零可以表示没有",而不是"零就是没有"。

零比任何自然数都小,如果把零放在自然数列的前面,可得到一个扩大的自然数列：0,1,2,3,4,……这个扩大的自然数列也是有始、有序和无限的,包括零和自然数。

(四) 基数和序数

自然数作为一类等价的非空有限集合的标记,既可以用来表示有限集合中元素的个数,也可以用来表示有限集合中每个元素的位置,这就是自然数的两个不同含义。其中,用来表示集合中元素个数的数称为基数；用来表示集合中元素排列次序的数称为序数。如幼儿在数一堆饼干时,点一块,数一块,点到最后一块时,数出的数字"6"是表示这堆饼干的数量多少的,显现的就是其基数含义；若手点第 6 块饼干,说出数字"6",所代表的就是其序数含义。可见,每一个自然数都有双重性,既可以表示基数,也可以表示序数。当点完序数时就获得了其基数值；反之,知晓了基数值,也就能推断其在数列中的位置,两者紧密联系、互为制约。

(五) 计数

所谓计数,又称数数,就是将具体集合的元素与自然数列里从"1"开始的自然数之间建立起一一对应关系,即口说数字、手点实物,使数词和要数的单位物体之间一一对应,结果用数字来表示。

作为一种活动,究其实质来说,它是一种有目的、有手段、有结果的活动——其目的是要确定物体的数量；其手段就是一种数数的操作；其结果则表现为数的形式。

作为一种技能,它涉及三个组成部分——用正确的顺序有声或无声地说出数词；能确认可用于计数的若干单位物体；能把数词和计数的单位物体一一对应。[①]

知海拾贝

美国著名心理学家格尔曼提出了正确数数的五条原则：第一,一一对应原则,即指幼儿在数数时必须理解要数的集合中的每一个元素只能对应于一个数词,也

---

① 周欣.儿童数概念的早期发展[M].上海：华东师范大学出版社,2004：61.

就是说,一个物体只能数一次,一个数词也只能用一次,用过的数词不能再用。第二,固定顺序原则,即用于数不同单位物体的数词的顺序是始终如一、固定不变的,它是由数词系统本身特定的顺序和规律所决定的,是不可任意改变的,如用"1,2,3,4……"的顺序去数一个集合,再数另一集合时,也应当是相同的顺序,而不可能是"2,1,4,3……"的顺序。第三,基数原则。即能够理解计数到最后一个物体时的数词所代表的就是该集合的总数。第四,抽象性原则。即以上所说的数数原则可以适用于任何集合,也就是任何由可数物体组成的集合都可以计数。第五,顺序无关原则,即数数时,数的结果总是唯一的,它与被数物体的顺序是无关的,无论是从左往右数、从右往左数,还是从中间往两边数、转圈数等,其数的结果总是同一个数。

(六) 数制

数制也称为计数制度,在各个民族的不同发展时期曾经创造和使用过多种记数制度。数学史上的记数制可以分为数位记数制和非数位记数制(如象形记数制、字母记数制、罗马记数制等)。数位记数制中最常见的是逢十进一的十进位制,它是一种严格的数位记数制,可以使运算得以简化。除此之外,还有满十二进一的十二进位制,如十二块手帕可以称为"一打手帕",十二个月为"一年";满六十进一的六十进位制,如六十秒为一分,六十分为一小时;满二进一的二进位制,如两只袜子称为"一双",两只手套称为"一副"。目前,二进制还被广泛应用于计算机中,在二进制中,只有0和1两个数字,可以用来表示任何数,如10(读作"一零")表示2;11(读作"一一")表示3;100(读作"一零零")表示4等。二进制与十进制数的互换可见表6-1。

表6-1 二进制与十进制数的互换

十进制数	1	2	3	4	5	6	7	8	9	10	……
二进制数	1	10	11	100	101	110	111	1000	1001	1010	……

根据二进制与十进制数的互换,可以设计适合学前儿童的数学猜想游戏。

(七) 数的组成

数的组成指数的结构,包括组合和分解两个过程。数的组合指除1以外的任何一个自然数都是由两个或两个以上的部分数组成的;数的分解指除1以外的任何一个自然数都可以分成两个或两个以上的部分数。数的组成涉及的是数的分与合,反映了总数和部分数及部分数之间的辩证关系。具体说来,即涉及三个数群之间的等量、互补和互换关系:等量关系,一个数群(总数)可以分成两个相等或不相等的子群(部分数),即一个数可以分成两个部分数,这两个部分数合起来就是原来的那个数,用公式 $B=A+A'$ 表示;互补关系,一个总数分成的两个部分数中,一边从上到下数越来越小,下一个数分别比上一个数小1,另一边从上到下数越来越大,下一个数分别比上一个数大1,用公式 $B=(A-n)+(A'+n)$ 表示。互换关系,一个总数分成的两个部分数,位置交换一下,总数还是不变,用公式 B＝A＋A′＝A′＋A 表示。

幼儿掌握数的组成是数群概念的发展,是进一步理解数的关系的标志。就数的组成实质而言,它是一种概念水平上的运算。

林嘉绥的研究表明,儿童掌握数的组成,在心理上是对总数与部分数三种关系的综合反映。幼儿是先理解数群关系再进而掌握数的组成。①

幼儿掌握数的组成,可以为学习加减运算积累感性经验,而在抽象概念水平上获得的数组成之间的数群关系,是掌握加减运算中的数群关系的基础。

二、学前儿童数概念的发展特点

感知集合教育为幼儿学习计数和掌握 10 以内的初步数概念打下了基础,那么幼儿初步数概念是如何形成和发展的?具有哪些发展特点?它与计数活动有些什么关系?这些都是我们在这一节中将要进一步讨论的问题。

(一) 学前儿童计数能力的发展特点

计数是一种有目的、有手段、有结果的活动,与儿童数概念的发展有着紧密的关系。可以说,计数活动是儿童数概念形成和发展的一个重要方面。幼儿的计数能力标志着儿童对数的实际意义的理解程度。儿童计数能力发展的顺序是:口头数数、一一对应、说出总数、按群计数四个阶段:

1. 口头数数

口头数数能力是指按顺序唱数自然数的能力。一般 3 岁左右的幼儿在成人的影响下能够按顺序机械地背出一些自然数。但该年龄段的幼儿还没有理解自然数的实际意义,尚未形成数词与事物之间的一一对应关系,往往不能正确地用这些数来表示物体的数量。具体表现为以下几点:

(1) 一般只能从"1"开始往下数,若中途遇到干扰,数数就无法继续。

(2) 不能从中间某数开始往下数,更不会倒着数。

(3) 在口头数数时,常有漏数或循环重复数的现象。但这种口头唱数能力的发展对幼儿学习计数有一定的积极意义,它能使幼儿知道数词的名称,掌握自然数的顺序,而这恰恰是正确计数所不能缺少的前提。

2. 一一对应

一一对应是指用手逐一指点物体,同时有顺序地逐个说出数词,使说出的每个数词与手点的每一个物体一一对应。3 岁左右的幼儿能用手逐一指点物体,同时有顺序地说出数词,但往往说不出总数。按物点数活动比口头数数活动要复杂。要做到正确的点数,需有多种感觉分析器的参与,当幼儿边点数实物边说出数词时,他的手、眼、口、脑需要协调。但 4 岁前的幼儿由于大脑皮层抑制机能较差,手眼动作不灵活,

---

① 林嘉绥. 儿童对部分与整体关系认识发展的实验研究——4 至 7 岁儿童数的组成与分解[J]. 心理学报:1979(01).

再加上口头数数不熟练,因此常常出现以下几种手口不一致的现象:

(1) 口能从1～10顺着数,但手却不能按实物一个个地点,而是乱点。

(2) 虽能按实物一个个地点,但口却乱说,如边点实物边说1、2、5、8、9、10等。

(3) 口与手虽然能有节奏地配合,但不是一对一的配合,例如,数两个数,点一个实物,或者数一个数,点两个实物。

3. 说出总数

是指幼儿按物点数后,能够用说出的最后一个数来代表所数过的物体的总数。一般4岁以后的幼儿大多能够数出10以内物体的总数。幼儿能手口一致点数并正确说出总数,标志着幼儿已经开始理解数的实际意义。幼儿知道将最后说出的数作为所数过的一个集合元素的总数,则意味着幼儿的计数能力发展到了一个新水平,即形成了最初的"数"概念。

4. 按数取物与按群计数

所谓按数取物,是指按照一定的数目拿取同样多的物体。这是对"数"概念的实际运用。所谓按群计数,是指计数时不是以单个物体为单位,而是以数群为单位,如两个两个地数,五个五个地数等。随着幼儿计数能力的发展,5岁后开始能按群计数,这表明幼儿"数"概念的抽象能力获得了更高的发展,因为数群概念是将代表一个物体群的数作为一个整体去把握,而不使用实物和逐一计数的方法确定物体群的数量。按群计数能力的提高为幼儿后续学习数的组成和加减运算奠定了基础。

从以上四个计数活动的发展阶段来看,可以把幼儿的计数活动概括为三种水平。

一是死记硬背式的计数。在入园前,部分幼儿已能有序地说出一串数字,但那是机械性的记忆,幼儿还不能用数字来标记实物的个数,即不懂数字与物体之间的一一对应关系。例如,当问幼儿手里有几样东西时,他们的答案往往是猜出来的。

二是理解式的计数。幼儿学会了把数字和物体配对,说明幼儿已建立起了数与物之间的一一对应关系,但在计数过程中容易受物体大小、排列形式等因素的干扰,例如,当幼儿比较数量相等而体积大小不同的两组物体时,有些幼儿会错误地认为体积大的一组数量多,体积小的一组数量少,同样有时他们也可能错误地认为同样数目的物体,排列松散的比排列紧凑的数目多。

三是持久等价式的计数。幼儿掌握了数的守恒后,若向其呈现排成一列的物体,然后改变物体的排列形式,幼儿仍能知道物体集合的数目是一样的。

(二) 学前儿童10以内数概念的发展特点

幼儿10以内初步数概念的发展既有连续性,又有阶段性:

1. 第一阶段——对数量的感知动作阶段(3岁左右)

这个阶段的特点是:

第一,对数量有笼统的感知,他们对明显的大小、多少的差别能区分,对不明显的差别,则不会区分;

第二,会口头数数,但一般不超过10;

第三,逐步学会手口一致地对5以内的实物进行点数,但点数后说不出物体的总数。

总之,此阶段幼儿主要通过感知和运动来把握客体的数量,只具有对少量物体的初步的数观念,还算不上真正具有了数的概念。

2. 第二阶段——数词和物体数量间建立联系的阶段(4~5岁)

这个阶段的特点是:

第一,点数实物后能说出总数,即有了最初的数群的概念,末期开始出现数的"守恒"现象;

第二,前期儿童能分辨大小、多少、一样多;中期能认识第几和前后数序;

第三,能按数取物;

第四,逐步认识数与数之间的关系,有数序的观念,能比较数目大小,能应用实物进行数的组合和分解;

第五,开始能做简单的实物运算。

这一阶段幼儿所反映出来的特征表明他们已在较低水平上达到了形成数概念的指标。

3. 第三阶段——数运算的初期阶段(5岁以后)

这个阶段的特点是:

第一,对10以内的数大多数能保持"守恒";

第二,计算能力发展较快,大多数从表象运算向抽象的数字运算过渡;

第三,序数概念、基数概念、运算能力的各个方面都有不同程度的扩大和加深,到后期一般可学会100以内的数数,个别的可能学会20以内的加减运算。

这一阶段的幼儿已在较高水平上形成了数的概念,并开始从具象向抽象的数的运算过渡。

知海拾贝

学前儿童数概念形成的标志

人们一般认为幼儿学会了数数,能依次序念数词,能按成人要求拿取物体并会比较其多少就是形成了数概念,其实不然。幼儿数概念的形成是一个复杂的智力活动过程。这个过程是连续而有序的。对于幼儿数概念形成的标志有两种不同观点。一种观点认为幼儿数概念形成的标志有三点:一是掌握10以内数的实际意义,理解10以内的基数(表示集合中元素的个数)和序数(表示集合中元素的顺序和位置)的意义;二是理解10以内自然数的顺序;三是理解数的组成。理解数的组成,不仅可以提高对数概念的认识水平,而且可以培养按群计数的能力,为学习加减运算打下基础。另一种观点则认为,幼儿数概念形成的标志是必须掌握

> 相邻数之间的关系和数的守恒,而且认为相邻数是形成数概念的核心和关键。
>
> 其实这两种观点并无实质性的差别。因为掌握数的守恒,即意味着在判断物体数量时,不受物体大小、形状或空间排列形式的干扰,正确理解数的实际意义。而掌握相邻数的关系,即指了解某个数和其前后两个数间的关系,掌握了相邻数,也自然地理解和懂得了自然数的顺序:前面一个数总比后面一个数小1,后一个数比前一个数大1,自然数的顺序是一个固定不变的体系。所以第二种观点实际上是对第一种观点的补充和具体化说明,体现了较高层次上的数概念形成水平。

三、学前儿童数概念活动的设计与实施

有关数概念的学习是学前儿童数学教育中的一个重要方面,从教学内容来分,可以分为基数、序数、计数(按物取数、按数取物、按数群计数)、数字(认读与书写)、数的组成四个部分。

(一) 10 以内的基数

有关 10 以内基数的教学,一般是通过计数、数量的比较等活动内容,在教学中,主要包括"认识相邻数"、"区别单双数"和"认识零"三方面。

1. 认识相邻数

所谓相邻数是一个数与相邻两个数之间的关系,即三个数之间的关系。任何一个数(除 1 外)都比前面一个数大,比后面一个数小。相邻数的教学一般安排在大班年龄段,教学的重点是让幼儿理解相邻数之间的抽象关系。以下是认识相邻数的活动设计案例:

案例 6-1:集体教学:数字邻居[①]
【活动目标】
(1) 通过游戏感知 10 以内数字的相邻数,初步了解前后数字多 1 和少 1 的关系。
(2) 培养思维的敏捷性。
【活动准备】
1~10 数字卡片各一张;动物胸饰人手一份;积木房若干间。
【活动过程】
1. 坐火车,感知相邻两数之间多 1 少 1 的关系
(1) 请小朋友根据自己手上的号码数字坐上各自相应的车厢。
(2) 数数自己的车厢里有几个乘客,前面车厢有几个乘客,后面车厢有几个乘客,哪个车厢乘客多,哪个车厢乘客少。
(3) 教师小结:每个车厢里的乘客都比前面的车厢多 1,比后面的车厢少 1。出

---

① 此活动案例来自中国儿童教育网 www.cnfirst.net,有改编。

示数字,向幼儿解释 1—10 之间的相邻数关系,说明数字后面的每个数都比前面的数大 1,比后面的数小 1,前后两个数就是这个数的数字邻居,也叫相邻数。

2. 按指令下车,进一步感知相邻数

教师以大 1 小 1 的相邻数关系发出"下车"指令,帮助幼儿巩固感知。

3. 找房间,进一步感知相邻数的关系

幼儿佩戴动物胸饰,找各自的房间。

(1) 老虎的房间号码是 4 的小邻居。

(2) 小鸟是 6 的小邻居。

(3) 鸭子是 2 的大邻居。

(4) 熊猫是 1 的大邻居。

(5) 蝴蝶是 9 的小邻居。

(6) 小猫是 7 的大邻居……

4. 找数字邻居

(1) 教师出示数字,分别找大邻居或小邻居,幼儿根据自己手中的数字回应教师。

(2) 幼儿根据自己的数字去找大邻居或小邻居,找到的三个数字朋友抱在一起,看谁最先找到自己的数字邻居。

案例 6 - 2:区角活动:钓鱼①

【活动材料】

自制钓鱼竿若干,写有数字或画有一至十个圆点的小鱼若干(可用现成的玩具改制而成),一次性纸杯做的鱼篓(贴有小动物形象),2~6 数字卡片,如图 6 - 1。

图 6 - 1 活动材料

【玩法】

1. 幼儿把钓到的鱼放到写有相应数字的鱼篓中。如钓到有数字"4"或圆点数为 4 的鱼,就放到"4"号鱼篓中。

---

① 温剑青.童心玩数学(教师用书 中班 第一学期)[M].上海:少年儿童出版社,2015:57.

2. 把钓到的鱼放到比它大"1"或小"1"的鱼篓中。如钓到有数字"3"或圆点数为3的鱼,就放到"4"号或者"2"号鱼篓中。

3. 根据鱼篓上的数字,钓两条相应数字或圆点的鱼。如鱼篓上的数字是"3",就要钓一条写有"1"或有"1点"的鱼和一条写有"2"或有"2点"的鱼放入该鱼篓中。

案例6-3:日常游戏:接牌

【玩法】

幼儿两人一组玩此游戏,每个幼儿手中持相等数量的数字牌,第一位幼儿出一张牌,若是5,则持有4或6数字牌的幼儿可接牌,对接上的3张牌放在一边。游戏继续进行,两幼儿轮流出牌,最后,手中的牌最先出完者为胜。

2. 区别单双数

10以内单双数的区别与认识是学前大班年龄段幼儿所要学习的一项内容,教师在帮助幼儿形成对单双数的确切概念时,可以做如下解释与归纳:"两个两个数正好数完的,叫作双数;不能两个两个数或者数完还多余1个的,叫作单数"。因此,单双数的教学一般放在幼儿学习"按两个两个数"(按群计数)的教学内容之后。

> **知海拾贝**
>
> 在"区别单双数"的教学中,教师需要注意以下三个方面:
>
> 第一,新授时,应通过具体物的演示、感知或操作正确地归纳,以帮助幼儿形成单双数的确切概念,能够区分10以内的单、双数。同时,通过归纳和总结,还可以启发幼儿进行10以外数的类推。
>
> 第二,复习时,应尽量采用多种教学形式和手段加以巩固,如游戏、寻找等方法,也可以结合其他数学教学内容来进行。
>
> 第三,将"区别单双数"的内容融入幼儿的生活,尤其是通过幼儿亲身感受和体验的活动或游戏,如活动"娃娃游乐城"就是将"单双数"的内容自然地融入"我上大班了"这一主题中,让幼儿在游戏的情景中既养成了遵守规则的习惯,感受成长的快乐,也恰到好处地感受和学习了单双数。

以下是认识单双数的活动设计案例:

案例 6-4:集体活动:活动名称:戴帽子,抢位子①

【活动目标】

(1) 在活动中加深对单双数和数序的理解,提升逻辑推理的能力。

(2) 能够遵守游戏规则,和同伴开展游戏。

【活动准备】

(1) 材料准备:帽子十顶(每顶帽子上写有 1~10 中的一个数字),椅子十把(椅背上贴有一张 1~10 中一个数字的卡片,将十把椅子放在幼儿的前面,椅背朝向幼儿)

(2) 经验准备:幼儿已经感知单双数的概念。

【活动过程】

1. 聊聊周围的人

——在我们的周围,哪些人工作时需要戴帽子?(幼儿自由讨论)

小结:在我们的周围,有些人工作时必须戴帽子,比如建筑工人、做点心的师傅、警察叔叔,等等。他们戴帽子有的是保护自身的安全,有的是保证食品的安全,有的是制度规定等。

2. 熟悉游戏规则,开展游戏

(1) 介绍游戏规则。

——(出示十顶帽子)今天我们就来玩戴帽子的游戏。这里有十顶帽子,等会儿我会给每个人戴一顶帽子。你不能看自己帽子上的数字,只能看别人的,但是不能说出你看到的数字。然后请你猜猜自己帽子上的数字是几,猜好了就坐到写有这个数字的椅子上。(教师可再次询问幼儿游戏规则,若幼儿都清楚了,可展开游戏)

(2) 拿出两顶帽子(10、9),尝试游戏。

——这两顶帽子上的数字是几?谁先来试试?

——你为什么坐在 10 号椅子上?你看到了什么?你是怎么想的?

——你为什么坐在 9 号椅子上?你是怎么想的?

小结:要知道自己帽子上的数字,就要知道一共有几顶帽子,然后观察周围的同伴,看看对方的帽子上是数字几,缺少的那个数字就是自己帽子上的数字。

(3) 先后用数字 6~8、1~5 的帽子开展游戏。

——这些帽子上有哪些数字?

——你看过周围的数字吗?你看到了哪些数字?你为什么坐在这把椅子上?

——为什么数字 2 找不到?数字 2 会在哪儿呢?

小结:游戏的时候,每个数字都要看一看,才能知道少了哪个数字。先要记住有哪几个数字,然后才能发现缺少的是哪一个数字。

3. 利用单双数开展游戏

(1) 教师选出所有单数的帽子,开展游戏。

——看看这些帽子,你发现什么秘密了吗?(帽子上的数字都是单数)

---

① 温剑青.童心玩数学(教师用书 中班 第二学期)[M].上海:少年儿童出版社,2015:46.

——你为什么坐在数字 3 的椅子上?

小结:先要记住 1~10 中间有哪几个是单数,然后才能发现缺少的是哪一个数字。

(2) 教师选出所有双数的帽子,开展游戏。

——他们都坐对了吗?谁不对?为什么不对?(因为数字 3 是单数,而这些帽子上的数字都是双数,所以肯定不对)

——在剩下的座位中,哪些数字是双数呢?

——想一想,在这些双数中到底哪个数字是你的?

小结:要记清楚 1~10 中间有哪几个是双数,在这些数字中寻找缺少的就是自己帽子上的数字。

案例 6-5:日常游戏:找朋友[①]

【玩法】:每个幼儿佩戴一张数字胸卡(10 以内数),围成圆圈,边拍手边唱歌(歌曲附后),第一乐句由教师任选两名戴数字胸卡的幼儿(一个是单数、一个是双数)在圆圈内边唱边拍手去找朋友,第二乐句时两名幼儿分别邀请一名同伴接在自己的身后(要求是单数的找单数的朋友,双数的找双数朋友)。游戏重复进行,队伍越接越长,可以排成两条长"龙",幼儿一起跳"龙舞"。

注:此游戏也可以作为"认识相邻数"的要求加以改编:第一乐句由教师任选几名戴数字胸卡的幼儿,边唱边去找朋友,第二乐句由戴某数相邻数胸卡的两名幼儿边唱边跑跳步拍手向前,两位"相邻数"幼儿分别念儿歌(小数先,大数后),如"4,4,我来了,我是 3(5),3(5) 比你(4)小(大)1"。说对后,3 个幼儿模拟双叶托花状"定格":"某数"扮花,两个"相邻数"扮叶。游戏重复进行。

歌曲《找朋友》
11556655·5—33212
一二三四五六七,我的朋友在哪里?
1155565·5—31231
在这里在这里,我是你的好朋友。

3. 认识零

"零"是扩大的自然数列中最小的一个数,它与自然数不同,不属于自然数,而且在幼儿的生活经验和认知范围内往往会把"零"和"没有"画上等号。但在实际生活中,零却有着不同的含义和表示样式,因此,对于学前儿童来说,正确认识"零"的概念和含义是非常有必要的一项教学内容。

---

① 邹兆芳.幼儿数学新编[M].上海:上海:三联书店,1996:178.

知海拾贝

在认识零的教学活动中,教师要注意以下要点:

第一,结合幼儿的生活经验,帮助他们自己去发现。如幼儿学习了单双数、相邻数后,一般会进行简单的类推,知道更大数的区别:25是单数,30是双数;99是单数,100是双数,也有的幼儿会认为"10是双数,100是双数,所以0也是双数",有的幼儿则不同意,由此就会引发出对"零"的讨论。同样,生活中看到的一些物品,如温度计上的"零",门牌号上的"零",都会引起幼儿的注意。在教学中,教师应当尽可能多地引导幼儿观察或回忆生活中所出现的"零",通过比较让幼儿获得对"零"的概念的正确理解。

第二,采用丰富的教学手段与形式。概念的获得是建立在幼儿自身感知操作体验的基础之上的,如果教学中纯粹以教师的讲解传递为主,则很难让幼儿获得相应的概念。但若能在教学中结合日常生活中的情境,通过讨论、比较、寻找、游戏等方法和手段,则能够大大地调动起幼儿学习的兴趣和参与度,也能够为他们主动地建构概念提供帮助。

以下是认识零的活动设计案例:

案例6-6:集体教学:数字"0"①

【活动目标】

认识0的实际意义。

【活动准备】

《我的数学》第3页,0~10的数字卡片几套,若干个塑料水果(如草莓或梨)或小物品。

【活动过程】

和幼儿玩"数字记忆"的游戏。五个人一组。每人抽一张数字卡,倒扣在桌面上。教师故意将"0"的卡片留在自己的手中。请幼儿按卡片上的数字取出相应的草莓,放在自己的面前。幼儿轮流翻开自己的数字卡片,其他幼儿一起检验草莓的数量与卡片上的数字是否一致。

教师请幼儿猜一猜自己手中的卡片是几,介绍数字"0"的实际意义。

——你们猜一猜老师手中的数字卡是几?

——为什么老师一个草莓都没有拿呢?

——原来"0"的意思就是没有,一个都没有,没有就不用取。

请幼儿翻到《我的数学》第3页,进行数量与数字对应的连线。

——数一数,每个筐里有几个小球?

——把筐内小球的数量与对应的数字连线。

---

① 周兢.幼儿园活动整合课程(教师用书 中班上)[M].南京:南京师范大学出版社,2014:311.

(二) 10以内的序数

序数是表示集合中元素次序的数。认识基数是认识序数的基础,因此,序数的教学一般安排在学习基数之后进行,年龄段一般选择在中班,主要的教学目标是:帮助幼儿理解序数的含义,能用序数词(第几、第几……)正确表示10以内物体排列的次序,并能从不同方向出发(上下、前后、左右等)确定物体的排列顺序和所在的序数位置。

知海拾贝

教学中的要点包括以下几方面:

1. 多种样式的教具排列,帮助幼儿明确方向

序数教学时的教具排列应注意多样,避免单一。排列可以有横的、竖的单排,也可以有表格式的排列,这样有助于幼儿学会从不同方向确定物体的排列顺序和序数位置。

由于物体排列的位置可因起始的方向不同而不同,从右边数起为第一个的物体,改为从左边数起时,它又成为最后一个。因此教儿童学习序数时,首先应明确数数时的方向起点。

2. 多种形式的教学手段,帮助幼儿理解序数含义

(1) 讲解演示,结合教学具的演示,让幼儿把握序数的位置。如教师出示5个玩具动物,可以先让幼儿说说它们的名字,数数一共有几只小动物,接着进行序数的教学。要给小动物排排队,一边挪动小动物一边说:"从我的左边开始,请小兔排在第一个,小狗排在第二个,小猴排第三个,小熊排第四个,小象排第五个。"然后,教师反复提出"××排在第几个?"的问题,或"第×个是谁?"的问题,让幼儿回答,以理解序数的含义。

(2) 游戏操作,让幼儿在游戏活动和自身的操作过程中进一步理清序数的概念也是一种有效的教学手段。如教师可以组织幼儿玩"坐火车"的游戏,把10个小椅子排在教师一边,第一个椅子背上贴"火车头"的图片,然后请10个幼儿取好"车票",根据车票号码上火车,坐在位置上,其他幼儿帮助检查是否坐对了。这种游戏让幼儿亲自感受序数的含义,以加深对序数的认识。又如在幼儿的区角活动中放置一定的操作材料,让幼儿按照数字编号排列"种树",并与其他幼儿交流不同名称的树不同序数位置等。

(3) 结合日常生活,在日常生活中的许多情境和背景中有机地、随时地渗透序数的概念是进一步巩固幼儿的序数概念以及应用性解决问题能力培养的有效途径。如上下楼梯、散步、排队、值日生等生活环节都可以充分地利用和结合。

以下是关于10以内序数的活动设计案例:

案例 6-7：集体活动：杯子和小球的魔术①（大班）

【活动目标】

(1) 理解序数的含义和相对性，并能正确地进行描述。

(2) 通过关注小小球的位置，提高观察能力，感受魔术游戏的乐趣。

【活动准备】

红色小球一个，白色纸杯四个，绿色纸杯一个，遮布一块，如图 6-2。

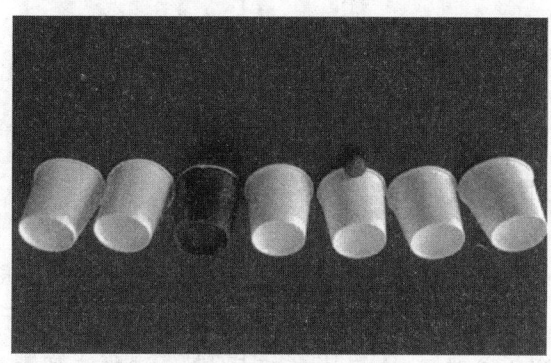

图 6-2 活动材料

【活动过程】

1. 观看魔术

(1) 出示魔术师的道具。

——这些是什么？谁会用这些道具变魔术？

(2) 魔术师表演魔术。

教师扮演魔术师，出示三只倒扣的白色纸杯和一个红色的小球，然后将球放在其中一个杯子底下，将杯子的顺序打乱。

——小球藏在哪只杯子底下？（引导幼儿用序数或方位词语正确说出小球的位置。）

小结：无论从左往右数，还是从右往左数，我们都可以确定小球所在的位置。

2. 理解序数的含义与特征

(1) 正反方向数数。

教师出示五只杯子，变魔术。引导幼儿分别从正反两个方向数数：从左往右或从右往左说出小球所在杯子的序数，理解第一和最后的相对概念。

(2) 以任意位置作为起点，进一步理解序数。

教师将七只杯子放在任意位置排成一排（其中一只绿色杯子），把小球藏在某一白色杯子下，请幼儿说出小球藏在靠近绿色杯子的第几个杯子下。

——小球藏在哪个杯子下？

——以绿色杯子为起点，从左往右数或从右往左数的第几个？

---

① 温剑青. 童心玩数学（教师用书 大班 第一学期）[M]. 上海：少年儿童出版社，2015：21.

3. 幼儿变魔术

教师请一名幼儿来变魔术,将球任意摆放到一个杯子底下,并且记住小球所藏的位置。藏小球的幼儿可以告诉同伴小球放在第几个杯子下,但不能说出以哪个方向为起点。

——谁能猜出小球藏在哪个杯子下? 说说你的理由。

小结:无论从左往右数,还是从右往左数,或是由绿色杯子开始从左往右数或从右往左数,都能确定小球所在的位置。

4. 延伸活动

教师将杯子和小球投放到区角,引导幼儿继续玩变魔术的游戏。等幼儿熟悉玩法后,可以增加杯子和小球的数量,增加游戏的难度。

案例 6-8:区角活动:翻卡片

【玩法】

幼儿两人一组玩此游戏,材料为配对的图案卡片 20 张(也可根据实际情况增删),把卡片秩序打乱,10 张正面向上,另 10 张反面向上,幼儿逐次翻开反面向上的图案卡片,并加以记忆。大约 5 分钟后,合上 10 张卡片,两人根据正面朝上图案的提示,由一幼儿以序数位置的排列说出对应的卡片在哪里(如"第 2 排第 3 张是蝴蝶卡片"),另一幼儿翻卡片检验,说对者可得到卡片,幼儿之间交替猜卡片,最后以占卡片多者为胜。

(三) 计数

计数是幼儿数概念发展中的一个重要方面,从计数的方式来分,可以分为按物点数、目测数和按群计数,且它们也是一个由浅入深的发展阶段过程。对于小班年龄段的幼儿来说,主要的目标定位在手口一致点数 5 以内的物体,数物对应,且能初步理解数的实际意义;中班年龄段的要求是掌握 10 以内的计数,数物对应,学习目测数(接着往下数)和不受外在干扰因素影响正确地计数;大班年龄段则要求学习按数群计数(如两个两个数、五个五个数)。

1. 按物点数

幼儿的计数能力是随着他们计数活动经验的不断积累而逐步提高的,按物点数是指通过一一点数物体的方式正确说出数目总数,它是幼儿计数能力的最重要标志,而按数取物(或按物取数)是培养幼儿点数能力的一个较常见的教学内容。对于 4 岁左右的幼儿来说,可以尽可能多地提供给他们实践和操作的机会来提高其手口一致的点数能力。在教学内容的安排方面,教师可以采用:出示一定数量的实物或实物(点子)卡片,要求幼儿拿出与其相等数量的物体。如教师在贴绒板上摆出 3 只小兔卡片,要求幼儿在自己的小盒里拿出与小兔一样多的圆形;让幼儿按声响的次数拿出与其相等数量的物体。例如,教师拍 3 下手,要求幼儿找出有 3 辆汽车的卡片;说出数词让儿童按数取物。如教师说"5",幼儿拿出 5 张三角形卡片或有 5 个图形的 1 张卡片。教师也可给予不确定的语句,要幼儿先判断后再取物。如教师说"拿比 3 多 1

的,比5少1的"等;出示数字,要求幼儿取出相应数量的物体。如教师出示数字卡"3",要求幼儿找出是3个的物体,反之,教师也可以给出物体的数量,让幼儿找相应的数字。

以下是关于点数的活动设计案例:

案例6-9:集体活动:小蜗牛过生日①(小班)

【活动目标】

(1) 在游戏的情境中,学习手口一致点数5并不漏数。

(2) 在活动过程中,能够积极参与点数活动。

【活动准备】

(1) 教具:电子白板、各种磁力教具、课件。

(2) 学具:黑板、点数袋子若干、玩具若干。

【活动过程】

1. 激发幼儿兴趣,感知5以内的数

(1) 播放《蜗牛与黄鹂鸟》,教师和幼儿一起随律动进入教室。

(2) 教师和幼儿一起说儿歌"山上一只虎,林中一只鹿,路边一只猪,草里一只兔,还有一只鼠,一起数一数,1、2、3、4、5"。

(3) 感知5以内的数,起数手指,点一下数一下,边点边数。

2. 引出小蜗牛,初步点数1~5

师:小朋友们,今天有一个神秘的小客人来咱们班做客了,你们猜一猜是谁呢?(幼儿猜想)

(1) 展示课件画面1,请一名幼儿在聚光灯下找找看,是哪只小动物来做客?幼儿通过聚光灯发现小蜗牛,并提出讨论问题:小蜗牛来做什么呢?

(2) 展示课件画面2,教师拉开遮盖,露出生日蛋糕,幼儿发现生日蛋糕。教师提出讨论问题:小蜗牛来过生日,谁知道它几岁了呢?

(请幼儿到白板前一根一根地数蜡烛,其他幼儿起数,小蜗牛过5岁生日)

3. 朋友们来庆生,巩固边点边数

师:小朋友们,你们过生日请不请好朋友啊?今天小蜗牛的好朋友也来了呢,我们一起看看都是谁?(利用拉幕功能将画面拉开)

(1) 出示课件画面3,请一名幼儿到白板前面带领幼儿数一数都有哪些小动物来参加,一边点一边数并说出总数5。

(2) 出示黑板。

师:这些好朋友还为小蜗牛带来了礼物呢,我们来看看都有什么?

教师操作磁力教具,引导幼儿点数5以内的物体并说出总数。

例如,小狐狸送了一个,请小朋友将一个小西红柿放在礼物的下面。

小乌龟送了两个,请小朋友将两个小西红柿放在礼物的下面,依次到5,在数的

---

① 赵振国.学前儿童数学教育与活动设计[M].北京:北京大学出版社,2016:162.

过程中,提醒幼儿点一个数一个,引导幼儿按照点的数目匹配等量的物体。

4. 集体游戏:选礼物

(1) 讲解装礼物。

师:你们想参加生日庆祝会吗?我们先给小蜗牛准备生日礼物吧!桌子上有很多袋子,上面画着点,有几个点,我们就放几个礼物进去,然后我们就去找老师排队,到班里为小蜗牛庆祝生日。

(2) 幼儿操作,教师巡回指导,提醒幼儿看清楚点卡后再拿。

(3) 幼儿操作后,教师检查并带领幼儿为小蜗牛庆祝生日。

案例 6-10:区角活动:小熊回家(中班)[①]

【关键元素】

计数,按数取物。

【活动材料】

红、黄、蓝、绿小熊各十个,提示卡片若干(每张卡片正面画有不同数量的小熊,背面写有对应的数字或耳朵图样),骰子一个,小铃一个,布袋一个,房子图形卡若干,如图6-3。

图 6-3 活动材料

【玩法】

(1) 幼儿抽取一张提示卡片,手口一致点数提示卡片上的小熊数量,然后将对应数量的小熊送到房子图形底卡上,翻看提示卡片背面验证答案。

(2) 幼儿将小熊放入布袋中,掷骰子,掷到几就在布袋中摸几只小熊放在房子图形底卡上。

(3) 两人结伴游戏,一人抽取一张有耳朵图样的提示卡片,根据数字按相应次数敲小铃,另一人听音计数,然后拿出相应数量的小熊放在房子图形底卡上。

[①] 温剑青.童心玩数学(教师用书 中班 第二学期)[M].上海:少年儿童出版社,2015:33.

2. 目测数

所谓目测数,即不用一一点数的方式,而是用眼目测,在一瞬间说出的数目总数。一般说来,学前儿童受到被数物体的大小或空间排列形式的影响而不能正确地计数,能够用目测数数说出的数目大致在3~5个左右,极少会目测到数量6。

以下是关于目测数的活动设计案例:

案例6-11:集体活动:找七星瓢虫①

【活动目标】

(1) 通过活动,让幼儿尝试用先目测一部分,再接着数完全部数的方法进行8以内的数数,培养幼儿目测数的能力。

(2) 在观察、比较等活动中培养幼儿的积极思维。

【活动准备】

画有8以内点子不等的"瓢虫"教具若干;沙包若干;贴有8以内点子的泡沫块若干;摸罐与塑粒积木4个;数图对应卡片若干,数量在8以内。

【活动过程】

1. 介绍学具及规则

出示许多瓢虫纸片,告诉幼儿在许多瓢虫中,只有身上是7个点的瓢虫叫作七星瓢虫,它是益虫——人类的好朋友,请小朋友和老师比赛一起找出七星瓢虫,看谁数得快,找得快。

2. 引发讨论

为什么老师找得快?小朋友找得慢?

小结:老师的数数方法是先看到5个点,把5记在心里,然后从5开始接着点子数,6,7,很快就找到了有七个点的七星瓢虫。

3. 幼儿尝试目测数

(1) 数字图形卡,要求幼儿用先目测数,再接着数的方法数出图形卡片上的图形数,然后翻到数字卡反面进行验证。

(2) 丢沙包,取一张数字卡,用先目测一部分,再接着数出全部的方法,数数泡沫板上的点子数,找到与数字卡有相对应数量的泡沫板后丢一只沙包。

(3) 摸塑粒,先摸出一把塑粒,看看是几(目测),然后再摸一把,接着一个一个数,直至数完。

注意:鼓励幼儿两两结对玩以上的操作游戏,相互检查,教师小结、讲评。

4. 游戏——找七星瓢虫

(1) 交代规则、游戏竞赛。出示一幅画有一棵树及树上贴有许多"瓢虫"的画面背景,将幼儿分成红、黄两队,以比赛的方式看哪队先找到"七星瓢虫",找得快且对。

---

① 上海南阳路幼儿园. 幼儿数学活动新编[M]. 上海:华东师范大学出版社,1998:53。

每队各有一块空白磁性板,每个幼儿轮流接力赛,将找到的"七星瓢虫"贴在自己队的磁性板上。

(2) 验证检查,小结讲评。比赛结束,两队自查:找出的瓢虫都是七星瓢虫吗?两队互查:有没有发现不是七星瓢虫的?集体检查:树上还有没有七星瓢虫,看哪队能先发现?最后宣布比赛结果,小结游戏情况。

3. 按数群计数

按数群计数的教学内容一般在中、大班进行,具体说来,即学习两个两个数或五个五个数。这种按数群计数的能力也是幼儿后续数的组成和加减运算学习的基础。在这项教学内容中,可以结合平时幼儿园生活中的点名、统计人数、搬小椅子等环节,让幼儿应用按数群计数。

以下是按群计数的活动设计案例:

案例 6-12:集体活动:谁的糖果多①(大班)

【活动目标】

(1) 尝试运用不同的数数方法对 20 以内物体的数量正确计数,并通过数量比较判断输赢。

(2) 体验与同伴合作游戏的快乐。

【活动准备】

五篮糖果,十个盘子等,如图 6-4。

图 6-4 活动材料

【活动过程】

1. 游戏:剪刀石头布

——你们玩过剪刀石头布的游戏吗?是怎么玩的?

小结:手握拳是石头,伸出食指和中指是剪刀,五指张开是布。

---

① 温剑青.童心玩数学(教师用书 大班 第一学期)[M].上海:少年儿童出版社,2015:34.

规则:剪刀赢布,石头赢剪刀,布赢石头。

2. 数糖果

(1) 幼儿第一次游戏。

教师交代游戏规则。

——两个人一组,玩剪刀石头布游戏,谁赢了就在桌子上的篮子里拿一颗糖果放在自己的盘子里。当我喊"5、4、3、2、1 停"时,游戏结束,数一数你得了几颗糖果,比一比谁得到的糖果多。

——数一数你得到了几颗糖果,谁得到的糖果多?

小结:玩剪刀石头布游戏时,赢的次数多,拿糖的次数就多,得到的糖果也多。

(2) 幼儿第二次游戏。

教师交代游戏规则。

——换个朋友,两个人一组继续玩剪刀石头布的游戏,谁赢了就从篮子里抓一把糖果。游戏结束时,谁的糖果多,谁就赢。

——谁赢了?你和他(她)分别得到几颗糖果?你是怎么数的?

教师先请一名幼儿数数自己的糖果,说出总数,并介绍数数的方法(如一个一个数、两个两个数),再鼓励其他幼儿用不同的方法数数糖果(如五个五个数等),并和前一名幼儿比较糖果的数量。

小结:数数时可以一个一个数,也可以两个两个数,还可以五个五个按群来数,只要结果正确,它们都是有用的数数方法。

3. 活动延伸

——今天我们玩剪刀石头布的游戏得到了糖果,还用数数的办法找到了获得糖果多的孩子。以后请你们到区角中继续玩剪刀石头布的游戏,用不同的方法数一数、比一比谁的糖果多。

案例 6-13:区角活动:大乌云和小雨点①**(大班)**

【关键元素】

按群计数,感知数量变化。

【活动材料】

操作底板,大乌云图片,雨点玩具若干,如图 6-5。

【玩法】

(1) 幼儿点数底板上已有的雨点数量,根据出示的数字在底板上填补缺少的雨点。

(2) 十个小雨点代表一朵大乌云,用乌云代替雨点,表示出底板上的数字。

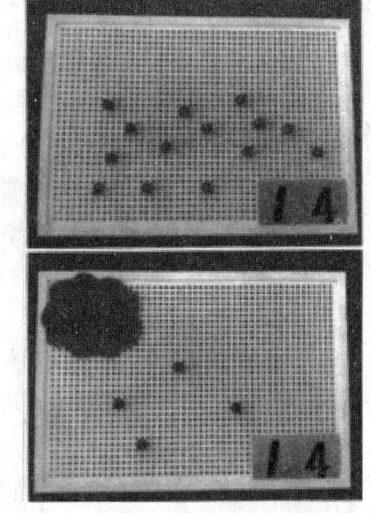

图 6-5 活动材料

---

① 温剑青.童心玩数学(教师用书 大班 第二学期)[M].上海:少年儿童出版社,2015:12.

(四) 数字符号

1. 数字的认读

当数字符号出示之后,教师可利用幼儿所熟悉的事物与数字形象进行比较。如"1"像小棒,"2"像鸭子,"3"像耳朵,"4"像小旗,"5"像秤钩,"6"像哨子,"7"像拐杖,"8"像麻花,"9"像气球,"10"像小棒和鸡蛋。通过形象的比喻帮助幼儿记住字形。

由于幼儿方位知觉发展不够完善,观察不够仔细,对"2"与"5"、"6"与"9"等字形相近的数字往往容易混淆,因此,认读数字教学中的一个重点和难点就是对外形容易混淆的数字做比较和区分,帮助幼儿分析区别,正确识别。

以上两点是10以内数字认读教学中的重点和难点。在教学开展过程中,数字的认读应尽量与其他数学内容相结合,避免纯粹地、简单重复地进行数字的识辨。

以下是关于数字认读的活动设计案例:

案例6-14:集体活动:邮递员①

【活动目标】

(1) 在谈话中认识门牌号码,正确认读门牌号码,知道数字表示的意义。

(2) 了解邮递员的工作,尊重邮递员的辛勤劳动。

【活动准备】

(1) 材料准备:教学课件,自制信箱教具,信封若干,如图6-6。

(2) 经验准备:幼儿知道自己家的门牌号码。

【活动过程】

1. 认识邮递员

——(播放课件,出示邮递员形象)你知道这个叔叔是做什么工作的吗?你是从哪里看出来的?

——邮递员平时要做哪些工作呢?

小结:这位穿着绿色工作服的叔叔是邮递员,他骑着邮政专用的自行车,背着邮政包,车后座还有厚厚的一叠报纸。邮递员每天都要把报纸、杂志、信件和一些轻便的邮递包裹送到每家每户的信箱中。

——你家订报纸吗?邮递员叔叔是怎么把报纸送到你家的呢?

小结:每家每户都有一个专属的门牌号码,邮递员只要根据送货单上的地址和门牌号码就可以送报纸了。

(1) 理解门牌号码的组成。

——你家住在几楼?是几零几室?(702室、1503室……)

——702的第一个数字7表示楼层,那么02是什么意思呢?(房间号)

——1503有四个数字,什么数字表示楼层,什么数字表示房间号呢?

---

① 温剑青. 童心玩数学(教师用书 中班 第二学期)[M]. 上海:少年儿童出版社,2015:48.

小结:原来三个数字组成的门牌号码中,第一个数字表示楼层,后两个数字表示房间号。

——你们都住在702室,是不是住在一起呀?(不是)

小结:有的小朋友家的门牌号码可能是一样的,但是具体的地址不同,邮递员除了要看门牌号码,也要看清地址。

(2)根据门牌号码找房间。

——楼层和房间号应该怎么数呢?

小结:楼层要从下往上数,房间号要从前往后数。

(3)游戏:大家来找错。

教师出示一栋楼的信箱图,其中有几个信箱没有写门牌号码,还有一些写错了,请幼儿找出漏写和写错的信箱,并说出正确的门牌号码。

2. 游戏:送信

——今天请你来做邮递员,完成送信的任务。每个人取一封信,看清楚信封上的地址和门牌号码,把信件送到对应的信箱里,可别送错了地方。(幼儿自由操作)

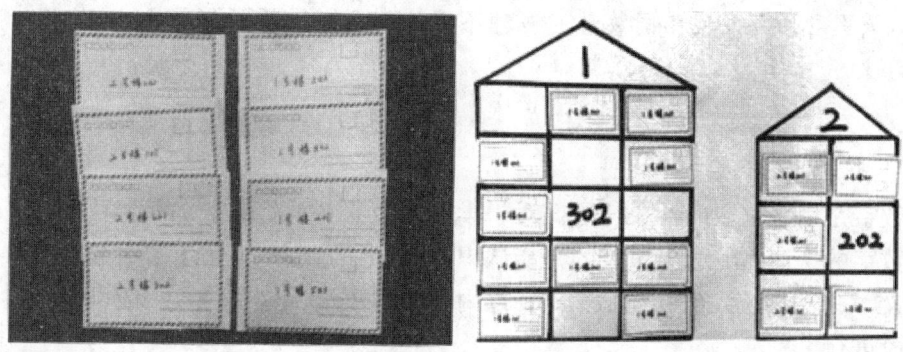

图6-6 活动材料

小结:只要我们能读懂门牌号码上数字的意思,就能像邮递员一样把信件送回家。

3. 延伸活动:送货员

其实,一个完整的地址除了门牌号码还有其他的文字和数字,它们又表示什么意思呢?请你回家问问爸爸妈妈。

在教室开设"送货员"的个别化学习活动。教师提供送货单和各种货物(如饮料瓶、饼干盒、小玩偶等),让幼儿在游戏中不断巩固理解门牌号码的意义。

案例6-15:区角活动:数物接龙(中班上)①

【设计意图】

通过接龙游戏,进行数字与数量的匹配,积累用数字表示数量的经验,体验数字

---

① 张俊.幼儿园数学领域教育精要——关键经验与活动指导[M].北京:教育科学出版社,2015:109.

的抽象意义。

【活动准备】

方案一：物群卡与数字卡分开。

方案二：卡片一端是物群，一端是数字（左端是物群，右端是数字或者左端是数字，右端是物群）。

【操作规则】

方案一：不论是从数字卡开始还是从物群卡开始，幼儿进行一次物数匹配，再进行一次数物匹配，交替进行，同时积累两种经验。

方案二：从左往右接、从右往左接都可以。

【指导策略】

（1）强调游戏规则必须是一个物群卡与一个数字卡相连，不可将物群卡与物群卡、数字卡与数字卡相连。

（2）让幼儿先数一数物群卡上有几个物品，再找到相应的数字卡接上。反之，找到相应数量的物群卡，再与数字卡相连。

（3）引导幼儿发现相同数量的多种不同的物群可以接同一个数字，体验数字的抽象意义。

2. 数字的表征

数字是用来记数的抽象符号。对于学前儿童来说，数字符号的学习并不仅仅在于对数字的认读，相反，更重要的是能认识10以内的数字，了解生活中数字符号的不同含义，并能用数字符号正确表征10以内物体的数量。这一内容一般可安排在中班年龄段进行。

以下是关于数字表征的活动设计案例：

案例6-16：集体活动：猜数字（中班）[①]

【活动目标】

（1）能运用图画或其他符号表示15以内的数量。

（2）尝试独立思考，积极找寻解决问题的办法。

【活动准备】

数字卡片、图片若干、记号笔、纸。

【活动过程】

1. 第一次猜数字——了解数字的不同表征方法

（1）教师出示数字卡片，卡片背面朝向幼儿。

（2）提问：猜猜这是一个什么数字？

---

① 陈杰琦，黄瑾.思考幼儿核心经验数学游戏资源包[M].南京：南京师范大学出版社，2012.

(3) 运用各种方式表示数量,让幼儿报出总数。

① 看图片猜数字

提问:这是一个什么数字?请你看着这张图片猜一猜可能是个什么数字?

教师引导幼儿验证每一张图片的数量,并出示相应的数字。

小结:8朵花可以用数字8来表示,12棵树可以用数字12来表示。

② 听问题猜数字

提问:这是一个什么数字?它比5大,但是比7小?

小结:听清楚老师的提问,开动脑筋比一比也能猜出数字。

③ 看动作猜数字

提问:这是一个什么数字?仔细地看看老师拍了几下球,猜一猜可能是什么数字?

小结:拍了10下球,可以用数字10来表示。

④ 听声音猜数字

提问:这次是个什么数字?仔细地听一下。

小结:听到9次节奏的声音,可以用数字9来表示。

(4) 请幼儿尝试利用各种简单的方法表现一定的数量,让大家来猜一猜。(例如,拍手、跺脚、活动室内找寻一定数量的物体等)

2. 第二次猜数字——尝试运用图画或符号表示数量

(1) 教师出示提示卡片:8~15。

(2) 提问:8~15里有哪些数字?哪些数字在8~15中间?

(3) 幼儿说出后,教师出示相应的数字。

(4) 交代游戏规则:这次请小朋友来给大家猜数字,请你在8~15的数字中选一个数字,不能说出来哦,请你也来画一画,把数字藏在你的画里,让大家来数一数,猜一猜。

(5) 幼儿操作,教师巡回指导。

(6) 幼儿分别展示自己的作品,教师引导幼儿一起来数一数,并找出相应的数字。

(7) 请幼儿将自己的作品放置相应的数字下,集体进行验证。

小结:这个数字是几呢?告诉大家你的答案。10朵小花可以表示数字10来表示。

3. 延伸

(1) 教师出示一张有9瓣花瓣和4片叶子的花朵图片。

(2) 提问:猜猜画里有什么数字?为什么?

(3) 小结:9和4,9瓣花瓣可以用9来表示,4片叶子可以用4来表示。有时一幅画里的不同内容,可以用不同的数量来表示,下次请小朋友也来找一找,试一试。

案例6-17:区角活动:手指戏[①]

【关键元素】

计数,数字表征。

[①] 温剑青. 童心玩数学(教师用书) 中班 第二学期)[M]. 上海:少年儿童出版社,2015:51.

【材料】

印有不同手指造型的"手指戏"卡片,1～10数字卡片,如下图6-7。

图6-7 活动材料

【玩法】

(1) 幼儿观察"手指戏"卡片上不同的手指造型,判断出分别表示的数字,并找到与其相对应的数字卡片。

(2) 幼儿玩熟练后,可与同伴结对进行游戏。一人用手指表征不同的数字,另一人进行猜测;也可以一人说出一个数字或一组数字,由另一人用手指进行表征。

(五) 数的组成

"10以内数的组成"教学一般安排在大班年龄段进行,教学目标为:理解并掌握10以内数的组成,知道总数比分成的几个部分数都大,分成的几个数都比原来的数小;理解数的组成中的互补、互换规律。数的组成是数概念教育内容中的一个重要部分,通过组成的教学,不仅可以使幼儿掌握数的组合与分解,而且有助于加强幼儿对整体与部分,部分与部分之间的抽象关系的理解,为后续的加减运算打下一定的基础。

 **知海拾贝**

"10以内数的组成"教学的重点和要点包括以下几个方面:

(一) 操作为先,体验为主

学习组成最好的方法是让幼儿操作,通过自身的体验去发现数的分合规律,进而掌握10以内各数的组成。例如,教5的组成,可以提供给幼儿每人5个塑料雪花片和一张纸。雪花片正面是红色,反面是蓝色。在纸的三分之二处画一直线,并在三分之二部分的左上角画红色圆点,右上角画蓝色圆点,三分之一部分的上面写有数字5和分的符号。首先,让幼儿自由玩撒雪花片,每撒一次后数数5片雪花片中几片红色、几片蓝色,并把数的结果分别记录在红圆点、蓝圆点的记号下,可以用画圆圈的方式表示数量。接着,在"5"符号下分别用数字表示旁边红点和蓝点下的圆圈数量。教师可提醒幼儿,相同的结果不用重复记,只需把不同的结果记下。

同样,让幼儿自身参与的游戏活动也是获得相关组成概念的一种有效途径。如在体育游戏类活动,投沙包、投篮、掷保龄球等游戏中,让幼儿把投中与未投中的结果记录下来,发现其中总数与分成的两个部分数之间的关系等。值得一提的是,在教学中,尤其是新授某数的组成,不应该以教师的讲解演示为先,再让幼儿操作体验,而是以幼儿的操作体验为先,教师的归纳讲解为后,这样更有助于幼儿对组成概念的理解和掌握。

(二)归纳规律,提升概念

"数的组成"教学中的互补、互换规律是一个重点也是难点。在幼儿学习了较小数的组成,基本掌握了数的分合关系以后,教师应当结合讲解,帮助幼儿归纳数的组成中两个部分数之间互换和互补的规律。以"5"的组成为例,结合演示的教学具,可做如下归纳:

1. 互换关系(教具演示如图6-8)

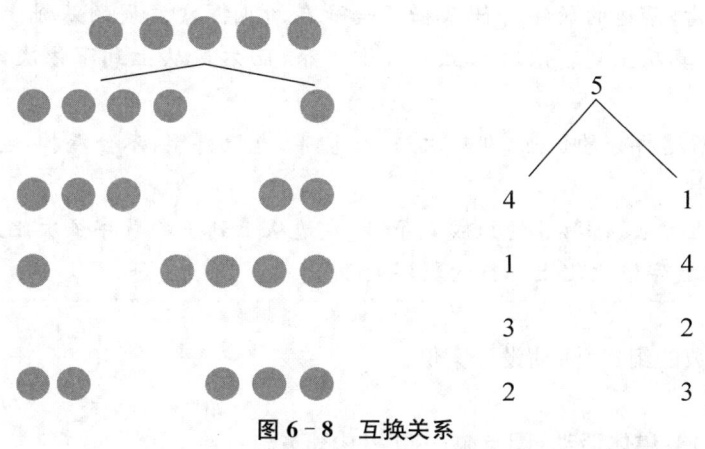

图6-8 互换关系

(1)启发幼儿找出圆点数一样而位置不一样的教具图。4个圆点,1个圆点的一组与下面1个圆点,4个圆点的一组的圆点数一样而位置不一样。

(2)拿走1个圆点与4个圆点的一组教具图,并讲解,看到4个与1个,就可想到1个与4个。

(3)继续找出3个圆点和2个圆点的两组圆点数相同位置不同的教具图,并总结,看到3个与2个就可想到2个与3个的一组。总结出5可以分成4和1或3和2,还可以分成1和4或2和3,而4和1、1和4、3和2、2和3,合起来都是5。因此,我们可以只记住2组,就能想到互换位置的另外两组。

(4)同(3),演示讲解5的组成式子图,即演示讲解数字一样位置不一样的两组。

(5) 最后总结出5可以分成4和1或3和2,还可以分成1和4或2和3,而4和1、1和4、3和2、2和3,合起来都是5。因此,我们可以只记住2组,就能想到互换位置的另外两组。

2. 互补关系(教具演示如图6-9)

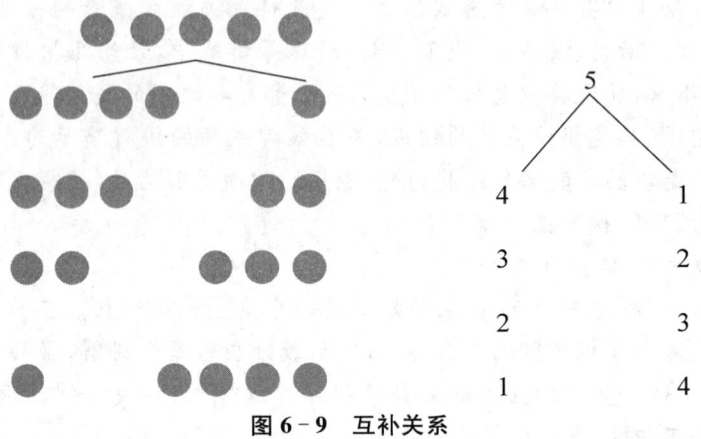

图6-9 互补关系

(1) 根据5的组成的教具图,启发幼儿观察两边教具之间的关系。可以提问幼儿:"找找看,两边的数字有什么秘密吗?"在幼儿探索发现的基础上,再加以归纳,即左边教具从上到下依次比上一行少1个,而右边从上到下依次比上一行多1个。

(2) 讲解这样分的优点,即有次序,很整齐,也记得牢,不会漏掉,也不会重复,分的速度也快。

(3) 同上方法,讲解5的组成式子,即左边从上到下的数字依次比上一行的数字小1,右边数字依次比上一行的数字大1。

以下是"数的组成"活动设计案例。

案例6-18:集体活动:圆点碰一碰①(中班)
【关键元素】
理解5以内数的组合。
【活动目标】
(1) 在游戏中感知并理解5以内数的组合。
(2) 体验与同伴合作的快乐。
【活动准备】
四种颜色的彩色卡片若干,记号笔若干,圆点卡片(圆点数量为2~5),长绳一

---

① 温剑青.童心玩数学(教师用书 中班 第二学期)[M].上海:少年儿童出版社,2015:4.

根,如图 6-10。

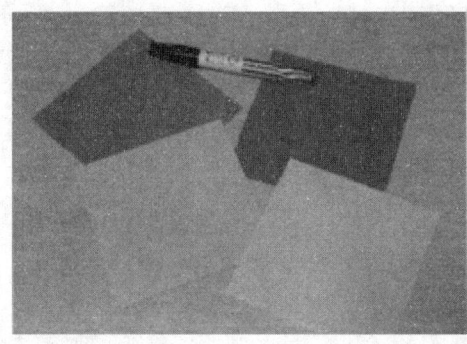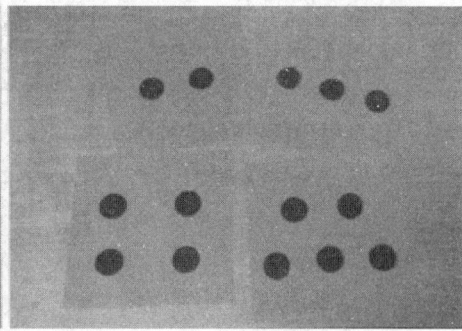

图 6-10 活动材料

【活动过程】

1. 熟悉材料

(1) 出示四种颜色的彩色卡片,请幼儿说说卡片的颜色,猜猜可能会玩什么游戏。

(2) 引出游戏:圆点碰一碰。

2. 制作圆点卡片

(1) 自制圆点卡片。

——请你先拿四张彩色卡片,每种颜色拿一张。然后,在粉色卡片上画一个圆点,在橙色卡片上画两个圆点,在绿色卡片上画三个圆点,在蓝色卡片上画四个圆点。

(2) 理解圆点卡片的意义。

——现在你有几张数字卡片?(一四张。)

——请你举起粉色卡片,数数上面有几个点,可以表示数字几?

——举起蓝色卡片,看看有几个点,可以表示数字几?

小结:圆点的数量可以用来表示对应的数字,这四张卡片上的圆点数量都不相同。

3. 游戏:圆点碰一碰

(1) 介绍游戏规则。

——接下来我们就来玩一玩"圆点碰一碰"的游戏。我会拿出一张圆点卡片,请你听到口令"开始"后拿出一张自己画的圆点卡片,并且赶快找一个朋友,两个人卡片上的圆点数量合起来要和我的卡片上的圆点数量一样多。等我的儿歌念完,找到朋友的请站在长绳的这一边,没找到朋友的请站在另一边。

(2) 幼儿两两结伴,根据教师的要求凑齐圆点数量。

① 教师出示圆点数量为 2 的卡片,幼儿尝试游戏。

——没有完成的朋友请站在另一边。让我们来看看,大家用哪两张卡片碰出了"2"? 你们的方法都一样吗?

小结:碰出 2 很容易,1 和 1 合起来就是 2。

② 幼儿凑齐数量为3的圆点。

——这次你们用了哪两张卡片碰出了"3"?

——除了1和2的方法以外,还有其他的方法吗?

小结:原来1和2、2和1合起来就是3。

③ 幼儿凑齐数量为4的圆点。

——这一次我们要碰出"4"。你们碰成功了吗?谁和他们的方法一样?

小结:碰出4的方法更多了:1和3、3和1、2和2,合起来都是4。

(3) 改变游戏规则,幼儿继续游戏,感知5的组成方法。

① 介绍游戏规则。

——请你先选出一张卡片来做游戏,把其余的卡片放在一边。现在请你看清楚我的圆点卡片,找到合适的朋友。

② 教师出示圆点数量为5的卡片,幼儿找朋友。

——都找到合适的朋友了吗?没找到朋友的请站在绳子的另一边。

——把你们的圆点卡片举起来,说说你们用了哪两张圆点卡片,让我们一起数一数结果是否正确。

——还有其他的方法吗?我们再来数一数,是五个圆点吗?

——(面向没有成功的幼儿)再看看你的圆点卡片能找到朋友吗?(请幼儿观察、发现可配对的朋友。如果不能找到配对的朋友,教师可提供自己手中的卡片,让幼儿选择)

小结:原来碰出5的方法还要多:1和4、4和1、2和3、3和2,合起来都是5。

案例6-19:区角活动:猴子吃桃①(中班)

【关键元素】

理解5以内数的组合。

【活动材料】

钓竿,自制小猴模型若干(可以站立,正反面都有小猴图案;小猴的身上贴着写有数字的叶片),盘子若干(每个盘子里摆放一颗写有数字的桃子),如图6-11。

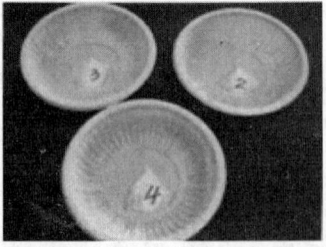

图6-11 活动材料

---

① 温剑青.童心玩数学(教师用书 中班 第二学期)[M].上海:少年儿童出版社,2015:32.

【玩法】

幼儿先将所有的小猴摆放成站立的样子,把所有的盘子并列排开。然后读读小猴身上叶片的数字,寻找写有数字与叶片上数字合起来是"5"的那一颗桃子,然后用钓竿将小猴送到盘子里。教师可以逐渐增加小猴与盘子的数量。

案例 6 - 20:区角活动:种豆子①(中班)

【关键元素】

理解 5 以内数的分解与组合。

【活动材料】

小盒子十六个(盖子上有黑白两色圆点),芸豆若干,骰子一个,如图 6 - 12。

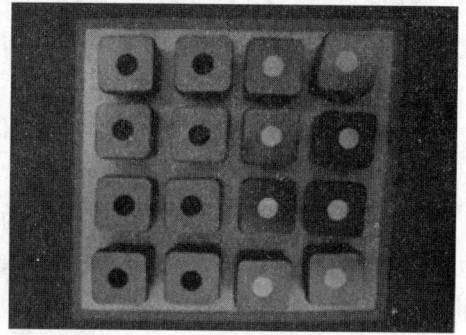

图 6 - 12 活动材料

【玩法】

(1) 幼儿结伴游戏,每人选定一种颜色的盖子,游戏前打开所有的盖子。

(2) 游戏时,两人轮流掷骰子,投到几就在盒子里种几粒豆子。当一个盒子里的豆子数量达到五粒时,表示这块地种满了。种下第五粒豆子的幼儿就能盖上自己的盖子,表示得到这块地。如 A 幼儿先在盒子里种了两粒豆子,B 幼儿后种了三粒,B 就可以盖上他的盖子,表示他得到了这块地。所有盒子种满豆子后,两人数数谁得到的盒子多,谁就获胜。

第二节 学前儿童关于数运算的学习与活动设计

一、关于数运算的基本知识

对于学前儿童来说,有关数的运算,主要指 10 以内数的加减运算,因此,帮助幼

---

① 温剑青. 童心玩数学(教师用书　中班　第二学期)[M]. 上海:少年儿童出版社,2015:40.

儿理解加法和减法运算的定义、法则以及符号所代表的意义是十分关键和重要的。

(一) 加法的定义和运算法则

所谓加法,即求和的运算,用来表示在自然数列中,数 a 之后再数出 b 个数来,恰好对应于自然数列中的数 c,则数 c 叫作数 a 与数 b 的和,可以用 c＝a＋b 来表示。其中,数 a 与数 b 叫作加数;数 c 叫作和;符号"＋"叫作加号,读作"加"。从集合的概念来说,加法就是求两个没有公共元素的有限集合的并集的基数,可用图 6-13 来表示。

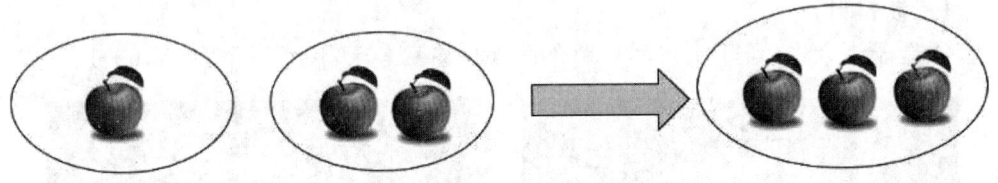

图 6-13

学前儿童学习的加法运算主要涉及的是两个数合并成一个数的运算。加法运算的法则主要是交换律,即 a＋b＝b＋a,让幼儿知道,加号前后的两个数互换位置,它们的和是不变的。

(二) 减法的定义和运算法则

所谓减法,即是指从一个数中去掉一个部分数,求剩余数,可用 a－b＝c 来表示。其中,a 称为被减数;b 称为减数;c 叫作差;符号"－"叫作减号,读作"减"。

对于学前儿童来说,应当让他们知道减法的学习是涉及已知两个数的和与其中一个加数,求另一个加数的运算,它是加法的逆运算。

二、学前儿童数运算能力的发展特点

数的运算实际上是对数量关系的一种运用。幼儿在生活的早期就已有了对加减运算的最初接触。虽然他们还不会运算,但在生活中会遇到很多加减的实际例子。这些生活经验为他们学习加减运算提供了重要的基础。

幼儿加减运算能力的发展,总的来说体现了从具体到抽象的特点,这也正是幼儿思维的发展特点。考察幼儿加减运算能力发展的一般过程,主要表现在:

1. 从动作水平的加减→表象水平的加减→概念水平的加减(又称从具体加减运算到抽象加减运算)

所谓动作水平的加减是指幼儿以实物或图片等直观材料为工具,借助于合并、分开等动作进行加减运算,是具体水平上的加减。在这个实物加减的发展阶段中,幼儿必须借助于具体的物或材料,通过演示动作或具体的动手摆弄操作动作才能进行加减的问题的运算。而表象水平的加减是指幼儿逐渐能够不借助于直观的动作,在头脑中依靠对形象化物体的再现、依靠物体的表象进行加减运算。在表象水平的开始阶段,幼儿往往还要借助图片等静态形象进行运算,以后才能逐渐脱离具体形象,以生活中熟悉的情节唤起头脑中积极的表象活动,从而达到对数量关系的理解并进行运算。运用表象进行加减是学前期幼儿加减学习的主要手段,最典型的就是口述应用题,它以表象为依托,帮助幼儿理解题意、数量关系和运算符号,选择正确的方法进行运算。如告诉幼儿"树上有 2 只小鸟,又飞来了 3 只小鸟,问树上现在有几只小鸟",幼儿能够凭借着对生活经验的回忆和表象进行相应的运算。而依靠抽象的符号进行加减运算则要达到概念水平。所谓概念水平是指数群概念水平上的加减运算,也可称是抽象水平上的加减,是指幼儿无需依靠实物的直观作用或以表象为依托,直接运用抽象的数概念进行加减运算。如口述或呈现加法试题 4+1=?,它已经舍去了所有可以凭借的直观和表象的形象,只凭单纯的抽象的数字来进行运算。这种直接进行口头或书面的加减式题运算的能力是最高水平上的加减运算。

2. 从逐一加减→按数群加减

从逐一加减发展到按数群加减,也是幼儿在加减运算中思维抽象性逐步提高的表现。所谓逐一加减就是用计数方法进行加减运算。表现在加法运算上,往往是将两组物体合并在一起,再逐一计数它们一共是几个,或者是以第一个加数的值为起点,再接着计数第二个加数的物体,直到数完为止。例如,"3 只皮球加上 2 只皮球"的加法运算,有的幼儿采用的是先合并,再计数 1,2,3,4,5,一共是 5 只皮球,也有的幼儿采用以 3 为起点,接着计数 4,5,一共有 5 只皮球。表现在减法运算中则是先将要减去的物体取走,再逐一计数剩下的物体数或是从总数中逐一倒着数,数到要减去的数量为止。例如,在思考"6 个梨吃掉 4 个还剩几个?"的问题时,有的幼儿会直接拿去 4 个梨,再点数剩下的梨,1,2,还剩 2 个梨,也有的幼儿从 6 开始倒着数,5,4,3,2,还剩 2 个梨。显然,以上几种方法总体上都是通过计数来进行运算的,这是幼儿运算水平的较初级阶段。

所谓按数群加减,是指幼儿能够把数作为一个整体,从抽象的数群出发进行数群间的加减运算。这是以幼儿掌握了数的组成与分解为基础的,当幼儿掌握了 10 以内数的组成后才能逐步达到按数群加减的水平。例如,要回答"5+2 等于几"或"5-2 等于几"时,幼儿能够回忆出 5 和 2 合起来是 7 或 5 可以分成 2 和 3 的组成经验,这对幼儿按数群加减运算无疑是有利条件。

三、学前儿童加减运算能力发展的年龄特点

(一) 4 岁以前

一般来说,4 岁以前的幼儿基本上不会加减运算。他们不懂加减的含义,更不会使用"+"、"-"、"="等运算符号,也不会自己动手将实物分开或合拢进行加减运算,但他们却能解答一些与生活实际有密切联系的应用题。如问幼儿:2 加 1 等于几?幼儿一般都不能回答出,且不感兴趣,但是若问幼儿:妈妈昨天给你买了两件玩具,今

天又买了一件,你现在一共有几种玩具呢?幼儿马上会回答是三件。

(二) 4 岁以后

4 岁以后,幼儿能借助于动作将实物合并或取走后进行加减运算。但这种运算不能脱离具体的实物,而且运算的方法是逐一计数,即通过重新点数总数或剩余数得出结果。他们对于抽象的加减运算如"2 加 1 等于几"不能理解,也不感兴趣。但值得注意的是,4 岁以后的幼儿已经表现出初步的运用表象进行加减运算的能力了。这就是在不要求幼儿掌握应用题结构的情况下,不使用加、减和等于这些符号和术语的条件下,他们能解答所认识的数目范围内的简单加减应用题。

(三) 5 岁以后

幼儿能够利用表象进行加减运算,在运算方法上出现了逐一加减。他们能将学到的顺着数和倒着数的方法运用到加减的运算中去。多数幼儿可以不用摆弄实物,而是用眼睛注视物体,心中默默地进行逐一加减运算。这种加减方法是以第一组物体的总数为起点,开始逐一计数,直到数完第二组物体为止。这种方法反映在幼儿掌握加法时,大数加小数比小数加大数容易;在学习减法时,减数小比减数大更易掌握,原因正是由于幼儿采用的是顺着数和倒着数的方法。

(四) 5 岁半以后

随着数群概念的发展,特别是在学习了数的组成以后,幼儿不仅能运用数的组成知识进行加减运算,而且运用表象解答口头应用题的能力也进一步提高,并摆脱了逐一加减的水平,达到按数群运算的程度。幼儿加减运算方法的进步,实质上反映了幼儿在加减运算中思维抽象性的发展。

另外,在幼儿加减运算能力的发展中,还有一个重要的特点值得引起注意——幼儿学习减法要难于加法。根据皮亚杰的观点,数的加法运算与类的加法运算需要同样的逻辑基础。加法不是增加,而是合并,并且它是一种可逆的运算。减法作为加法的逆运算,它应该需要和加法同样的逻辑基础,换言之应该同时掌握,但为什么会出现这样的滞后现象呢?这是因为:第一,受运算方法的影响。很多幼儿都运用顺着数和倒着数的方法计算。在加法运算时,可用顺着数的方法来解决,而减法运算时,需用倒着数的方法才能解决,幼儿对此会感到困难。第二,受生活经验的影响。生活中接触加法多,如计数就是从小到大。第三,最为根本的一点,加法是把两个数群合并为一个新数群,在第一加数和第二加数之间无须进行比较,仅在判断"和"的正确性时才涉及三个数群的关系;而减法在一开始就需要对被减数与减数两个数群进行比较,然后又涉及被减数、减数与差三个数群的关系。可见减法中数群关系的比较比加法复杂。有研究表明,幼儿掌握数群之间的逆反关系要难于等量关系。因为减法是加法的逆运算,幼儿用数的组成知识学习减法时,需具备对两个数群关系进行的逆向思维,即将两个部分数合起来等于总数,转换成总数减去一个部分数,等于另一部分数。在解决减法问题时,很多幼儿运用的是加法而不是减法。如"老师拿来 8 块积木,取走了 3 块,现在还有几块积木?"幼儿回答:"5 块。因为 3 和 5 合起来就是 8。"可见当加法转换成减法时,需要做一个逆转,因而学习减法要难于加法。

四、学前儿童数运算活动的设计与实施

10 以内数的加减运算是中大班年龄段幼儿的教学内容之一,具体可以分为实物加减的教学、口述应用题的教学和列式运算的教学三部分。

(一)实物加减

实物加减是幼儿加减运算能力发展最初阶段的表现,一般是在教 10 以内的加减法时进行的,教学中不出现加号、减号和等号,不列算式,只是借助于直观教具,结合口述应用题来分析说明运算过程,可以在中班年龄段开展。

以下是关于实物加减运算的活动设计案例:

案例 6-21:集体活动:新车拍卖会(大班)①

【活动目标】

(1) 运用 10 以内加减法的经验解决货币交易的问题。
(2) 体验拍卖的规则和乐趣。

【活动准备】

(1) 幼儿制作了各种经验中的或想象的车辆。
(2) 幼儿人手两张"5 元",人手一块拍卖牌。
(3) 模仿简单的"拍卖会"场景(包括木槌、拍卖桌、展示台、标价牌等)。
(4) 8 辆被拍卖的车并分别编号。
(5) 幼儿在活动前观察同伴制作的交通工具,选择好三种自己最喜欢、最想买的交通工具。

【活动过程】

(一)介绍拍卖规则

1. 介绍规则

(1) 今天我们要举行"新车拍卖会"。拍卖和我们平时买东西有点不一样。
(2) 这个是我们的拍卖牌,想买车的人只能以"举牌"示意;举牌一次一加价 1 元。(加几元?)
(3) 我们每次拍一辆。拍卖官敲锤定价;最后出价最高的人就可以用钱买到新车了。

2. 试拍一次

(1) 规则清楚了吗?我们先来试拍一次吧。
(2) 这辆是唐老师的车,开价 2 元。想买的孩子请举牌。
(3) 举一次牌加价 1 元,现在我的车应该加价到几元了?(3 元)想 3 元买这辆车的孩子请举拍。

---

① 该案例由上海市长宁区幼儿教师唐蕾设计,上海市长宁区教育学院汪光所提供,略有改动。

重点关注：孩子对竞拍规则的理解。

（二）拍卖

1. 刚才我们试拍过一次了，现在我们要正式开始拍卖了

今天我们拍卖的车都展示在这里了，看看一共有几辆？（8辆）（车子的牌号安排从差到好）

2. 教师针对不同拍卖的情况

（1）很多人追买：这么多人喜欢这辆车啊？你们真的准备用钱买这辆车吗？看看后面还有几辆车呢，有没有你更加喜欢的车。

（2）相同的价格：自己商量一下。

（3）10元：现在这么多人都想用10元来买这辆车，还有没有人能出比10元更多的钱？如果没有，那么这辆车暂时不能被卖出去了。

3. 付钱、找钱、兑钱

（1）幼儿运用10以内的加减法经验付钱、找钱、兑钱。

例如，恭喜乐乐用7元买到了豪豪的这辆车，请乐乐付钱给豪豪。

乐乐有2张5元一共10元，他要付7元给豪豪怎么办呢？

找钱：应该找多少钱？（3元）

乐乐没有3元没有零钱怎么办？可以去我们的小银行换，5元换5个1元。

（2）教师可以把孩子的付钱和找钱的过程在白板上展示出来。

重点关注：孩子能否运用10以内的加减法解决付钱和找钱的问题。

（三）交流体验、提升经验

（1）哪些孩子买到了车？感觉怎么样？

（2）为什么没有买到车呢？

重点关注：孩子们积累的方法和对拍卖游戏的感受。

（二）口述应用题

应用题通常是指根据日常生活中的实际问题，用语言、文字表示数量关系的题目。它的结构包括情节和数量关系两个方面。数量关系中有已知条件和未知条件，已知条件是说明已知数量，以及已知数量与未知数量间的关系，未知条件是要求解答的问题。幼儿学习的自编应用题是最简单的应用题，适宜在大班开展，一般涉及10以内求和、求剩余的简单应用题，其结构通常表现为一件事，两个数和一个问题。一件事即指应用题的情节，两个数即指已知条件，一个问题即指所求的未知数。自编口述应用题的教学目标和教学方法这一内容的教学适合在大班阶段开展，目的是让幼儿结合自己的生活经验，理解应用题的基本结构，并能自己编简单的加减运算口述应用题。

1. 通过图片，使幼儿了解并掌握应用题的结构

大班幼儿学习自编应用题，首先需要幼儿了解应用题的结构。即：① 它讲的是一件事情；② 要有两个数，这两个数说的是一样的东西；③ 最后还要提出一个问题。

为此,教师可以用图片编的应用题为例,和幼儿一起讨论分析应用题中的这三点要求。例如,教师引导幼儿讨论"机场上有5架飞机,起飞了2架飞机,机场上还剩几架飞机?"使幼儿逐渐明白,这道题符合上面的三点要求。又如教师先编题"小明做了2朵花,又做了1朵花,小明一共做了几朵花?"然后,引导幼儿分析"这道题讲了什么事情"、"题中告诉我们哪两个数"、"题中问了我们一个什么问题"等,从而引导幼儿理解应用题的结构。

2. 为幼儿创设编题的情境

教师开始可以给幼儿提供各种编题的条件,让幼儿逐步练习自编口述应用题。① 请幼儿模仿编题。教师应当使用直观材料编题,如,教师先出示1个娃娃(女)说:"有1个娃娃到我们班上来做客了。"接着再出示1个娃娃(男)说:"又有1个娃娃来我们班做客了,一共有几个娃娃来班上做客?"让幼儿重复一遍或编道意思相仿的题目。② 请幼儿补充编题。教师与幼儿之间或幼儿之间,用一述一问的方式,合作编题。③ 让幼儿独立编题。教师提供教具,启发幼儿独立编题,如通过演示教具、出示图片、算式、开展游戏活动等,引导幼儿自编口述应用题。例如,教师出示一张图片,图上有2个男孩、3个女孩,其中1个小孩在扫地,4个小孩在擦桌子,让幼儿根据图片编应用题。教师组织的活动中要有一定的情节及数量关系,以使幼儿根据活动的内容编题。此外教师也可以给幼儿提供算式题或两个数字,让幼儿凭借自己的想象和对加减运算的理解编题。

3. 自由编题

教师不提供任何编题条件,让幼儿完全根据自己的生活经验和知识编题,这也是幼儿非常喜欢的编题形式。

以下是关于口述应用题的活动设计案例:

案例6-22:集体活动:加一加(大班下)①
【活动目标】
(1) 学习描述、解答加法应用题,初步体验应用题的基本结构。
(2) 用简明的语言表述应用题中事物之间的数量关系。
【活动准备】
西红柿卡片3张,鲜花卡片4张,小鸭卡片3张,乌龟卡片5张;花坛背景图、池塘背景图各1张;实物或实物卡片若干(如图书、玩具或食品、动物卡片等)。
【活动过程】
1. 学习描述应用题
(1) 教师在黑板上边出示教具边说:妈妈买了2个西红柿,又买了1个西红柿,妈妈一共买了几个西红柿?

---

① 张慧和,朱琳瑶. 幼儿园领域课程资源 数学[M]. 北京:教育科学出版社,2014:225-227.

(2) 教师在黑板上出示花坛背景图及3张鲜花卡片,提问:花坛里有几盆鲜花?
(3) 教师将1张鲜花卡片贴在花坛背景图上,提问:又搬来了几盆鲜花?
(4) 教师:花坛里一共有几盆鲜花?

2. 看图描述、解答应用题
(1) 教师出示池塘背景图,然后在背景图上先放上1张鸭子图片,再放上2张鸭子图片。
(2) 教师:谁能把刚才老师摆小鸭子的过程讲给大家听?请个别幼儿讲述。
(3) 教师:你应该问一个什么问题呢?
(4) 教师:谁能用3句话把这件事情讲清楚?(池塘里有2只小鸭子,又游来1只小鸭子,池塘里一共有几只小鸭子?)
(5) 教师:现在池塘里一共有几只小鸭子呢?
(6) 教师在池塘背景图上先出示3张乌龟卡片,再出示2张乌龟卡片。
(7) 教师:谁能用3句话把这件事情讲清楚?(池塘里有3只乌龟,又游来2只乌龟,池塘里一共有几只乌龟?)
(8) 教师:现在池塘里一共有几只乌龟?

3. 练习自编加法应用题
(1) 教师出示实物或教具,引导幼儿描述加法应用题,提问:你能用3句话编一些加法题目吗?(如花园里有2只蜜蜂,又飞来3只蜜蜂,花园里一共有几只蜜蜂?)
(2) 幼儿边演示实物边讲述应用题,该游戏可进行多次。

【指导要点】

在环节1中,教师通过两次动作的演示和提问,让幼儿通过回答,体验加法应用题的基本结构。在环节2中,教师通过两个动作的连贯演示(在草地背景图上放上1张小鸭子卡片,再放上2张小鸭子卡片)和提问,让幼儿分别进行回答,再将3句话连贯讲述。

五、列式运算

列式运算是幼儿运算能力和水平的重要标志,也是幼儿抽象思维能力不断提升的表现。因此,掌握10以内的列式运算是适宜在大班开展的教学内容。其教学的重点和要点有以下几方面:

(一) 认识加号、减号与等号

幼儿在初步掌握了实物加减运算后,就可以帮助他们认识加、减、等于运算符号,以为学习加减列式运算做好准备。

第一步:教师结合教具编出加减口述应用题,让幼儿说出答数。第二步:分析题意,并把题中的两个已知数和幼儿算出的答数分别用数字卡表示。例如,草地上先飞来了3只蝴蝶,用数字3表示,教师把数字3放在蝴蝶的下面;后来又飞来2只蝴蝶,用数字2表示,并放到2只蝴蝶的下面。问幼儿一共是几只蝴蝶,答案是5只。教师出示 5,并放在 2 的后面。第三步:分析运算方法(是加法,还是减法),出示并介绍运算符号。第四步,继续用口述应用题引导幼儿进行加或成的列式运算,以巩固对运算符号的实际意义的掌握。如"明明先吃了 5 颗花生,又吃了 1 颗,明明一共吃了几颗?"

(二) 认识零和得数是零的列式运算

第一步:理解零的含义,是表示"没有"。第二步,编出"1－1"的口述应用题,理解 1－1＝0 的意思。第三步:用其他的 10 以以内的自然数,继续编等于零的口述应用题,并用算式表示。第四步:引导幼儿比较这些等于零的算式的异同点,如 1－1＝0,2－2＝0,4－4＝0。接着让幼儿想一想,讲出一系列答案是零的算式,在比较的基础上得出结论:一个数减去一个与它相同的数,结果都是零。

(三) 学习列式运算,并掌握初步的运算规律

第一步:借助口述应用题,利用表象,引导幼儿学习 10 以内数的加减运算。第二步,利用口述应用题,帮助幼儿学习加法的交换规律。如"1 朵黄花,2 朵红花,一共有几朵花?"与"2 朵红花,1 朵黄花,一共有几朵花?"。然后,列出相应的算式:2＋1＝3,1＋2＝3。并引导幼儿进行比较,得出规律,即加号前后的两个数交换位置,结果是一样的。第三步,在掌握交换规律的基础上,可引导幼儿进一步掌握一个算式的三个数,通过变换位置可以排出两道加法和两道减法算式的规律。

以下是关于列式运算的活动设计案例:

案例 6－23:集体活动:动物运动会①(大班)
【关键元素】
学习 10 以内加减法。
【活动目标】
(1) 尝试根据图意列出加减算式,并能说出所列算式的含义。
(2) 能独立破译画谜,对数活动产生进一步探索的兴趣。
【活动准备】
(1) 材料准备:教学课件,画谜和数字卡人手一份。
(2) 经验准备:幼儿已有加减法的相关经验。
【活动过程】
1. 运动员入场
——(出示图 6－14)今天,森林里要召开动物运动会。这次运动会有哪些比赛项目?哪些动物会参加比赛呢?让我们一起去看看吧!

---

① 温剑青. 童心玩数学(教师用书　大班　第二学期)[M]. 上海:少年儿童出版社,2015:36.

学前儿童数学教育与活动指导

图 6-14　运动会图

——这次运动会的比赛项目有飞行比赛、跑步比赛和跳远比赛。
——(出示图 6-15)请你们看看,来了哪些参赛动物?他们分别参加什么项目?

图 6-15　参赛动物

小结:本次运动会参加飞行比赛的有鸽子和老鹰,参加跑步比赛的有老虎和猎豹,袋鼠和青蛙将参加跳远比赛。

2. 动物运动会

(1) 飞行比赛。

——(出示图 6-16)飞行比赛开始了,谁先飞出来了?(一只鸽子)接着是谁飞了出来?(六只老鹰)现在天空中一共有几只鸟?(七只)

图 6-16　空中一共有几只鸟

——要列成算式是用加法还是减法?这道加法题的算式可以怎样列?(1+6=7)三个数字分别代表什么意思?

小结:一只鸽子飞在前,后面飞来六只老鹰,现在天空中一共有七只鸟。我们可以用加法来表示数量增多。

——(出示图6-17)这一轮飞行比赛发生了什么变化?要列成算式可以怎么列?(6+1=7)哪里和刚才不一样?这三个数字分别表示什么意思?

图6-17 比赛发生了什么变化

(2) 跑步比赛。

——(出示图6-18)草地上一共有几只猛兽在进行跑步比赛?(七只)三只老虎违反了比赛规则被判出局,现在画面上还剩几只猛兽?

图6-18 还剩几只猛兽

——要列成算式是用加法还是减法?这道减法题的算式可以怎样列?(7-3=4)三个数字分别表示什么意思?为什么不是"7-4=3"?

小结:七只猛兽比赛跑步,三只老虎违反规则被判出局,画面上还剩下四只猎豹。我们可以用减法来表示数量减少。

(3) 跳远比赛。

——(出示图6-19)跳远赛区先来了五只袋鼠,又来了两只青蛙,一共有几名运

动员参加跳远比赛?(七名)

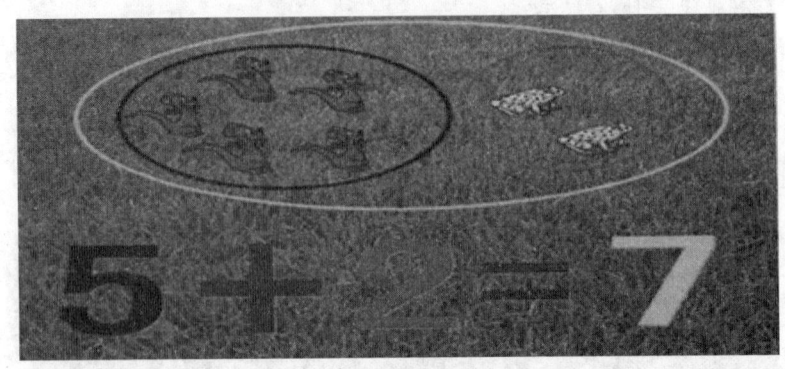

图 6-19　跳远比赛剩几名

——(出示图 6-20)两只青蛙去休息了,跳远赛区还剩下几名运动员?(五名)

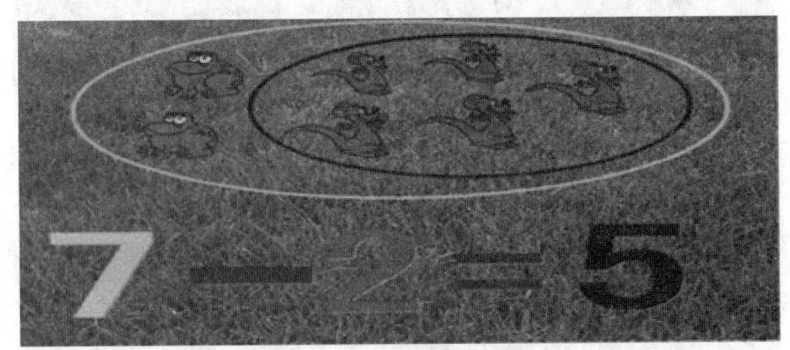

图 6-20　还剩几名运动员

——这道题列式是用加法还是减法?为什么?说说图示的意义。(白圈表示原来一共有多少名运动员,划线表示离开"减去",黑圈表示剩下的数量)

小结:加法中,图上的小圈表示先来和后来运动员的数量,大圈表示总数。减法中,图上的大圈表示一共有几名运动员(总数),划线表示离开运动员的数量,小圈表示剩下的数量。

3. 打开奖杯宝箱

(1)颁奖晚会。

——各项比赛的冠军终于产生了,他们是飞行冠军老鹰、跑步冠军猎豹和跳远冠军袋鼠。颁奖晚会即将开始,可是装奖杯的密码箱打不开了,怎么办?

——(出示图 6-21)这个密码箱用的是密码锁。这里有一组画谜,需要根据每个画面的内容列一道算式题,才能找出密码箱的密码。你们能一起来帮忙吗?列式的时候想一想究竟是用加法还是用减法。

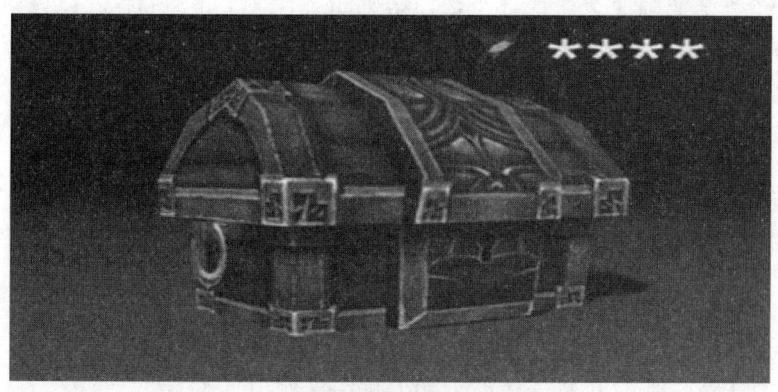

图 6-21 密码箱

——破译好密码之后,我们可以根据颜色找到这个数字在密码中的相应位置。

(2) 幼儿看图列式,教师巡回指导。

(3) 幼儿互相交流,集体验证,教师出示图 6-22。

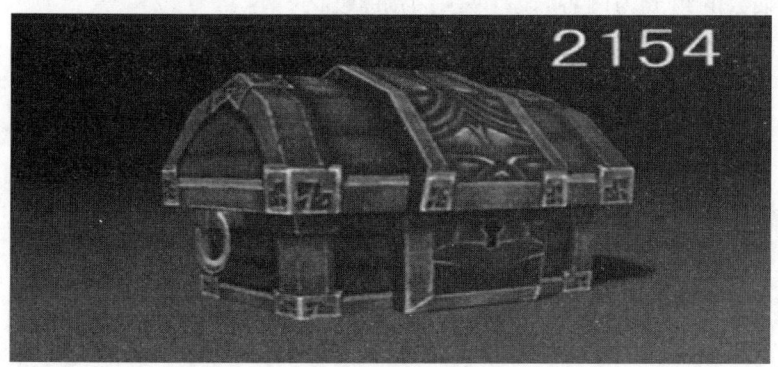

图 6-22 密码

——你用的是加法还是减法?为什么?算式中的三个数字分别表示什么意思?

(4) 打开宝箱,颁发奖杯。

案例 6-24:区角活动:对牌出题

【玩法一】

幼儿可二人一组玩此游戏,将扑克牌中的 K、Q、J 和大小王抽去,剩余的牌幼儿各半。轮流出牌,如甲幼儿出牌为 4,乙幼儿出牌为 8,就以这二个数为已知数编出加减算题,如 8-4=4,4+8=12。说出的试题多且对的幼儿可以把二张牌收归自己,最后看谁的牌多为胜。

【玩法二】

幼儿二人一组,将 40 张牌放于中间,任意抽 3 张数翻开来,甲、乙两幼儿轮流出题,如翻出的数为 1,5,6,则编出四道题;如翻出的数为 2,3,3,则可以换一张牌再编题,换牌后必须是能编四道题的 3 个数。若四道题编对,则 3 张牌就归该幼儿;反之,则不能拿牌。

复习与思考

1. 学前儿童 10 以内数概念的教育主要包括哪几方面?
2. 什么是基数?什么是序数?
3. 何谓计数?学前儿童计数能力的发展分为哪几个阶段?
4. 简述学前儿童数概念形成的标志。
5. 如何进行相邻数的教学?试设计一则小游戏加以说明。
6. 序数教学中应注意哪些问题?
7. 试以"区别单双数"为内容设计一则教学活动。
8. 以某数的组成为内容,设计两则小游戏。
9. 简述学前儿童运算能力发展的一般过程。

第七章 学前儿童测量与统计活动的设计与实施

第一节 学前儿童关于量的概念的学习与活动设计

在《3~6岁儿童学习与发展指南》的"感知理解数、量及数量关系"中,提出了感知、区分并描述物体的量方面的要求,初步理解物体量的相对性。因而,测量活动涉及"数与运算"和"时间、空间"两个领域,是把数与物体的特征量建立联系,把几何与数字联系起来。

一、关于量的基本知识

量是指客观世界中物体或现象所具有的可以定量区别或测定的属性。事实上,所有数学内容都是围绕量的抽象(或选择)、量的度量方法的寻求、量的关系的揭示而建立起来的。[①] 量有连续量和不连续量,连续量是指需要通过测量来明确的量;非连续量是指物体的多少,是用计数来明确的量。例如,小班有多少小朋友、铅笔盒中有几支铅笔等是不连续量;长度、面积、温度、速度等是连续量。

对学前儿童来说,量的内容包括量的比较,量的排序,量的等分,量的守恒和量的测量。

(一) 量的比较

比较是儿童根据某些具体特征或属性在两个或两组物品间建立关系,一类属性是连续量的比较,主要是通过事物的特征量的比较,如尺寸、长度、高度或速度等。可以通过重叠法或开放法进行比较,也可利用逻辑关系进行间接比较。另一类属性是不连续量的比较,比如哪个多哪个少,实质上是比较两个集合中元素的多少。可通过对应法来直接比较,也可通过比较两个基数的大小进行间接比较。比较是排序和测量的基础。

基本的比较包括:大小,长短,粗细,厚薄,宽窄,高矮,胖瘦,重轻,快慢,冷热,近远,晚一点,早一点,旧一点,新一点,高一些,低一些,吵闹,安静,数量的多少。

[①] 梁绍君.数学文化及其数学文化关照之数学教育[J].重庆大学学报(社会科学版),2006(1243):129.

(二) 量的排序

1. 排序的内涵

排序,是指将两个以上的物体按照某种特征上的差异或一定的规则排列成序的活动。排序是建立在比较基础上的思维活动,是一项发展幼儿判断思维和推理能力的重要活动。幼儿排序能力的发展,主要表现在对物理量的排序方面。

2. 排序的类型

在学前阶段,排序活动是幼儿学习"数"概念、认识数序及物体量的重要方法之一,排序活动一般可以分为两种:①

(1) 按次序规则排序。它包括:一是按物体量的差异次序排序,即按照物体的高矮、粗细、大小、长短和宽窄等排序,如把木板按从宽到窄的顺序排列。二是按物体数量多少的次序排序。如将圆点卡片或数字卡片,按从多到少或从少到多的次序进行排序。

(2) 按特定规则排序,即按物体的颜色,形状或其他人为指定的规则等排序。如将卡片按颜色从深到浅的顺序排序,按"两个红色雪花片,一个绿色雪花片"的规则排序,按一个三角形一个圆形,一个方形的规则排序。

(三) 量的守恒

量的守恒,是指物体的量(长度、面积、容积、数量等)不因物体外部特征或排列形式的不同而发生变化。幼儿受年龄和思维抽象能力水平所限,往往在量的比较中容易受到外在形式、视觉判断等方面的干扰而不能正确地判断物体的量。因此,帮助幼儿在量的比较中体验量的守恒是一项很重要的内容。尤其是在比较呈现的物体量的特征方面,可以通过变换图式和添加干扰因素等方式来帮助幼儿感知和体验量的守恒。

知海拾贝

量的守恒

量的守恒主要包括:一是非连续量的守恒,即在"数"概念教育部分所谈及的数量守恒;二是连续量守恒,例如,大小守恒、长度守恒、面积守恒、重量守恒、容积守恒等。

1. 体积守恒

儿童能够不因物体外形的改变而认为其体积发生改变。例如,让儿童比较大小相同的两个球形泥团,在他面前把其中一个泥团搓成长条,幼儿能够不受这个外形变化的干扰,坚持认为这两块泥团是一样多的。

---

① 黄瑾.学前儿童数学教育(修订版)[M].上海:华东师范大学出版社,2007.

2. 面积守恒

儿童能够不因物体外形的改变而认为其面积发生改变,如图7-1所示,这样两张图片给儿童,儿童能够准确判断阴影部分的体积是一样的。

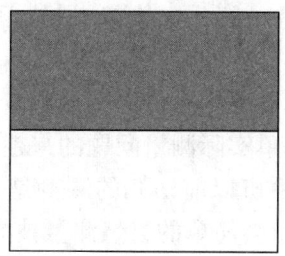

图7-1 面积守恒

3. 长度守恒

儿童能够不因物体外形的改变,而认为其长度发生改变,如图7-2所示,三根一样长的绳子,在他面前把其中一根扭成S形,一根扭成曲线,另一根保持直线,儿童依然能够判断三根绳子是一样长的。

图7-2 长度守恒

4. 数量守恒

儿童能够不因物体外形的改变而认为其数量发生改变。比如9颗红色纽扣排成较紧密的一排,9颗黑色纽扣排成较松散的一排,儿童能够不受这个外形排列的干扰,依然准确判断红色纽扣和黑色纽扣是一样多的。

从心理学研究结果来看,儿童最先掌握的是数量守恒,接着是物质守恒和长度守恒,然后是面积守恒与容积守恒,最后是体积守恒。由于幼儿关于量的守恒观念发展得较晚,教师应依据幼儿的年龄阶段和各类守恒概念建立的顺序与特点安排教育活动的内容,循序渐进,才能帮助幼儿逐步建立起正确的量的守恒概念和经验。

(四)自然测量

根据皮亚杰的理论,量和数具有同构性,只是幼儿对量的认识要略晚于对数的认识,测量能力要到8~11岁才能完成发展,因为把连续的整体分成互相替换的单位要比数出已经分开了的元素的个数困难得多。因此,幼儿初步学习直接测量,不能使用常用的计量单位,所以,要学习自然测量。

所谓自然测量,是指利用自然物(如图书、小棒、绳子等)作为量具来直接测量物体量的测量方法。如测量物体的长短、高矮、粗细、轻重等,或以目量大小,以步测远近等。

幼儿在自然测量的过程中要运用两种逻辑方法:首先,幼儿要把量的整体划分为若干个小单元,知道整体是由若干个部分组成的;其次还有一个逻辑相加,进行易位和替换的过程,即把每次测量的一部分和另一部分连接起来,从而建立测量单位体系。如测量绳子的长度,是通过移动小棒来进行的,测量的结果是一个被测的量与作为测量单位的量之比的抽象数。可见,通过自然测量可以使数和量密切结合,加深幼儿对"量"概念的理解,初步培养幼儿解决简单实际测量问题的兴趣和能力。

幼儿掌握测量技能是有一定难度的。中班以前幼儿的测量是一种"目测",即通过感觉来比较量的差异,中班以后,幼儿才学会简单的自然测量技能。

二、学前儿童测量能力的发展特点

(一)学前儿童测量能力发展的一般过程

1. 从明显差异到不明显差异

幼儿所能识别的量的差异有一个从差异明显到差异细微的发展过程。幼儿最初对量的感知和区分是笼统的、模糊的,只能区分两点明显差异,如能在两个高度差异比较大的苹果中识别哪个大、哪个小。随着年龄的增长,幼儿开始能识别和区分差异不明显的量,并能对物体进行连续比较,依据量的差异对物体进行排序。[1]

2. 从模糊、不精确到逐渐精确

儿童在生活中已经积累了关于物体大小或长短的不同经验,且能区分它们,但有时还不能用准确的词汇来表达它的意义,如3~4岁的儿童常常用大、小的词汇来代替长度等其他变量的准确名称。随着对量的感知经验的积累和相关词汇的掌握,幼儿对量的感知逐渐分化,能够运用准确的语言来表述不同量的差别。列乌申娜指出,"只有在有语言的情况下,儿童对于各种不连续量和连续量的感性知觉才是清晰的、分化的。"[2]

3. 从绝对到相对

学前儿童对量概念的理解缺乏相对性。长和短、大和小、宽和窄及其他变量都只有在对比两个物体的基础上,才能理解和区分。但最初学前儿童常常把所掌握的具体物体量的特征(如大小、长短等)看成是完全绝对的,列乌申娜在《学前儿童数概念的形成》一书中曾引用了两个3岁儿童的争论:"就是我们家的狗大"、"不,我的汤米(狗名)大"……由此可见,在儿童感知、区分量的进程中,对量的相对性的认识是比较困难的。只有当儿童在从两个物体的选择、比较,逐渐过渡到三个或更多物体的选择

---

[1] 赵抓国.学前儿童数学教育[M].郑州:郑州大学出版社,2014:98.
[2] 列乌申娜著.曹莜宁,成有信,朴永馨译.学前儿童初步数概念的形成[M].北京:人民教育出版社,1982:158.

和比较的过程中才能逐步理解量的相对性。

(二) 学前儿童测量能力发展的年龄特点

1. 2岁左右（学龄前）

学前儿童感知大小的能力发展较早。大部分2岁左右儿童能正确感知和判断不同大小的物体，能按照成人的语言指示选择大的或小的物体。但尚不能用准确的词表述这些物体。

2. 3～4岁（小班）

第一，幼儿能正确区分物体大小和长短的差异，也能使用一些简单的词语表述相应的量，如"我抱着一个大娃娃"。同时，感知物体大小的准确性有所提高，也初步具有了量的知觉恒常性。他们能判别大小差别不太明显的一组物体中最大或最小的物体，能正确辨别远处物体的大小和处在不同位置物体的大小。

第二，该年龄段的幼儿往往把"大"或"小"这两个词作为表示物体各种长度的通用词。例如，他们往往把长的、高的、宽的、粗的物体统称为大的，认为短的、矮的、窄的、细的物体是小的。

第三，该年龄段幼儿的重量感知能力有了初步发展，能区分具有明显差异的两个物体，并进行一定的表述。幼儿可以通过用手掂量两个颜色，形状，体积相同但重量不同的物体来区别出一样重还是不一样重，但对差异大的物体易于辨别，对差异小的，则有困难。幼儿还不能运用轻重等词语表述自己的感受，而是较多运用"这里面沙子多"、"这里面水少"等具体词语表述。

3. 4～5岁（中班）

该年龄段的幼儿感知物体量的精确性有了很大的提高。

第一，对不同大小的物体能够依次做出区分和排列。

第二，能从一组物体中找出相同大小的物体。通过对一组物体进行逐个比较和分析，最终做出选择，从而辨别出一样大或一样小的物体。

第三，能比较精确地区分这组物体的高矮、粗细、厚薄、长短等，并能使用相应的词语表述。

第四，能按递增或递减的顺序进行6以内简单量的排序，但主要依靠感知和试误而不是依靠逻辑关系来认识物体量的关系。

第五，对轻重的判断的精确性有了明显的提高，从若干不同重量的物体中辨别出同样重量物体的正确率，对轻重差异不大的物体的准确判别能力，以及使用轻重等词表述自己感受的能力，都有了大大提高，还基本具备了感知轻重相对性的能力。

第六，虽然能判断相等量，但尚不具备对摆放位置或盛放装置发生改变的物体量的守恒判断能力。

4. 5～6岁（大班）

第一，在正确认识物体大小、长度的基础上，能理解到量的相对性。即五六岁的幼儿能够认识到物体的大小、长短、宽窄等都是相对的、有条件的。例如,能对蓝(最短)、红(较长)、黄(最长)三块不同长度的积木进行比较。若教师问:"请小朋友们想一想,这块红积木是长呢？还是短呢？"有的幼儿回答:"它又是长的,又是短的。"有的说:"红积木和黄积木比,它短,要是和蓝积木比,它就长了。"

第二,逐渐能在逻辑上理解量的可逆性和传递性。如能够完成数量在 10 以内的正排序和逆排序,并能较明确地说明进行传递性判断的理由。

第三,能够理解物体在长度、面积和容积等方面的守恒。当物体的外形、摆放位置等发生变化时,幼儿仍可正确判断物体量的不变性。例如,同样多的两份沙子,当它被倒进短矮杯子或倒入细高的杯子时,幼儿知道沙子还是一样多。一块球体的橡皮泥,当它被搓成圆柱体,或压扁时,幼儿知道橡皮泥和原来的还是一样多。

第四,该年龄段的幼儿具备认识物体重量与体积之间关系的能力,5 岁幼儿判别轻重差异的精确性有了较大提高,并能准确理解和运用"轻"、"重"词语。同时,6 岁幼儿已具备了认识物体重量和体积之间关系的能力,如认识到体积小的物体可以比体积大的物体重,体积一样大,但制作材料不同的物体,重量可能不一样。这是学前末期幼儿思维可逆性发展的重要表现。

知海拾贝

学前儿童量的比较能力的年龄发展特点

1. 3~4 岁

(1) 能够用观察、比较的方法区分大小、长短、高矮差别明显的两个物体,会正确运用大小、长短等词表述比较的结果。

(2) 能够用一一对应的方法比较两组物体的多少。

(3) 能从三四个大小、长短、高矮等差别明显的物体中找出并说出最大的(最长的、最高的)和最小的(最短的、最矮的)物体。

2. 4~5 岁

(1) 能够比较两个物体在宽窄、粗细、厚薄、轻重等方面的不用,并能正确使用"宽窄"、"粗细"、"厚薄"、"轻重"等词。

(2) 能从五六个大小、长短、高矮、粗细、轻重不同的物体中找出等量的物体。

3. 5~6 岁

(1) 能从 10 个左右大小、长短、高矮、粗细、厚薄、轻重不同的物体中找出量大、量小和等量的物体。

(2) 能够借助假定尺寸确定物体的大小、长短、宽窄、高矮和液体、颗粒物体的容积的多少。

学前儿童量的排序能力的年龄发展特点

1. 3～4 岁

（1）能按物体的外部特征（如形状、颜色等）或量的差异特征（如大小、长短、高矮等）进行 3 个以内物体的正排序。

（2）能按特定规则进行 3 个以内物体的排序。

2. 4～5 岁

（1）能按物体量的差异（如高矮、长短、厚薄等）进行 5 个以内物体的正、逆排序。

（2）能按特定规则进行 5 个以内物体的排序。

3. 5～6 岁

（1）能按物体量的差异（如高矮、长短、厚薄等）进行 10 个以内物体的正、逆排序。

（2）能按特定规则或自主确定的规则，自由进行 5 个以内物体的排序。

（3）初步理解依次排列物体之间的传递性和双重性关系，并能正确说明理由。

学前儿童量的守恒能力的年龄发展特点

1. 4～5 岁

在数量的比较中，能不受物体大小，颜色，间距，形状及排列位置等影响，积累数量比较及数量守恒的经验。

2. 5～6 岁

（1）初步理解量的相对性。

（2）能初步感知长度、面积、体积、容积等，不受物体外部形状或容器的影响。

三、学前儿童测量活动的设计与实施

（一）学前儿童量的比较的设计与实施

1. 学前儿童量的比较的基本方法

（1）运用各种感官感知、比较物体的量

儿童对物体量的认识主要是通过感官的感知，如通过视觉、触摸觉、运动觉等感觉通道体验到物体的大小、长度、重量等方面的特性。因此，教学中要让儿童在看看、摸摸、摆弄等活动中进行比较，认识物体的量。

知海拾贝

关于量的比较的基本方法

① 目测比较。认识物体的大小、长短、厚薄、粗细、高矮等特征时，都可以让儿童用视觉观察比较。例如，教师出示一大一小两个皮球，让儿童看看，问他们哪个大，哪个小，还是一样大小。

② 触摸觉比较。教师可以让儿童用双手抱球，仔细地抚摸，感知球外形大小的区别，感觉到球所占据的空间不同，可以让儿童用拇指、食指等触摸自己的单衣和滑雪衣等物，感知其厚与薄的区别。也可以让儿童不用眼睛看，只用手摸，在布袋里摸出粗的小棒，或细的小棒，摸出长的或短的小棒等，同时用正确的语词表述。

③ 运动觉感知比较。运动觉感知比较主要用于认识物体的轻重，它是由肌肉的运动觉来感受的。可让儿童用手掂一掂，或提一提两个不同的物体来获得重量的直接经验。如一小块铁和一大堆棉花，通过提一提让儿童知道不一样的物体，大的不一定重，小的不一定轻。

（2）运用重叠、并放法比较物体的量

在让儿童认识两个圆形纸片的大小时，可以把这两个圆形纸片重叠在一起进行比较，区别大与小；比较物体的长短，可选用两支不同长度的铅笔重叠在一起，即把短的一支重叠在长的一支上面。铅笔要横放，区别哪支长，哪支短。还可以用并放法比较，如并排横放着两支长短不同的铅笔，并肩站着老师与小朋友，桌上并排放两本不同厚度的书等，让儿童区别长短、高矮、厚薄等。

（3）运用寻找法，描述物体的量

在儿童初步认识量的基础上，教师可以有意识地引导儿童在周围环境中寻找哪些物体是大的（长的、粗的等），哪些物体是小的（短的、细的等），并用正确词汇去描述。教师也可以引导儿童运用记忆表象回忆、描述马路上或家里自己所熟悉的各种物体的大小、长短、粗细、厚薄等。

例如，在教室里找找，儿童会找出××小朋友高、××小朋友矮；皮球大，乒乓球小等。在自己身上找找，他们会找出腿粗，臂细；衬衣薄，毛衣厚等。教师也可以在教室里事先放好一些长短不等、厚薄不同的物品，让他们在布置好的环境中找出两样东西并描述哪个大，哪个小。再如，也可以让儿童回忆家里床上枕头厚、枕巾薄等。

（4）运用游戏法巩固对量的认识

教师可以设计各种形式的游戏，让儿童来区别物体的量，加深对物体大小、长短、粗细、高矮等的认识。

例如，"反动作游戏"。教师做一个动作，并按动作说出一个词，要求儿童做与教师相反的动作并说出相反的词。教师用手做大的动作并说"大大"，儿童做小的动作并说"小小"。教师用手做拉长的动作并说"长长",儿童用手做短短的动作并说"短短"。这样可以训练儿童对大小、长短等掌握的熟练程度,加深儿童对相应词汇实际意义的理解,同时,也训练了儿童思维的敏捷性。这种游戏活动可以在教师与儿童之间进行,也可以在儿童与儿童之间进行。

再如竞赛性的游戏"看谁找得快"、"看谁找得多"等,让儿童在一些物品中按教师要求找出大的或小的、粗的或细的等,看谁找得既快又对。

在量的比较教学中,特别值得一提的教学要点还包括:首先,需要同时出现两个(或以上)物体。量的比较是通过对两个(或以上)不同量的物体的比较来认识的,因此,比较时先要让儿童确定是哪两个物体比,比什么,不能只出示一个物体就问儿童是大是小或是长是短。其次,应注意帮助儿童认识量是相对的。对于年龄较小的幼儿来说,认识量的相对性往往有一定的困难。因此,教学中的一个重点是教师通过物的比较去帮助儿童体会量的相对性。例如,皮球和乒乓球比,皮球大乒乓球小。皮球与篮球比,皮球小了,篮球大了。小明与小红比,小明高小红矮,但小红与托儿所小朋友比,她又是高的了,小明与老师比,他又成为矮的了,在让儿童进行量的比较时,应该通过三个不同量的物体的比较去帮助儿童认识量的相对性。再次,教具的选择与使用要正确。在让儿童进行量的比较时,教具的选用很重要。例如,认识物体的粗细时,应选用高矮相同只是粗细不同的两个物体;认识厚薄时,选用长短一样,只是厚薄不一样的两个物体。这样根据一定的教学要求,只突出某种量比较,便于儿童正确判断和区分。最后,还应注意教具的摆放。例如,比高矮时,被比较的物体应放在同一个水平面上;比较长短时,教具应横过来放,并使一端对齐。用重叠法比较大小时,应将大的放在下面,小的重叠在上面,便于看得清楚。

2. 学前儿童量的比较的活动设计案例

案例 7-1:集体活动:宽和窄①(中班)

【活动目标】

(1) 初步了解宽和窄的概念,并能通过比较辨别宽和窄。

(2) 通过亲身体验感受宽与窄,体验宽与窄的不同。

【活动准备】

长短、宽窄不同的橙色、蓝色纸条各一张;宽窄不同的纸条若干张(保证每人手上有一张橙色纸条和蓝色纸条);装两色纸条的盒子两个(不同颜色纸条分开放);长凳拼成的宽桥和窄桥。

【活动过程】

1. 认识宽和窄

(1) 教师分别出示两张长短、宽窄不同的红色和蓝色手工纸。

提问:"这两张手工纸哪里不一样?"引导幼儿从手工纸的颜色、大小、长短、宽窄

---

① 黄瑾,田芳. 学前儿童数学学习与发展核心经验[M]. 南京:南京师范大学出版社,2015:212.

等方面进行回答。

小结:我们通常把一张纸从上到下之间的这段叫作长度,而从左到右的这段长度叫作宽度。

(2)教师引导幼儿观察两张手工纸的宽窄。

提问:"这两张手工纸哪张比较宽?哪张比较窄?你是用什么方法进行比较的?"

小结:比较两张纸的宽窄可以把两张纸重叠起来进行比较。

2. 游戏:比宽窄

1. 请每名幼儿从两个纸盒中分别摸出橙色和蓝色两张宽窄不同的手工纸,教师引导幼儿在游戏中比较手中纸片的宽与窄。

① 请幼儿举起手中比较窄的手工纸,师幼共同验证对错。

② 请幼儿与边上的朋友交换一张纸片,然后举起比较宽的那张纸片。

③ 将自己手上的宽(窄)纸片与同伴手上的纸片进行比较。

(2)教师引导幼儿观察:你手上的宽(窄)纸条与别人手上的纸条比还是宽(窄)的吗?发生了什么变化?

小结:宽与窄具有相对性,要根据与它比较的对象才能进行判断。

3. 游戏:走小桥

(1)请幼儿观察两座桥,引导幼儿发现两座桥一座宽一座窄。

(2)教师请幼儿分别走两座宽窄不同的桥。

(3)讨论:走这两座桥的时候你的感受一样吗?分别是什么感觉?

案例7－2:集体活动:搭桥①**(小班)**

【活动目标】

(1)能在操作中感受长短变化的过程并进行比较。

(2)在情境中体验游戏的乐趣。

【活动准备】

椅子(25～30把)。

【活动过程】

1. 用假设的情境引起幼儿参与活动的兴趣

教师:我们的椅子除了坐,还能有别的用处吗?这是一条河,没有桥过不去怎么办?

2. 用椅子搭桥

(1)让幼儿尝试用少量的椅子搭桥。

提问:

① 怎么在小河上搭桥呢?用椅子搭桥牢固吗?

② 谁愿意来桥上走一走?这座桥牢固吗?

小结:每一张椅子就像一块木板,靠得越近搭得越牢。

---

① 黄瑾,田芳.学前儿童数学学习与发展核心经验[M].南京:南京师范大学出版社,2015:218.

(2) 请幼儿用剩下的椅子搭一座牢固、没有缝的桥。

提问：

① 我们来比比,哪座桥最长,哪座桥最短。

② 可以怎么比呢?

小结:一样大小的椅子搭成的桥,用的椅子越多就越长。

3. 将短桥变成长桥

提问:

(1) 给这几座桥排排队,谁最长,谁最短?(逐个点数椅子的数量)

(2) 有没有办法把最短的两座桥变长呢?(将两座短桥合并)

小结:给短的东西再添上一些也能变长一点。

4. 搭更长的桥

提问:

(1) 还想不想再搭一次桥?想搭更长的还是更短的?你觉得可以有什么办法呢?(幼儿操作)

(2) 你觉得它是最长的桥吗?它看起来是什么样子的?弯弯的还是笔直的?用了几张椅子拼成的?

(3) 如果我把它变个样子,还会不会是最长的呢?(教师操作,视当时情况,改变桥的形状。)

(4) 椅子的数量还是这些,说明桥的长短有变化吗?

(5) 看上去哪一种桥长?有什么办法可以知道呢?(数数有几把椅子)

小结:虽然形状不一样,但是同样多的椅子搭出来的桥是一样长的。

案例 7-3:集体活动:谁的手帕大(中班)①

【活动目标】

尝试运用两两比较的方法,比较两者的面积大小。

【活动准备】

《我的数学》第 33 页。

大小不同的手帕或毛巾若干条(可以请幼儿各自从家里带一块来)。

【活动过程】

教师拿取大小不同的手帕再次进行比较,学习两边对齐进行比较的方法。

——这两块手帕哪一块比较大?你是用什么办法比较出来的?

——我们把两块手帕的两边对齐摆放在一起,看一看哪一块要多出一点?这说明什么?

——这里有三块手帕,我们怎么知道哪一块更大呢?

请幼儿打开《我的数学》到第 33 页,根据画面判断三块手帕的大小。

---

① 周兢.幼儿园活动整合课程(教师用书中班下)[M].南京:南京师范大学出版社,2014:357.

请幼儿随意组合，比较手中的手帕大小，并进行排序。

温馨提示

教师在比较的时候，要选取同样形状的手帕，如长方形手帕或正方形手帕，不要用长方形的手帕去和正方形的手帕比较。

（二）学前儿童量的排序的设计与实施

1. 学前儿童量的排序活动中的设计要点

（1）明确排序的方向

物体排序方向一般是横向排列和竖向排列。有的量一般只竖向排序，如高矮排序，长短排序一般是横向排列，有的量既可以横向排列也可以竖向排列，如大小排序、宽窄排序和粗细排序。

（2）明确排序的规则

例如，按形状排序，应说明什么形状排在第一、什么形状排第二、排第三，如大小（或长短、高矮等）量的排序应说明是由大到小（或由长到短、由高到矮等），还是由小到大（由短到长、由矮到高等）。也可让幼儿自定排序规则，自由排序。

（3）明确排序的基线

为了让幼儿明确并理解基线的意义。教师可在操作学具上做基线记号。

（4）注重操作材料的提供

首先是根据幼儿年龄特点提供合适的操作材料。如在按物体量的差异进行排序时，给小班幼儿提供3个大小、长短、高矮有差异的物体，让幼儿进行操作练习；对于中班幼儿来说，投放材料可增加到5~6个物体；大班幼儿则可增加到10个物体。

其次，要注重操作材料的趣味性例如，许多套玩具（套娃娃、套碗、套桶、套塔等），一些蒙台梭利教具（粉红塔、棕色梯、圆柱体等）本身就是有顺序的差异量，而且形象生动、色彩鲜艳、经久实用，还可节省教师制作操作材料的时间，可充分利用这些套玩具来学习排序除集中教育活动外，也可把套玩具投入到区域活动中，让幼儿愉快地在玩中学、在学中玩。

最后，教师要根据幼儿能力的差异，有明显特征或差异大且数量少的操作材料，按物体的范例进行排序，投入难易程度不同的操作材料。如对能力弱的幼儿投放提供较多的材料进行接龙式的排序或按成人口头指导进行排序，对能力较强的幼儿提供多种材料创造性地进行排序，从而促进不同发展水平的幼儿在原有基础上均得到进一步的提高。部分物理量的排序需要在同一基线上进行，才可以保证其正确性。如高矮排序时，应告诉幼儿注意按下端基线对齐；长短排序时，应注意左端或右端对齐等。

2. 学前儿童量的排序的活动设计案例

案例 7－4：集体活动：水果一家亲(大班)①

【关键元素】

比较物体特征的差异并排序。

【活动目标】

(1) 能按照物体高矮、大小、粗细的差异，进行量在 10 以内的物体正逆排序。

(2) 能够与同伴合作完成排序活动，并大胆讲述操作过程和结果。

【活动准备】

柚子、橙子、苹果、猕猴桃、李子、葡萄、樱桃各一颗，宽窄不同的甘蔗图片人手八张，数字卡片。

【活动过程】

1. 认识水果朋友

——你爱吃水果吗？瞧，今天来了许多水果朋友和我们做游戏。

——(出示水果实物)这些水果朋友你们都认识吗？他们有什么不一样？

小结：这些水果朋友的大小、外形、味道都不一样，颜色也有区别。

2. 水果朋友排排队

(1) 第一次排队。

——今天，水果朋友们要玩排队的游戏。猜猜他们会按照什么顺序排队呢？(幼儿讨论排队的顺序：从大到小、从高到矮)

小结：第一次，水果朋友们按照从大到小的顺序排队：柚子、橙子、苹果、猕猴桃、李子、葡萄、樱桃。

(2) 第二次排队。

——排完队后，樱桃有些不高兴，排在最后的她也想排在第一个，谁能帮帮她？(幼儿自由讨论)

教师演示水果朋友排队方法，并给每个水果贴上数字卡片表示顺序。

小结：你们的办法真不错，将水果朋友按从小到大的顺序来排，樱桃宝宝就排到第一个了。原来，根据一个特征可以正过来、反过来给物体排排队。

3. 游戏：甘蔗排队

——现在又来了一个水果朋友，看看是谁？(甘蔗)

——请你们也来给甘蔗排排队好吗？

(1) 由细到粗进行排序。

幼儿随意取出四张甘蔗图片，由细到粗进行排序，并用笔将顺序记录下来，说一说自己确定甘蔗排列顺序的方法，如目测、重叠。

---

① 温剑青. 童心玩数学(教师用书　大班　第一学期)[M]. 上海：少年儿童出版社, 2015：52.

(2) 由粗到细进行排序。

——这一次甘蔗图片的顺序有什么变化？

小结：一排物体既可以从细到粗排，又可以从粗到细排，原来顺序是可以变换的。

(3) 增加甘蔗图片，再次排序。

教师增加四张甘蔗图片，幼儿再次按由粗到细的顺序排列，记录结果，并与第二次的排序记录进行对比。

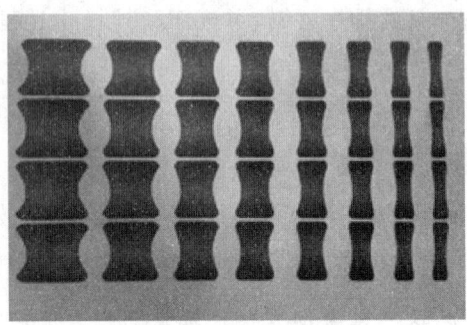

图 7-3 活动材料

——原来的四张甘蔗图片顺序有什么变化？

小结：当增加四根甘蔗后，原来四根甘蔗还需要和增加的甘蔗比较粗细，他们在队伍中的位置就可能发生改变。

案例 7-5：集体活动：好玩的橡皮泥（小班）[①]

【活动目标】

(1) 尝试比较橡皮泥球的大小，对橡皮泥进行排序。

(2) 喜欢玩橡皮泥，感受和橡皮泥球变化的乐趣。

【活动准备】

红、黄两色，大小不同橡皮泥团若干个；扭扭棒等可装饰橡皮泥的材料若干；小垫板 12 块。

【活动过程】

1. 捏泥团，比大小

(1) 出示两个颜色、大小不同的橡皮泥球。

提问：它们一样吗？哪里不一样？

(2) 请幼儿在垫板上将橡皮泥搓成圆球，边念儿歌"搓搓搓，变变变，12345，变成一个红团团（黄团团）"，边和同伴相互比大小。

提问：我手上泥球的大小变过吗？和你比就小了，和他比又大了，好奇怪呀。

---

① 黄瑾，田芳.学前儿童数学学习与发展核心经验[M].南京：南京师范大学出版社，2015：214.

(3) 玩泥团。

幼儿把一个泥团变成两个大小不同的橡皮泥球。说说哪个大,哪个小。

2. 泥团排排队

(1) 教师拿出一盘泥团,幼儿任选一个,和自己的两个泥团放在一起从大到小或从小到大排排队。

(2) 引导幼儿观察排好队的泥团像什么,在材料盘里选择扭扭棒等小配饰,装饰自己的泥团。

案例7-6:区角活动:套碗(套杯、套蛋、套娃娃)(小班)

【玩法】

为幼儿准备6个大小(或高矮、粗细)不等的套碗(套杯、套蛋、套娃娃)玩具,让幼儿在摆放、套合的过程中积累,比较量的差异的经验,并尝试根据它们量的差异进行排序。

案例7-7:区角活动:美丽的相框(中班)

【玩法】

将幼儿个人的照片粘贴在一张硬卡纸的中间,周围用粗线描画成相框,为幼儿准备装饰相框的材料,如各色的塑料小花、不同形状的贴纸、西瓜子壳、芸豆粒、蚕豆等。让幼儿自己选择后,按照某种量的差异或特定规则进行排序装饰相框。

(三) 学前儿童量的守恒的设计与实施

1. 学前儿童量的守恒活动中的教学方法

(1) 运用各种量的多种变式,添加干扰因素来帮助儿童感知和体验量的守恒。如长度守恒,可用软绳、牙签、纸条等摆出长度的各种变式,让幼儿判断他们是否一样长。

(2) 运用等量的两份物体帮助幼儿感知和体验量的守恒。例如,体积守恒,可准备两份一样大的橡皮泥,然后将一份改变外形,让幼儿判断其与原来的橡皮泥是否一样大。待幼儿判断后,可将变形的橡皮泥恢复原状加以验证。

(3) 运用数来表示量的守恒。例如,容积守恒,想知道两个形状不同的瓶子里的水是否一样多,可以用小碗来量,如果两个瓶子里的水都是4碗,就表明两个瓶子虽然形状不同,但装的水是一样多的。

2. 学前儿童量的守恒的活动设计案例

案例7-8:集体活动:双胞胎兄弟①(大班)

【关键元素】

感知量的守恒。

---

① 温剑青.童心玩数学(教师用书 大班 第二学期)[M].上海:少年儿童出版社,2015:52.

【活动目标】

(1) 尝试运用测量、比较的方法探索、感知量的守恒。

(2) 在探索中感受事物量的关系,并体验数学在生活中的重要性。

【活动准备】

绘本《双胞胎兄弟》,大小不同的容器若干,相同大小的容器若干,量杯,不同形状的杯子,大米、绿豆、沙土、雪花片、水。

【活动过程】

1. 绘本导入

——今天,我带来了一本有趣的绘本《双胞胎兄弟》和大家一起分享。

——(翻开绘本)这两兄弟哪里长得不一样?(幼儿观察发现双胞胎兄弟的异同)

小结:这是哥哥大双,他的头发短短的,穿着条纹T恤。这是弟弟小双,他的头发长长的,穿着红色T恤。兄弟俩长得挺像,他们是一对双胞胎。

2. 面粉有多少

教师一边翻阅绘本,一边讲述:妈妈给兄弟俩一人一盘面粉。大双看着自己盘子里的面粉说:"我的面粉比小双的多。"这下小双不乐意了,两人争吵了起来。

——究竟谁的面粉多,谁的面粉少呢?你能用什么方法来测量、比较?(幼儿自由讨论)

——(继续翻阅绘本)你们说了许多测量、比较的办法。妈妈也找来几个大小一样的杯子,将大双盘子里的面粉一杯一杯盛出来,每一杯都一样多。看看一共有几杯,如图7-4。

——妈妈用同样的方法装了小双的面粉,一共有几杯?

图7-4 活动材料

小结:你们说得都很好,一盘面粉是平铺的,一盘面粉是聚拢的,它们的样子不同,所以我们用眼睛去看就会觉得一个多一个少。但是,通过用一样的容器测量后我们发现,它们其实一样多。

3. 面团有多少

教师继续讲述故事：妈妈教大双和小双和面，可是小双哭了起来。小双为什么哭呢？（幼儿猜测）

——有什么办法可以比较一下究竟谁的面多，谁的面少？如图7-5。

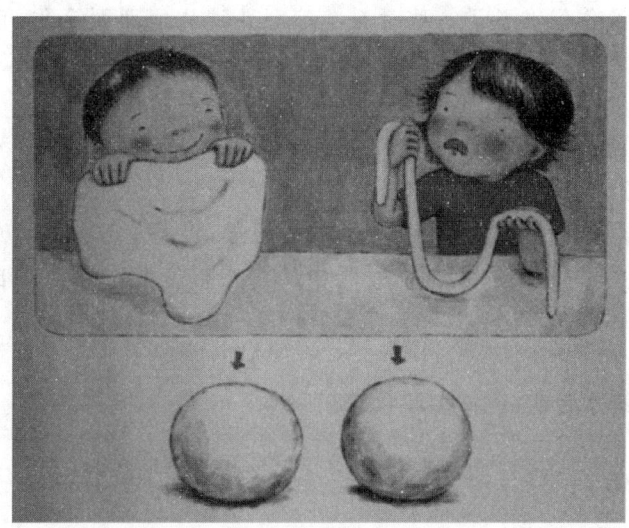

图7-5 活动材料

小结：妈妈先将大双盘子里的面揉成一个面团，再将小双盘子里的面也揉成一个面团，然后放在一起一比，原来两个人的面一样多。虽然一个人的面是扁平的，一个人的面是细长的，形状不同，可是量却是相同的，形状变了，量不变。

4. 牛奶有多少

——喝牛奶的时间到了，他们谁的牛奶多、谁的少呢？如图7-6。

图7-6 活动材料

小结：爸爸找来两个一样的杯子，先将大双的牛奶倒入一个杯子，再将小双的牛奶倒入另一个杯子,放在一起一比,结果一样多。虽然一个人的杯子又高又细,另一个人的杯子又矮又粗,但把他们杯子里的牛奶分别倒在两个相同的杯子里就能比较出谁多谁少了。

5. 幼儿操作

——老师也给你们准备了一些材料。等会儿请你们两两合作,商量选择用哪一种材料进行测量,看看两个人的材料是不是一样多。测量结束,请回到座位上,告诉我你们的测量结果。

幼儿两人一组选择材料操作,交流分享。

——你们选择了什么样的容器进行测量?结果怎么样?

小结:老师准备的材料虽然装在不同的容器里,但是量都是相同的。虽然有些小组测出量是不同的,或许是在测量的过程中不小心把一些材料撒了出来。第一次操作大家还不熟练,以后多试几次相信你们就能准确测量、比较啦。

案例 7-9:集体活动:一样多吗(大班)①

【关键元素】

感知量的守恒。

【活动目标】

(1) 能在比较的过程中理解液体的外形变化并不改变液体体积。

(2) 在操作实验中认真观察、比较和思考,尝试依次排序。

【活动准备】

大量杯,大小粗细不同的透明容器,每桌一盆水及若干相同大小的小水杯,红布,漏斗,吸管,勺子,海绵,不同颜色的水笔等。

【活动过程】

1. 观看小魔术,萌发探索兴趣

(1) 观察量杯和普通杯子,比较两者的区别(量杯上有刻度线,对应一定的容积),了解液体的计量单位——升和毫升。

(2) 教师演示魔术一:会喝水的杯子。

出示变魔术的红布和两个同样容积的水杯,请幼儿观察并说出两个杯中的水量,并确认两者等量。用布遮住,取出暗藏的一个容积更大的杯子,把原来一个杯子里的水全部倒入其中(水位显示下降)。掀开布,引导幼儿观察水位的变化。

——你们发现什么了?(一个杯子中的水变少了)

——水变少的秘密是什么呢?(装水的容器变大,水位就会下降)

教师演示把水倒回原来的水杯,验证水量没变少。

小结:相同量的水,装水的容器变大了,水位就会下降,水位的变化并不表示水量的变化。

---

① 温剑青.童心玩数学(教师用书 大班 第二学期)[M].上海:少年儿童出版社,2015:48.

(3) 教师演示魔术二:神奇的杯子。

——(出示一只细长的杯子)这次我把杯子里的水倒在这个神奇的杯子里,你们猜会发生什么事情?水位大概会上升到哪个位置?(幼儿猜测,教师用不同颜色的水笔标示幼儿猜测的水位)

请个别幼儿上前操作(可以使用漏斗),其他幼儿观察谁的猜测更接近实际情况,并请该幼儿说明理由。

——这个新杯子里的水变多了吗?还是没有变?有什么办法可以验证?

小结:相同量的水,装水的容器变小了,水位就会上升,水位的变化并不表示水量的变化。

2. 小实验:大家来排队

(1) 出示四个不同大小和形状的容器。

——猜猜哪个容器装的水最多,你有什么办法可以比较出来吗?

(2) 幼儿分成四人一组合作尝试,教师引导幼儿尝试多种方法比较。最后,请幼儿按容积大小将容器依次排序。(每桌提供吸管、大小量杯各一个、勺子、海绵等,小组成员可以轮流操作,做好记录)

(3) 集体交流结果,演示不同的方法。

小结:第一个方法,可以选择同一种工具(勺子)或者有刻度的容器等作为工具,用它装满水,倒入另一个容器,直到装满,然后记录下用该工具装满水所用的次数。最后,通过比较次数得出结果,次数越多,表示容器的容积越大。第二个方法,可以在四个容器中先用两两轮流比较的方法,逐个得出每个容器的大小。第三个方法,可以把四个容器分别装满水,依次倒入同一个空的大量杯,记录下数值,然后进行比较。

3. 延伸活动

该活动可以延伸到区角活动,幼儿可以继续尝试用不同的方法来比较不同形状容器容积的多少。

案例 7-10:区角活动:地板图案**(大班)**

【关键元素】

感知面积守恒。

【活动材料】

画有若干方格的底板,各种颜色的正方形片,见插图1。

【玩法】

幼儿用六个(或更多)正方形片在画有方格的底板上自由摆放,设计各种不同的地板图案,并从中感知物体空间方位的变化不改变其数量和面积,理解面积守恒。幼儿可以进行比赛,看看谁设计出的地板图案最多。

---

① 温剑青. 童心玩数学(教师用书 大班 第二学期)[M]. 上海:少年儿童出版社,2015:78.

（四）学前儿童自然测量的设计与实施

1. 学前儿童自然测量活动中的设计要点

（1）让幼儿懂得对不同的量进行测量，应使用不同的测量工具。例如，用杯子等容器可以测量一桶水有多少杯，用铅笔可以测量桌面有几支铅笔长等。

（2）教师可运用讲解演示法，首先明确测量对象及测量工具，然后向儿童说明测量的起始点、终点、移动及其记号，算出量的结果，并重复测量加以验证。

（3）在日常生活或游戏、散步等活动中练习测量。可以让幼儿寻找测量工具，以提高对不同量要用不同量具的理解和对测量活动的兴趣。因此，教师应为幼儿自由的测量活动创设条件、提供活动的场所以及工具和材料等。

（4）使幼儿初步理解测量单位与测量结果之间的关系。为幼儿测量同一个物体提供不同的测量工具，如用铅笔、牙签测量桌面的长度，引导幼儿在测量和活动中认识到用不同的工具测量同一个物体时，其结果是不同的，感知测量单位测量结果之间的关系，从而初步理解函数关系（整体分成相等的部分时，每份数越小，则份数越多；反之，每份数越大，则份数越少。这种份数和每份数之间的关系就是函数关系）。

2. 学前儿童自然测量的活动设计案例

案例 7-11：集体活动：公主要来了（大班）①

【关键元素】

测量。

【活动目标】

（1）初步掌握用同样大小的物体作为测量参照物间接比较面积的方法。

（2）感受为故事情节中的公主挑选物品的快乐。

【活动准备】

教学课件，操作材料人手一份（正反面分别贴有地毯图片和记录表的磁性板一块，正方形、长方形、三角形磁片若干，记号笔）。

【活动过程】

1. 比较床的大小

播放课件，讲述故事第一部分。

——公主要来村子里游玩，并要住一晚。村长号召大家把家里最大、最好的东西拿出来给公主用。首先，村里的人拿来了两张床，但哪张床更大呢？如图 7-7。

——村长想了什么办法？为什么要把垫子铺满整个床？铺完垫子就能知道哪张床大了吗？

——第一张床用了几块垫子？第二张床呢？那么哪张床更大呢？

---

① 温剑青.童心玩数学（教师用书　大班　第二学期）[M].上海：少年儿童出版社，2015：74.

图7-7 活动材料

小结：有时候我们不用尺测量，而是用其他的物品间接比较也可以知道两个物体的面积谁大谁小。

2. 比较镜子的大小

（1）讲述故事第二部分。

——（播放课件，出示两面镜子）村里的人又拿来了两面镜子，如图7-8。你觉得哪面镜子大？

——你们的意见都不一样，可以用什么办法来证明呢？

——村长为你们准备了长方形和圆形两种垫子，你想用哪种垫子量一量？为什么？

（2）请个别幼儿上前分别在两面镜子上铺满长方形垫子。

——两面镜子各用了几块垫子？第一面镜子和第二面镜子相比，到底哪个大哪个小呢？

图7-8 活动材料

小结:两面镜子都用了四块一样大小的垫子铺满,所以它们的面积一样大。

3. 比较地毯的大小

(1) 讲述故事第三部分。

——村里的人又拿来了两张地毯。请你们一起帮帮村长的忙,比一比哪块地毯更大,如图7-9。

出示操作材料,请幼儿选择一种形状的材料去铺满两张地毯,然后比较大小。

(2) 教师展示操作材料。

——哪块地毯更大? 你是怎么知道的?

图7-9　活动材料

小结:虽然你们用了不同形状的材料,但是比下来的结果都是右边的地毯大,要注意的是一定要使用相同形状的材料去测量两块地毯。

附故事:《公主要来了》

据说公主殿下要来我们村庄游玩,太让人激动了! 我们应该好好准备一下,款待公主殿下。我爷爷是"迎接公主殿下委员会"会长。我爷爷是村庄最年长的老人,无论什么事,他都有聪明的办法解决,所以他很有声望。

爷爷动员村民从家里带来给公主殿下使用的物品。床、镜子、地毯……公主殿下需要的物品可真多。"因为要给公主殿下使用,所以要带来最大、最好的。"

村民都认为自己家的物品是最大、最好的。这时,爷爷大喊一声:"安静,安静! 我们按顺序摆放,比较一下!"爷爷观察了两张床后,对我说:"小灯笼,去拿坐垫来。多拿些一模一样的坐垫。"我赶紧跑回家。然后,跟妈妈一起抱着一摞坐垫回来。爷爷开始把坐垫一块挨一块铺在床上。第一张床铺了十二块坐垫,第二张床连八块坐垫都没铺下。爷爷解释道:"床越大,能铺下的坐垫就越多。"

公主殿下还需要镜子,这次爷爷仔细观察了两面镜子,哪种形状的坐垫更合适呢? 接着大家就在镜子上铺满坐垫。第一面镜子上铺上了四块坐垫,第二面镜子上也铺上了四块坐垫,原来这两面镜子是一样大的。因为第二面镜子更干净,所以大家给公主殿下用又干净又宽大的第二面镜子。

公主殿下还需要地毯,大家拿出地毯来进行比较,这两张地毯到底哪一张更大一点?村长爷爷请我们小朋友帮助测量一下吧!在小朋友的帮助下,公主殿下终于选到了自己喜欢的用品。

案例 7-12:集体活动:量量影子有多长(大班)[①]

【关键元素】

测量。

【活动目标】

(1) 尝试使用自然物以首尾相接的方法测量,理解工具长短不同,测量结果也不同。

(2) 初步发展观察、解读统计表格的能力。

【活动准备】

(1) 材料准备:教学课件,小棒,铅笔,吸管,几组两个高矮不同的人影图片,小记录表(幼儿用),大记录表各一张,如图 7-10。

(2) 经验准备:活动前带领幼儿画一次影子,测量一次桌子。

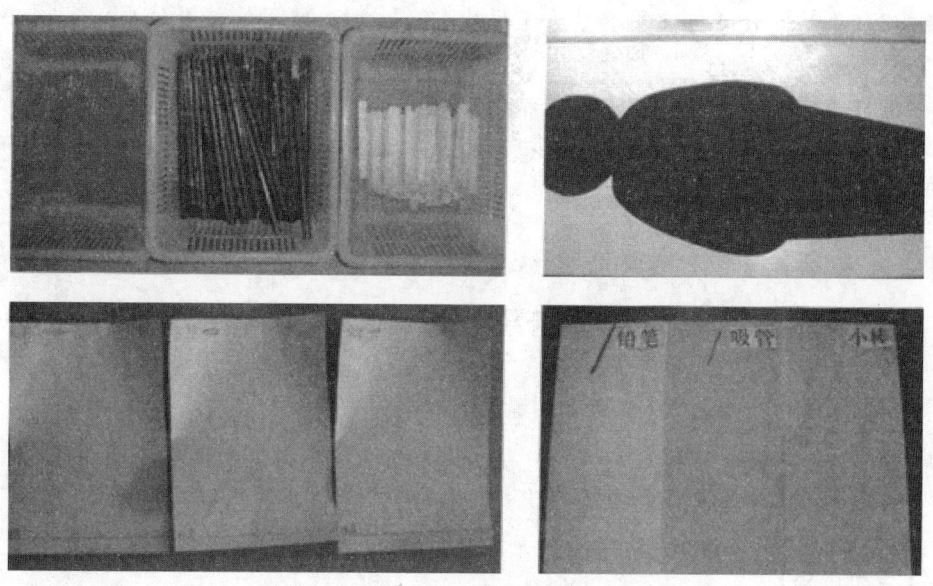

图 7-10 活动材料

【活动过程】

1. 分辨影子,萌发兴趣

观看教学课件上的影子,说一说是谁的影子以及从哪里看出来的。

小结:人、动物和植物在阳光或灯光下就会产生黑色的影子。

2. 测量比较:探索测量的方法

---

① 温剑青. 童心玩数学(教师用书 大班 第一学期)[M]. 上海:少年儿童出版社,2015:28.

(1) 出示两个不同高矮的小朋友的影子。

——小明和小强也来晒太阳,这是他们各自的影子。他们都说自己的影子长,你们知道有什么办法可以比较他们影子的长短吗?(——测量)

(2) 布置任务。

——这里有不同的测量工具,请你找一个同伴,共同选择一种测量工具,试一试测量这两个影子的长短,将测量结果记录在测量表格上。测量结束后,再把测量表格贴到老师的大表格里。

(3) 幼儿操作。

幼儿两人一组进行操作,一人测量,一人记录,将测量结果记录在测量表格上,然后汇总在大表格里。

3. 讨论、验证测量的结果

——刚才测量的结果都在这里了,你们都看懂了吗?有没有什么问题?你发现了什么秘密?

——对于同一个人影,为什么会有不同的数字?哪一个是正确的?你们是怎么测量的?(工具的长度与使用的数量呈反比,工具越长,使用的数量越少)

——对于同一种工具,为什么会有不同的数字?哪一个是正确的?你们是怎么测量的?(首尾相接,测量完整,记数精确)

——比较下来,谁的影子更长?应该用什么测量方法进行比较?(用同一种测量工具才能比较)

4. 延伸思考

——如果只有一件测量工具,应该怎么测量?

——常见的测量长度的工具有哪些?有哪些常见的长度单位?(厘米、米等)

案例 7-13:区角活动:用物体测量(大班)[①]

【活动准备】

塑料扣链;具有同样长度的物体,如纸夹;几个不同长度的小物体,如一根粉笔,一支铅笔,一支蜡笔,一根吸管,一个勺子或一块积木等。

【活动过程】

(1) 幼儿在教室中自由选择一个物体,然后再去找另外一个更长、更短或者大约等长的物体,并通过边与边对齐比较长短的方式来验证他们的选择。在比较之后,可以尝试用塑料扣链来数一下与待测物体等长或等高时塑料扣链的数量。

(2) 鼓励幼儿用不同的物体作为测量工具,如粉笔、铅笔、蜡笔、吸管等,在操作中感受用不同单位测量同一个物体时测量结果的变化。

---

① 黄瑾,田芳.学前儿童数学学习与发展核心经验[M].南京:南京师范大学出版社,2015:268.

【活动建议】

教师可鼓励幼儿在进行测量活动的同时尝试对测量结果进行记录。

案例7-13：日常游戏：和我的手臂一样长（大班）①

【活动准备】

提供一些绳子、丝带、纸条，剪刀。

【活动过程】

(1) 幼儿任意选择一种材料，并找到一个好朋友。

(2) 两人互相帮忙，用自己选择的材料来量一量各自手臂的长度，并将材料按照手臂长度剪下来。

(3) 请幼儿拿着与自己手臂一样长的材料在活动室内寻找各种物体量一量，找找有什么物体和自己的手臂一样长。

【活动建议】

(1) 在幼儿测量过程中，提示幼儿关注是否将材料的一头对齐被量物体的一端。

(2) 提示幼儿选择长长的物体量（如长积木、拖把木柄等），或者是选择物体长长的一部分（一边）量（如桌子腿、边、钢琴腿、门框、床边等）。

(3) 下一次还可以请幼儿互相帮忙量一量身体其他的部位（如腿、身体等）。

第二节　学前儿童关于统计概念的学习与活动设计

一、关于统计的基本知识

所谓统计，一般是指根据从总体中随机取出的样本中所获得的信息来推断关于总体性质的一种方法。作为一种数学思维的方法，它能帮助我们对现实生活中的有关资料信息做出合理的解释和判断。②《3~6岁儿童学习与发展指南》对大班儿童指出的目标包括："能发现生活中许多问题都可以用数学的方法来解决，体验解决问题的乐趣。""能用简单的记录表、统计图等表示简单的数量关系。"《3~6岁儿童学习与发展指南》的教育建议也指出："鼓励和支持幼儿发现、尝试解决日常生活中需要用到数学的问题，体会数学的用处。"例如，"讨论春游去哪里玩时，让幼儿商量想去哪里玩？每个想去的地方有多少人？根据统计结果做出决定。"美国的数学标准中把数据分析与概率作为一项重要的内容，这项标准包括组织数据，解释数据，自己判断某件事物或关系可能发生的概率。把"问题解决"和"表征"作为其重要的过程标准。问题

---

① 黄瑾，田芳. 学前儿童数学学习与发展核心经验[M]. 南京：南京师范大学出版社，2015：254.

② 黄瑾. 幼儿与数学教育与活动设计[M]. 北京：高等教育出版社，2010：176.

解决是数学学习的核心,而统计技能则是直接和问题解决有关的数学技能之一。统计是对数据表征和分析的一种活动,因而,统计活动是幼儿数学学习的一项重要活动。

二、学前儿童统计能力的发展特点

(一) 关于学前儿童统计能力发展的年龄特点

小班幼儿能初步感知某种现象可能有多种结果:感知有两种可能结果的随机现象,会对混在一起的物体进行分类并通过目测、一一对应、点数等方式来比较和区分物体之间数量的差异。小班幼儿虽没有统计经验,但是他们在日常生活中和游戏中会表现出比较数量来给物体分组的行为。

中班幼儿已经可以感知事物和现象中可能结果的随机性,并感知每种随机结果的不可预测性;能按照某种标准将物体分类并能通过比较发现量的差异;理解统计数据中的大小关系,并能用图形符号表征数据。

大班幼儿能按统计要求将物体分类(不超过10类)并按数量排序,能在老师指导下学习用统计图表征数据,并通过分析数据或图表,得出数量间的关系,能根据统计数据做出简单的判断和决策。

(二) 关于学前儿童统计能力发展的一般过程

不同年龄阶段的幼儿对统计的认识水平有明确的年龄特征。3~6岁儿童正处于理解象征的发展进程中。他们能理解简单的图表,能从理解食物图表发展到理解象征性图片。这个发展进程可以分为三个阶段。

1. 实物图表阶段

在这一阶段,儿童以实物为材料来制作图标,通常幼儿仅能考虑两个形成对比的物体类别。比较的基础是对长度和高度的一一对应和形象化。如让幼儿选择他们最喜欢的苹果类型,是红苹果还是黄苹果。幼儿选择后就分别到代表红苹果和黄苹果的老师那里去排队,幼儿通过一个真人图标显示他们最喜欢的苹果类型的投票结果。幼儿形成了两组队列,他们分别和旁边的小朋友手拉配对,就形成一一对应,比较出哪一组人数更多。

2. 图片式图表

在该阶段,幼儿运用物体的图片来进行统,也就是能够在图表中使用代表物体的图片。如幼儿可以通过在图标中粘贴红色卡片和黄色卡片来统计喜欢红苹果和黄苹果的人数。

3. 条形图表

在第三阶段,幼儿理解用块状体或方形代表物体的条形图表。在条形图表中,幼儿用一个方形作为物品数量的象征,相当于我们使用的直方图统计图表。

绘制统计图表的活动给幼儿提供了一个运用基本数学技能的机会。儿童可以把分类、比较、测量、点数等活动的结果整合在一张统计图表中,儿童可以通过收集数据、分析数据和解释数据的活动逐步建立统计的思想。

三、学前儿童关于统计概念的活动设计与实施

(一) 学前儿童关于统计概念活动中的教学方法

1. 帮助学前儿童收集统计方面的信息

从报纸、杂志、电视等媒体中获取有关的数据信息,将有助于学前儿童真正认识到学习统计的重要性和统计应用的广泛性以及统计在信息社会中的重要作用,帮助儿童学会收集数据的方法。常用的收集数据的方法包括计数、测量、实验等。例如,使用 8~10 个玩具。教师把这些物体分成两组,告诉儿童仔细观察,要求儿童去理解物体分类原则的奥秘,并要求他们想出后举手。当儿童举手时,让他们说出下面一个物体放在哪一组,但要求他们不要宣布规则。当许多儿童似乎都知道这个规则时,让一些儿童解释他们的规则而其他儿童纠正。通过对分类依据的推理、分类经验的探讨以及教师的指导来获得快速收集信息的方法。

2. 帮助学前儿童简单整理、描述和分析数据

培养儿童检验某些预测,能解释统计结果,根据结果做出简单的判断预测,并能进行交流。例如,在读了《每个橘子有八片》绘本之后,儿童可以自己动手清洗并用塑料刀分割一些橘子。同时可以引导儿童数每个橘子的片数并记下这些数字。在以后的时间里,儿童将会关注到水果的其他方面——苹果有几个核、一小串儿葡萄有几颗和蜜柑有几瓣。这样儿童通过阅读和亲手体验感受到了许多关于水果的数据。

3. 帮助学前儿童尝试练习画图表

解决"城市的天气如何? 城市的气温何?"等之类的问题。对这些问题进行思考的过程中,让儿童自由建立图表来探索,拓展解决实际问题的能力。例如,幼儿园正在开展与动物相关的活动,让儿童阅读翻看各种书上的图片,然后画一张有趣的、有想法的画。他们若无法在图片上写字,教师可以帮助记录下儿童口述的内容或使用口头语言来表达信息;在儿童分享之后,建议儿童观察能否按这个有趣的内容——关于动物的外表、习性、饮食或其他方面来划分。儿童把图片进行分类,然后装订在班级的书里,就完成了一次统计的操作。

4. 帮助学前儿童尝试制作简单的图表

实物图表要求学前儿童按一定类别排列他们自己的实物,如 4 岁儿童会把他们暖手的东西放成一堆,如手套和连指手套,并比较多少。在任何季节里,每位儿童都会脱掉鞋子放成一堆,并比较各种鞋子的多少,登山的、胶底的、平底的或其他专用的。

当儿童把实物放在实物图表上时,应该从起始线开始而不是根据类别随意排列。如果成组的数据从左到右或从上到下排列,也能培养儿童对图表的解释能力。

教师为儿童提供画纸,让儿童各自画自己的类别,帮助儿童排列,并与以前制作

的实物图表做比较。由此说明数据图表也可以表达与实物图表同样的信息。

5. 帮助学前儿童解释数据

通过收集数据,学前儿童可以认识到数据和图表能够提供的信息。当整理好的数据展示出来以后,教师应引导儿童发现图表或别的表征方式传递的是什么样的信息以及这些信息是否有助于解答相关的问题。例如,让儿童观察一个月内每日的温度,并记录在日历表中,最后可以看到一个月天气变化情况。联系实际,解释本地季节的气温变化特点。

(二)学前儿童关于统计概念的活动设计案例

案例 7-15:集体活动:数学活动"天气统计"(大班)①

【活动目标】

(1)感知统计的有用和有趣,激发幼儿对统计的兴趣。

(2)初步了解统计的方法,学习观察、比较、记录。

【活动准备】

(1)一张两周的天气记录表(其中晴、阴、雨多有数天为宜)。

(2)幼儿人手一份印有3行同样大小的正方形格纸一张红、蓝、黑笔各一枝。

(3)幼儿人手一张空白的A4纸。

【活动过程】

1. 观察认识天气记录表

(1)教师出示天气记录表,激发幼儿兴趣。

提问:这是什么表?这一天是什么天气?(分别指晴天、阴天、雨天)这张表是关于什么的?

(2)引导幼和观察讨论。

这是两个星期的天气记录表,当中有晴天、阴天和雨天。我们怎样知道这么多天里有几天晴天,几天阴天,几天雨天呢?有什么好办法?让别人一看就明白的方法。

2. 动手操作,尝试多种方法建立统计表格进行统计,并对统计结果进行比较

(1)小组探索统计方法。

教师对幼儿进行分组(以3~4位儿童一组为宜),请小朋友分组探索如何进行统计?并以小组为单位分别汇报自己的统计方法和统计结果。

(2)教师提示统计方法。

教师准备一张天气统计表,小朋友们自己动手统计,可以提示小朋友一个晴天在太阳这一行用红笔涂满一格,有几天晴天涂几格;阴天,在有云彩的一行涂蓝色,有几个阴天涂几格;雨天在虚线一行涂黑色,有几个雨天涂几格。最后观察比较,哪种天气多?哪种天气少?

---

① 越振国.学前儿童数学教育与活动设计[M].北京:北京大学出版社,2016:205-206.

3. 讨论

(1) 请几个小朋友轮流说一说自己天气统计表的结果。

(2) 提问：

① 晴天和阴天比，哪种天气多，哪种天气少？

② 晴天比阴天多几天？阴天和雨天比哪种天气多？哪种天气少？阴天比雨天多几天？

小结：我们今天学习了一项新本领，学会了用统计的方法观察、比较我们周围的事物。请大家在以后的生活中运用这种方法来记录、比较我们周围的事物。

4. 活动延伸

户外活动时，引导幼儿观察天气的情况。

案例 7-16：集体活动：我的糖果我做主（大班）①

【关键元素】

统计。

【活动目标】

运用记录、预估等方法，从不同角度思考并解决问题。

【活动准备】

教学课件，一周格果统计表人子一份，笔。

【活动过程】

1. 了解人物和故事起因

出示教学课件第一页，如图 7-11。

图 7-11 蜘蛛和糖果店

——猜猜这是一家什么商店？（糖果店）

---

① 温剑青. 童心玩数学（教师用书 大班 第一学期）[M]. 上海：少年儿童出版社，2015：23.

——有哪些糖果?

——咦!这是谁?蜘蛛来到糖果店干什么呢?今天,我给大家带来了一个有趣的故事,名字就叫"蜘蛛和糖果店"。

2. 听故事,根据线索预测不同人物喜欢的糖果

图 7-12　阿姨、顾客和蜘蛛

——这位就是糖果店的阿姨,一天她在打扫卫生的时候发现一只蜘蛛。她对着蜘蛛大吼道:"走开,走开,我的店里不能有蜘蛛。"蜘蛛说:"我可以帮助你,因为我知道顾客喜欢什么糖。"如图 7-12。

——你们觉得蜘蛛说的话是真的吗?它有什么好方法呢?我们一起来看看。

(1) 咪咪来买糖,蜘蛛出示咪咪的买糖记录表,说"咪咪喜欢棒棒糖"。

图 7-13　咪咪喜欢棒棒糖

——你们同意蜘蛛的猜测吗?从记录表哪里可以看出咪咪喜欢吃棒棒糖呢?

(2) 东东来买糖,蜘蛛出示东东的买糖记录表,如图 7-14。

图 7-14　东东来买糖

——从这张记录表可以看出东东买过什么糖？他会更喜欢吃什么糖？那为什么第二次会买棒棒糖呢？有其他不同意见吗？

（3）洋洋来买糖，蜘蛛出示洋洋的买糖记录表，如图 7-15。

图 7-15　洋洋的买糖记录表

——从记录表能看出洋洋买过什么糖吗？他最喜欢吃什么糖？

小结：只有多观察、了解顾客并对顾客每次购买的商品做好记录，才能推测出顾客喜欢的糖果。

（4）菲菲来到糖果店，蜘蛛出示菲菲的买糖记录表，如图 7-16。

——菲菲喜欢吃什么糖？为什么菲菲一次买香蕉糖一次买果冻？我们一起看看谁猜对了呢？（验证）

小结：对客人的观察、了解要仔细，数量多少不是唯一的预测标准，购买的规律也是需要考虑的。

图 7-16　菲菲的买糖记录表

3. 最受欢迎的糖果

——光顾糖果店的顾客真不少,可有的糖买的人多不够卖,有的却卖不掉,怎样才能知道哪种糖才是最受欢迎的呢?如图 7-17。(集体讨论)

集体操作统计一周最受欢迎的糖果,如图 7-18。

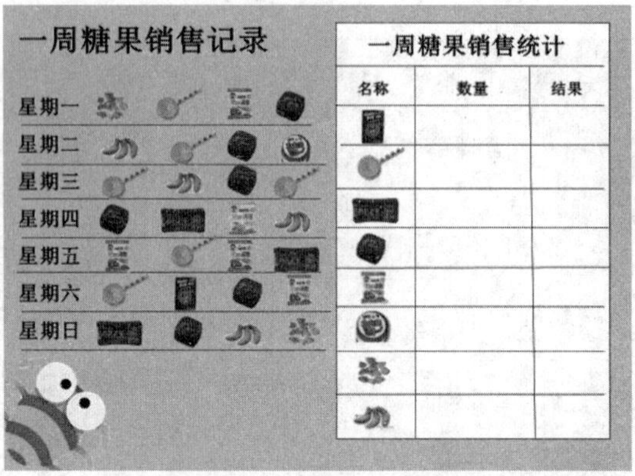

图 7-17　糖果销售记录表

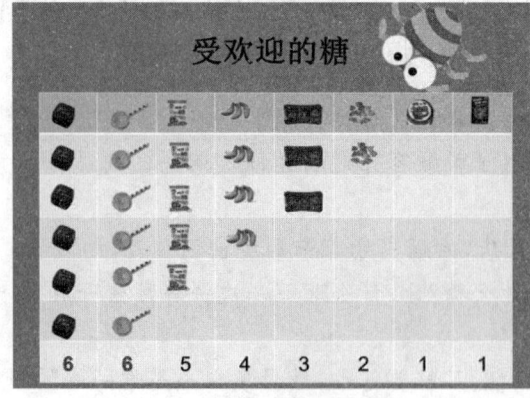

图 7-18　糖果统计表

小结：在对不同糖果进行分类的基础上进行统计，可以帮助我们更清楚地了解糖果的销售情况，在了解的基础上能比较准确地预测未来受欢迎的糖果。

案例7-17：区角活动：小小气象员（大班）①

【关键元素】

计数，统计。

【活动材料】

自制空白月历，笔，统计表，如图7-19。

【玩法】

（1）幼儿轮流记录每天的天气情况，包括最高气温和最低气温。

（2）月末根据当月的记录，幼儿在统计表上统计出本月晴、多云和下雨的天数以及本月最高气温和最低气温。

案例7-18：区角活动：四季植物（大班）②

【关键元素】

统计。

【材料】

自然角植物，统计表。

【玩法】

（1）幼儿观察自然角中植物的生长情况，如每天的温度情况、各种植物的浇水情况、植物生长的情况等，并进行相关记录。

（2）幼儿根据统计结果进行比较：窗台上的植物和室内植物的生长速度，同一种植物分别种在水里和土里的生长情况等。

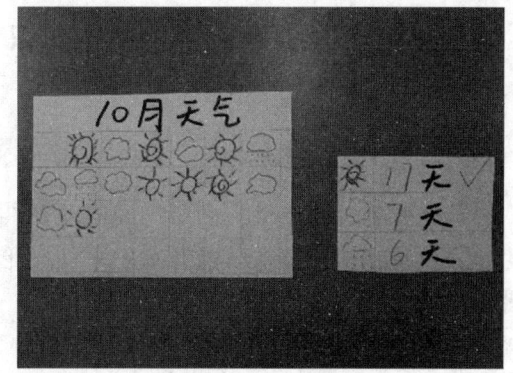

图7-19 天气统计表

复习与思考

1. 什么是自然测量？
2. 简述学前儿童量的比较的发展特点。
3. 举例说明如何帮助学前儿童感知量的守恒。
4. 简述学前儿童统计能力发展的一般过程。

---

① 温剑青.童心玩数学（教师用书 大班 第二学期）[M].上海：少年儿童出版社，2015：12.

② 温剑青.童心玩数学（教师用书 大班 第二学期）[M].上海：少年儿童出版社，2015：14.

第八章 学前儿童空间与时间活动的设计与实施

第一节 学前儿童关于几何形体概念的学习与活动设计

几何形体是对客观物体形状的抽象和概括。教幼儿认识几何形体是幼儿园数学教育的重要内容,它能帮助幼儿区别和辨认客观世界中形形色色的物体,促进其空间知觉能力和空间想象能力的发展,从而为幼儿升小学后学习几何物体奠定基础。学前期儿童认识的几何形体主要是一些基本的平面图形和立体图形。

一、关于空间几何形体的基本知识

(一)空间几何形体

1. 平面图形

同一平面内的点、线、面所构成的图形叫作平面图形,它只表示空间的长度和宽度,又称二维平面图形,学前儿童的平面图形认知一般包括圆形、三角形、正方形、椭圆形、梯形等,具体描述如下:[1]

(1)圆形。在平面内,到一定点距离等于定长的点的集合,圆是由封闭曲线围成的,半径都相等。

(2)三角形。由不在同一直线上的三条线段所围成的封闭图形,如三角尺、三角铁等。

(3)正方形。有一个角是直角,且有一组邻边相等的平行四边形(两组对边分别平行的四边形),正方形的四个角都相等,都为90°,四条边也相等。

(4)长方形。有一个角是直角的平行四边形,长方形的四个角都相等,两组对边分别相等。

(5)梯形。只有一组对边平行的四边形,平行的两条边叫梯形的底,不平行的两条边叫梯形的腰。正方形、长方形、梯形都是四边形的特殊情况。

(6)椭圆形。在平面内,到两定点距离的和等于常量的点的集合,椭圆也是由封闭曲线围成的,长轴和短轴不相等,圆形是椭圆形的特殊情况。

---

[1] 邹兆芳.幼儿数学新编[M].上海:上海三联书店,2005:16.

2. 立体图形

立体图形是指由空间点、线、面所构成的图形,它是由面围成的封闭图形,表示空间的长、宽、高三个维度。学前儿童对立体图形的认识一般包括球体、圆柱体、长方体、正方体。具体描述如下:

(1) 球体。一个半圆以它的直径为轴旋转所得的曲面所围成的几何体,如皮球、弹子等,球的截面是一个大大小小的不同的圆形,经过球心截得的圆形为最大圆。

(2) 长方体。底面是长方形的直四棱柱,如火柴盒、包装盒等,其表面展开图的六个面都是长方形或四个面是长方形,两个面是正方形。

(3) 正方体。棱长都相等的长方体叫正方体,如玩具魔方、骰子等,其表面展开图由六个正方形组成。

(4) 圆柱体。以长方形一边所在直线为轴旋转一周形成的曲面所围成的几何体,如圆木头、易拉罐、电池棒等,其展开图为两个圆和一个长方形。

(二) 空间几何形体的组合和分解

1. 几何图形的组合[①]

几何图形的组合能力是几何能力的一个重要方面,它是指把多个图形组合起来,形成一个更大的图形或者形成一个几何图案的能力,主要表现为,使用几何图形进行自由组合和创造,用几何图形填充图案拼图以及图形组合的心理表征等方面。克莱门茨等人通过对儿童的几何图形组合能力的系统研究后提出,儿童要有效地完成几何图形的组合任务,必须具有以下能力:① 能够构思形状的图示,并能将想象的图示与目标图示进行匹配;② 能够逐渐具有辨别、操作单个以及多个几何形状的能力;③ 能将一个形状与另一个结合起来(从尝试错误到考虑原因);④ 能够进行形状的替代等。

几何图形组合活动能帮助儿童感知和理解图形的特征,发现图形之间的关系,形成图形以及图形组合过程的心理表征等。

2. 几何图形的等分

等分几何形体就是把某些几何形体分成相等的几份,等分的份数越多,每一份就越小。其中,分成相等的两份叫作二等分,分成相等的四分叫作四等分。学前期儿童主要学习二等分和四等分。儿童在日常生活过程中经常会有等分的情况,如切分蛋糕的经验、折纸的经验(将一张正方形的纸折成两个一样的长方形或三角形,或将一张正方形的纸折成四个一样的正方形或者三角形等)等。等分经验不仅可以帮助儿童获取等分的知识和技能,了解整体与部分的关系,而且也是儿童建立初步的除法和分数概念的感性经验基础。

---

① 邹兆芳.幼儿数学新编[M].上海:上海三联书店,2005:17.

二、学前儿童空间几何形体概念的发展特点

(一) 学前儿童认识空间几何形体的一般过程

幼儿认识几何形体有以下几个特点:

(1) 幼儿认识几何形体要经历一个由粗略到精细的过程。

(2) 幼儿认识几何形体容易受他们生活经验的影响。

(3) 平面图形和几何图形容易混淆,幼儿开始只能认识具体的物体,没有抽象的图形概念,分不清几何图形和具体的物体。

(4) 认识几何形体易受到摆放位置的影响。

1. 认识各种几何形体从易到难的顺序

(1) 先平面后立体。

(2) 认识平面图形从易到难的顺序是:圆形、正方形、三角形、长方形、半圆形、椭圆形和梯形。

(3) 认识立体图形从易到难的顺序是:球体、正方体、圆柱体、长方体和圆锥体。

该发展顺序遵循两点:一是与幼儿生活经验有关,幼儿日常生活中经常接触到的形体认识得较早;二是与形体本身的复杂程度有关。

2. 形体的感知与词的联系

幼儿认识几何形体在心理上是对图形的知觉的认识,它属于空间知觉的范畴。从幼儿感知几何形体的外部形状到能够运用相应的词予以表达。研究者认为这一发展需要经过配对—指认—命名的过程,经过这一过程幼儿达到初步认识图形的目的,最终说出几何图形的名称,配对是指找出与给定的范例图形相同的图形,指认要求幼儿根据教师提示的词汇,唤起头脑中相应的表象,然后将眼前的形体与表象一一对照,从而确定相应的形体,这要求词汇与表象之间有着比较巩固的单项联系才能做出正确的选择,命名是指说出给定图形的名称,命名是用抽象的词来称呼相应的图形。它是在图形的感知与相应的词汇之间建立巩固的暂时神经联系,从而用积极的词汇来表达图形的过程。

知海拾贝

关于幼儿形体的感知与词的联系的研究

刘希平,唐卫海(1996)对幼儿几何形体认知能力的发展进行了一系列研究,实验材料包括图形、三角形、长方形、扇形、梯形、椭圆形、正方形、半圆形、菱形、平行四边形、正六边形、五角星形共12种几何形状。结果发现,幼儿对几何图形的匹配、指认和命名等各项成绩均有随幼儿年龄增长而提高的趋势。(见表8-1)

表 8-1　各年龄幼儿在四项作业中正确认识各种形状的平均数

班级项目	匹配	指认	命名	平均
小班	11.95	7.85	5.20	9.10
中班	12.00	10.85	8.70	10.78
大班	12.00	11.40	8.90	11.00

从表中可知,命名方式最困难,表现在幼儿虽然能够区分出各种形状,但不能准确地说出形状的名称,这说明一部分幼儿还不能将各种形状的词语标记与其所对应的形状紧密地联系起来,此外,各项成绩随年龄增长而提高的速度并不均衡。[1]

丁祖萌(1985)以圆形、三角形、长方形、正方形、半圆形、梯形、菱形和平行四边形为内容,考察了各年龄班幼儿配对、指认和命名的水平。结果显示,幼儿图形配对的正确率最高,指认次之,命名最低,这是因为图形匹配可以完全根据直观进行,即使不知道图形的名称,仍可通过对图形的直接感知和模仿,找出相同的几何图形,这是对几何图形的感知问题,是感性积累和认识几何图形的前奏。[2]

3. 形体与实物形状的联系

幼儿对几何图形的认识与客观世界中物体形状的联系十分紧密。幼儿通过实物认识几何形体的发展过程为:几何形体与实物等同—几何形体与实物做比较—几何形体作为区分物体形状的标准。

几何形体与实物等同是将几何形体理解为日常的玩具或物体,并按照他们熟悉的物体名称命名几何形体,如圆形叫作"太阳""皮球";正方形叫作"手绢";三角形称为"红领巾";称圆柱体为"茶杯"、"管子";长方形叫作"门框"、"火柴盒"等。这种将几何形体与物体相混淆的现象,实际上反映出幼儿尚未完全认识有关几何形体,还未达到正确指认和命名几何形体的水平。

在教师的引导下,幼儿对图形的知觉逐步得到改善,他们不会简单地将图形与物体等同起来,而只是比较它们,如图形像"盘子",三角形像"红领巾",这种比较性的称呼是在幼儿正确掌握几何物体名称的基础上发展起来的,而且是从形体出发对照实物形状做出比较的结果。

最后,幼儿把几何形体作为区分实物形状的标准,即幼儿能将几何形体作为样板(标准),按照它来区分或选择物体,如说出大盘子,小碟子是圆形的,皮球、苹果是球体等,或按照形体选出相应的物体。这时,幼儿是从客观物体出发,以几何形体为标准,确定物体的形状,既不是混同也不是比拟,而是在几何形体与实物之间建立起既有区别又有紧密联系的灵活关系,从而能将有关形体的知识运用到实际生活中去。

---

[1] 刘希平,唐卫海. 幼儿对几何形体认知能力发展的研究[J]. 天津师范大学学报,1996(02).
[2] 丁祖萌. 幼儿形状辨认能力的发展[J]. 南京师范大学学报(社会科学版),1985(03).

4. 幼儿感知与形体方法的发展过程

幼儿认识几何形体需要通过视觉和触觉，辅之以语言，达到对几何形体的充分感知。

（1）视觉方面：3岁的幼儿用视觉感知几何形体时往往是匆忙的，他们常常只草率地看一眼，因而难以分辨一些相似的形状，如正方形和长方形，圆形和椭圆形，或只注意到几何形体的某一特别点，比如说三角形是"尖尖的"。4岁的幼儿认识几何形体时，眼睛只注意到图形的内部，好像在观察图形的大小，5～6岁的幼儿眼睛能够沿着图形的外部轮廓运动，所以能注意到图形的典型部分（角和边），从而获得对图形的确切感知。

（2）触摸方面：3岁的幼儿触摸几何形体时，手的动作只是去抓握物体而不是抚摸，4岁的幼儿则是用一只手掌和手指的根部触摸，指尖不参加触摸过程，5～6岁的幼儿开始时会用两只手触摸物体，两只手可以朝相向或者相反的方向运动，最后达到用指尖连续的触摸感知几何形体的整个轮廓，从而获得对几何形体比较完整的感知。

5. 幼儿认识形体的抽象能力随年龄的增长而发展

对重叠图形的感知随着年龄的增长产生变化，4岁的幼儿一般还不能理解重叠图形，5岁左右的幼儿开始对重叠图形感兴趣，但对个数的认识并不准确，6岁左右的幼儿能识别并准确数出个数。

（二）学前儿童认识空间几何形体的年龄特点

1. 3～4岁（小班）

（1）圆形、正方形和三角形的正确识别

这个年龄段的幼儿不仅能对圆形、正方形和三角形进行配对和指认，而且还能正确说出这三种图形的名称（命名）。在此基础上，3～4岁的幼儿还能按照图形找出他们周围生活中的相应物品。

（2）平面图形的配对能力

一些研究证明，此阶段的大多数幼儿对圆形、正方形、三角形、长方形、半圆形、椭圆形、甚至梯形、菱形和平行四边形，都能按照范例找出相同的图形，成功率在80%以上（菱形为78.2%），有的高达98%。

（3）易把几何图形和实物相混淆

（4）拼图能力

在教师的引导下，已能运用一些图形进行拼图，并以之表示物体，进行表征活动。

2. 4～5岁（中班）

（1）扩大了平面图形的认知范围

能正确认识长方形、半圆形、椭圆形和梯形。

（2）能感知理解平面图形的基本特征

平面图形的基本特征是图形中的角和边，用角和边的数量就能区分平面图形。

如正方形的基本特征是4个角、4条边,4个角一样大、4条边一样长;长方形也有四个角和四条边,但两条边长、两条边短、两条对着的边一样长;三角形有3个角和3条边。而且它们都是封闭的图形。

(3) 能对平面图形进行比较

能比较出图形的相同点与不同点。如能对正方形和长方形进行比较,能对椭圆和圆形进行比较。

(4) 能初步理解图形守恒

4~5岁幼儿能够逐步做到不受图形大小、颜色和摆放位置的影响,正确进行辨认和命名。如幼儿能从许多不同图形中将不同颜色、不同位置的三角形都挑选出来,并能够说明其原因:"它们都有3个角和3条边。"

(5) 能初步感知理解平面图形之间的关系

4~5岁幼儿对平面图形的初步感知与理解主要表现为,幼儿能对他们所能辨认的图形进行简单的分、合、拆、拼等转换。如长方形可以二等分为两个长方形或两个三角形,也可以分为四个长方形或四个三角形。

(6) 具有较高的平面图形拼图能力

4~5岁的幼儿对使用平面图形拼搭物体表现出很高的兴趣,且有一定的想象能力。

3. 5~6岁(大班)

(1) 能理解图形的典型特征和复杂关系

大班阶段的幼儿基本上能理解图形的典型特征,并已在头脑中形成某种图形的"标准样式",从而能进行正确的判断。还能进一步理解图形之间的较复杂的关系。例如,长方形可以由4个小长方形或三角形拼成,也可以由1个梯形和2个三角形、或1个正方形和4个三角形合成等。

(2) 具有初步的抽象思维能力

另外,国外有研究资料表明,大班幼儿可以在一定的抽象水平上概括图形之间的关系。如正方形、长方形、梯形、菱形、平行四边形等,可以概括称之为四边形,因为这些图形都有4个角和4条边。

(3) 认识基本的立体图形

这一阶段的幼儿还能认识一些基本的立体图形(包括球体、圆柱体、正方体、长方体),做到正确的命名,并知道他们的基本特征。例如,正方体有6个面,都是正方形,且一样大,把它放在桌面上,不管怎么放,都不能滚动。圆柱体的上下两个面是一样大的圆形,中间上下一样粗,把它放在一个平面上,会前后滚动,像一根柱子一样。

(4) 把几何形体作为区分实物形状的标准

幼儿已能把几何形体作为区分或选择实物形状的标准。例如,知道大盘子、小碟子都是圆形的,而皮球、苹果、小玻璃珠子都是球体的。

(5) 认识到图形的守恒性

能不受图形摆放的位置、图形的大小、图形的颜色等变化的影响而正确地辨认图形。例如,三角形的物体无论怎样放,儿童都能识别出它是三角形;知道蓝色的盘子和红色的盘子都是圆形的等。

三、学前儿童空间几何形体活动的设计与实施

(一)学前儿童认识平面图形的活动设计与实施

1. 认识平面图形的教学方法

(1)让幼儿通过视觉、触摸觉感知实物轮廓,初步认识图形

儿童对图形的认识,实际上是对图形的感知。儿童认识图形是在充分感知图形,获得有关图形的感性经验的基础上,再配合说出的词,以达到认识图形的目的。因此,在教学中一定要让儿童看一看、摸一摸,体验一下有形物体,逐步抽象出平面图形并用正确的语言表述。

(2)运用重叠比较法认识图形

这种方法是在幼儿已经认识了某些图形的基础上,再把要认识的新图形与已认识的相近图形重叠,找出相同点与不同点,从而掌握新图形的名称及特征的一种方法。这种方法一般适用于中班儿童,如认识长方形时,可以把长方形和已认识过的正方形重叠比较;认识椭圆形时,可以将椭圆形与已认识过的圆形重叠比较。

(3)通过对图形的分割和拼合活动,认识图形之间的关系

分割,就是把一个平面图形分成两个或两个以上的图形。拼合,就是把两个或两个以上的图形合成一个图形,儿童通过分割和拼合图形的操作活动,能感知图形之间的关系,从而加深对已知图形的认识,同时也能初步培养儿童思维的变通性和灵活性。图形的分割和拼合,在内容上应先易后难,如先二等分,再四等分。在步骤上应先分再合,让幼儿通过分与合的操作活动,感知和理解一种图形与其他图形之间的关系,懂得整体可以分成部分,部分合起来可以还原整体,整体大于部分,部分小于整体。

七巧板是我国一种传统的拼板玩具,利用它可以拼组图案,能够加深幼儿对已学的各种几何图形特征的认识,同时丰富想象,强化思维概念,提高学习兴趣。

(4)提供丰富多样的几何图形教具,运用多种操作活动,让幼儿达到对图形的认识

单一的教具会让幼儿形成思维定式,产生一成不变的视觉原型,教师应该为幼儿提供各种各样的图形教具,让幼儿感知各种不同变式的图形。例如,不要只用底边在水平线上的三角形、等腰梯形等作为单一的教具,可以加入钝角三角形、扁长的长方形、直角梯形等。

在平面几何图形守恒教学中,动手操作十分重要。简单的配对、指认、命名并不能培养幼儿图形守恒能力。在动手操作的过程中,要让3~6岁儿童学会观察、比较、分析平面图形的本质特征,理解边角关系,从而自己内化、归纳得出平面图形的基本特征,逐渐获得图形的守恒能力。同时,现实生活也是几何图形感性经验的源泉。通

过涂色、折叠、分类、寻找、点数、拼合、绘画、手工等操作活动,巩固幼儿对平面图形的认识。

2. 学前儿童认识平面图形的活动设计案例

案例 8－1:集体活动:什么山洞最安全(小班)①

【活动目标】

(1) 能认识并区分圆形、正方形和三角形。

(2) 在游戏情景中感知不同的图形。

【活动准备】

地上用即时贴贴出三角形、圆形和正方形。

【活动过程】

1. 开展运动游戏,引起幼儿的兴趣

(1) 教师和幼儿扮演兔子,在草上轻轻蹦跳。

(2) 边念儿歌边游戏:小白兔,白又白,跳到草地上,吃吃嫩青草。

2. 认识图形,了解图形特征

(1) 认识三角形和正方形。

提问:山上有很多山洞,这些山洞的形状一样吗?你知道它的名称吗?(引导幼儿围着图形,数一数图形的角)

小结:三角形有三个角、三条边,所以叫三角形。正方形有四个角、四条一样长的边。

(2) 认识圆形。

提问:山上有圆形的山洞吗?每只小兔都找一个圆形山洞,说说圆形像什么。(引导幼儿学小兔的样子,在圆形山洞里跳进跳出)

3. 游戏:什么山洞最安全

(1) 教师带幼儿继续念儿歌。告诉幼儿发现大灰狼,引导幼儿向教师提问,什么山洞最安全?

(2) 教师提示三角形的山洞最安全、正方形的山洞最安全、绿色的圆形山洞最安全。幼儿根据教师的提示,躲到相应图形的山洞里去。教师可以随机问问幼儿躲在哪里。

(3) 游戏可反复进行。

案例 8－2:集体活动:过生日(大班)②

【关键元素】

图形等分。

---

① 黄瑾,田芳.学前儿童数学学习与发展核心经验[M].南京:南京师范大学出版社,2015:300.

② 温剑青.童心玩数学(教师用书 大班 第一学期)[M].上海:少年儿童出版社,2015:32.

【活动目标】

(1) 对常见图形进行二等分和四等分,了解等分的基本方法。

(2) 感受与家人、朋友一起庆祝生日的快乐。

【活动准备】

教学课件,蛋糕不同分法的图片,正方形、长方形、圆形蛋糕纸,剪刀,如图8-1。

图 8-1　活动材料

【活动过程】

1. 过生日

(1) 播放课件,出示安安妈妈为安安过生日的场景。

——谁在为安安过生日?(妈妈。)

——生日蛋糕要切成几块才能让每个人都能吃到?

(2) 播放安安的提示音:"我们每个人要一块大小相同的蛋糕。"同时出示三张分好的蛋糕图片。

哪张图片上蛋糕的分法是安安想要的?

小结:把一样东西分成大小相等的几份叫作等分,例如,分成两份叫作二等分。

教师将切开的蛋糕和原先的蛋糕做比较,请幼儿观察它们有什么不同。

比一比,等分后的每一部分是否一样大?原来的蛋糕和等分后的每一块蛋糕哪个大?

小结:二等分后的两块蛋糕大小一样,它们合起来还是原来的蛋糕。

2. 分巧克力

(1) 播放课件:门铃响了,安安的朋友也来为安安庆祝生日。

——猜一猜,会来几位小朋友?

——安安拿出一块长方形的巧克力,安安和三位好朋友一共是四个人,应该把巧克力分成大小相等的几份?可以怎么分?

——安安已经想到了好办法,他请我们小朋友也来试一试,把巧克力分成大小相同的四份。

(2) 教师提供长方形纸,幼儿操作探索,将长方形进行四等分。

(3) 分享交流:幼儿讨论各自等分的方法。

——安安又拿出一块正方形的巧克力,再请你们帮他一起把巧克力分成大小相同的四份。这次你们还能想到哪些不同的分法?

小结:我们可以用对边折、对角折、对角线折的方法,对图形进行四等分。

3. 游戏:拼拼乐

教师把各种几何图形进行二等分或四等分,其中一份放在桌子上,其他的分发给参加游戏的幼儿。幼儿听音乐四散寻找和自己手中图形同样大小的图形,并把二等分或四等分的图形拼成一个整体。看谁找得又快又对。

案例 8-3：集体活动：三角王国①
【活动目标】
(1) 在讨论、操作等活动中，帮助幼儿认识三角形。
(2) 激发幼儿对图形的兴趣，培养幼儿积极专注的学习品质。
【活动准备】
见插图 2 的三角形图案六幅，制成多媒体课件；蜡笔（或小棍、小棒）若干。
【活动过程】
1. 感知三角形
(1) 参看插图 2 的 5 幅图案，提问幼儿："它们是什么？"、"你在哪里见过它们？"、"它们有什么特点？"
(2) 归纳三角形的共同特点：三条边、三个角。
(3) 请幼儿说说还有哪些东西也是三角形的。
2. 讲述三角形的故事
播放插图 2，教师自编一个有关发生在"三角王国"的童话故事，在故事情节中穿插"童话宫殿"中出现的三角形物，如塔、城堡、马儿、小草等，在讲述中引导幼儿观察寻找这些三角形的物体。
3. 拼搭三角形
向幼儿提供人手 3 支蜡笔（或小棍、小棒），请幼儿自己动手拼一个三角形。教师提示幼儿注意边角的相接。
【活动建议】
(1) 教师可事先准备一些三角形的实物，若幼儿讲出一样，可以直接出示给幼儿看。
(2) 拼三角形的材料可选择一样长短或不一样长短的。

案例 8-4：集体活动：帮狗熊妈妈分巧克力（大班）②
【活动目标】
(1) 在尝试性的操作活动中了解二等分的方法，体验数量的守恒。
(2) 培养幼儿探索的兴趣发展思维的灵活性。
【活动准备】
4 cm * 3 cm 长方形格子纸若干张，剪刀 1 把，水彩笔若干支，狗熊妈妈、哥哥、弟弟头像各 1 个。

---

① 邹兆芳. 幼儿数学新编[M]. 上海：上海三联书店，1996：32.
② 此案例由上海市天山幼儿园王靖老师设计。

【活动过程】

1. 第一次分巧克力

了解简单的二等分,体验数量的守恒。

教师:狗熊妈妈遇到了难题,她想将一大块"巧克力"分给哥哥和弟弟吃,可是不知道怎么分,你们愿意帮助她吗?初识长方形格子纸,这块"巧克力"是什么样子的?

请幼儿将长方形的"巧克力"分成一样多的两份。提示幼儿:每一个格子不能剪坏。

师幼共同验证:哥哥和弟弟吃的是否一样多。

小结:比较狗熊哥哥和弟弟吃的"巧克力"是不是一样多,可以从形状、格子的数量去比较。

2. 第二次分巧克力

尝试用多种方法进行二等分,进一步体验数量的守恒。

教师:还有不同的分法吗?狗熊妈妈要看看谁的方法最多。幼儿再次尝试。教师提示幼儿可以先试着用笔画一画,再剪。

师幼共同验证:两份"巧克力"的数量是否一样多。

小结:狗熊妈妈说小朋友真聪明,想出许多不一样的方法,都能把"巧克力"分成数量相等的两份。

附:"巧克力"样纸如下图8-2所示。

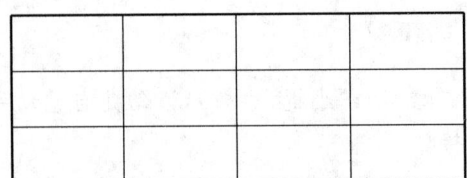

图8-2 "巧克力"样纸

案例8-5:区角活动:图形拼拼乐[①]

【活动目标】

利用移动、翻转、或旋转等方法拼搭图形。

【活动准备】

在纸上画难易程度不同的图形底版(见图8-3、8-4和8-5);各种图形组合图片若干(见图8-6)。

【活动过程】

幼儿观察图片(如图8-3、8-4和8-5),在留白的地方,用各种图形组合的图片(见图8-6)嵌进去,把整个图形填满。

---

① 黄瑾. 学前儿童数学教育与活动指导[M],上海:华东师范大学出版社,2014:186-187.

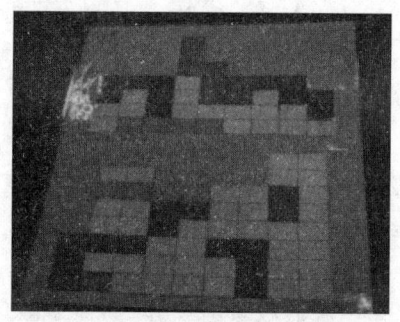
图 8-3 活动材料

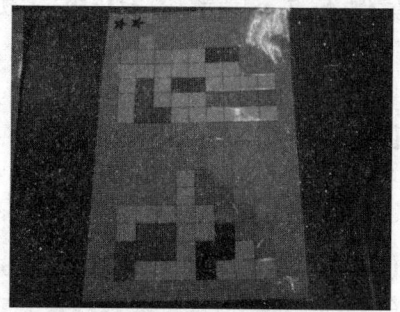
图 8-4 活动材料

图 8-5 活动材料

图 8-6 活动材料

【活动建议】

(1) 图形底版的难度可以根据自己班孩子的情况自己制作。

(2) 刚开始可以提供简单的,逐步增加难度。图片上的★表示操作的难度,星越多越难。

案例 8-6:区角活动:摸箱(小班)[①]

【玩法】

用盛放饼干或糖果的硬纸盒改装成一个"摸箱"(如图 8-7),摸箱的左右图两边各开一个洞,在洞口分别扎上一个袖套,可以容两只手分别进入摸箱。在摸箱里放置△、□、○的拼板或积木,让幼儿伸手进去摸一摸,猜一猜摸到的图形是什么名称?并描述摸上去的感觉和它们的特征。

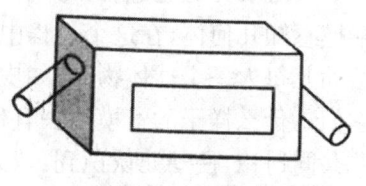
图 8-7 摸箱

---

① 黄瑾.学前儿童数学教育与活动指导[M].上海:华东师范大学出版社,2014:190.

案例 8-7:区角活动:七巧板(大班)[①]

【关键元素】

图形组合与变换。

【活动材料】

七巧板四套,底板卡若干(如图 8-8)。(分三种:有轮廓线和分隔线的,有轮廓线但没有分隔线的,既没有轮廓线又没有分隔线的)

【玩法】

(1) 幼儿根据自己的兴趣和能力观察并选择一种底板进行操作。

(2) 教师观察两人完成的情况,适时进行帮助或调整底板的难易度。

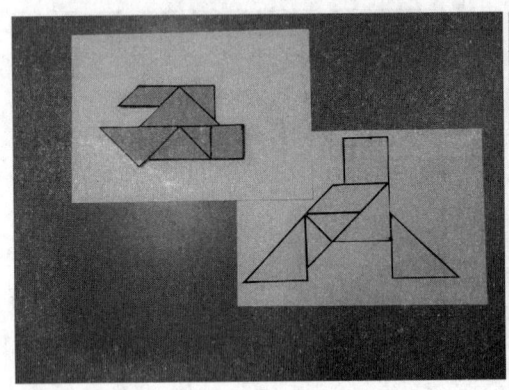
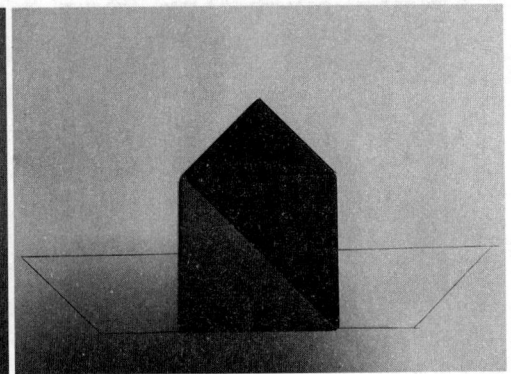

图 8-8 活动材料

(二) 学前儿童认识立体图形的活动设计与实施

1. 认识立体图形的教学方法

(1) 让幼儿通过观察、触摸几何体,认识几何体的特征

大班幼儿是通过各种分析综合感知认识几何体,所以应让幼儿充分地观察比较、触摸感知几何体,在这个过程中启发幼儿认识几何体的特征。例如,认识球体,现发给幼儿每人一个球体物品,如皮球、乒乓球、玻璃球等,请他们自由触摸和摆放,思考它们是什么样子的?摸上去有什么感觉?放在桌子上看看它会怎么样?然后组织幼儿共同讨论,使幼儿认识到:球无论从哪一个方向看都是圆的,放在平面上能向任何方向滚动。

(2) 比较平面图形和几何体以及几何体之间的不同

将平面图形与相应的几何体进行比较,如正方形与正方体的比较,长方形与长方体的比较,既可以加深幼儿对平面图形的认识,又能够在比较中突出几何体的特征,帮助幼儿克服将平面图形与几何体混淆的现象。

将几何体与几何体进行比较,也是认识几何体的有效方法。如正方体与长方体

[①] 温剑青.童心玩数学(教师用书 大班 第一学期)[M].上海:少年儿童出版社,2015:14.

的比较,可以让幼儿认识到正方体与长方体都有 6 个面,都有长、宽、高,但正方体的 6 个面都是一样大的正方形,长方体有 4 个面是长方形,另外 2 个面可以是长方形,也可以是正方形。又如球体和圆柱体的比较,不仅可以让幼儿认识球体的基本特征,还可以巩固幼儿对圆柱体的基本特征的认识。

(3) 操作探索几何体的特征

亲手制作一些几何体,让幼儿在操作活动中具体形象地感知和探索几何体的特点,再用言语概括地表达出来,可使幼儿获得形象而深刻的知识。如给幼儿提供长方形的硬纸板,让幼儿亲手制作圆柱体;给幼儿提供十字形的硬纸板(见图 6-5),让幼儿动手制作正方体等。

(4) 在泥工、手工和建筑游戏等活动中巩固对几何体的认识

泥工塑造的是立体的物体,泥工活动中幼儿运用立体图形的知识塑造各种物体,不仅能清晰地感知物体的形状,而且能更深刻地体验到各种几何体的特征。

2. 学前儿童认识立体图形的活动设计案例

案例 8-8:集体活动:上海的建筑(大班)①

【关键元素】

认识、区别、拼搭立体图形。

【活动目标】

(1) 在感知和操作中辨别圆柱体、长方体等立体图形的外部特征,并尝试拼搭,发展初步的空间概念。

(2) 能在问题情境中大胆自主表达。

【活动准备】

教学课件,长方形色纸,正方形色纸。

【活动过程】

1. 欣赏城市建筑

——你最喜欢哪些建筑?

——这些建筑由哪些形体组成?

小结:人们在许多建筑设计中运用不同的几何形体(圆柱体、长方体、正方体等)以增加立体感和美感。刚才我们看到的建筑中就包含了圆柱体、长方体等。

2. 探究制作圆柱体和长方体

(1) 幼儿动手用色纸制作圆柱体和长方体。

——刚才我们看到的建筑里有许多圆柱体和长方体的柱子,有的柱子粗,有的柱子细,有的长,有的短。现在你们的桌上都放着一些不同形状的色纸,请你们将这些长方形、正方形的纸折出各种各样的圆柱体和长方体。

(2) 请幼儿说说自己在折叠圆柱体、长方体时遇到的问题或困难。(如长方体的

---

① 温剑青. 童心识数学(教师用书大班第一学期)[M]. 上海:少年儿童出版社,2015:66.

每个面有大小)

(3) 教师演示圆柱体的制作步骤(先折出一条边,然后将纸张卷起来,最后用固体胶将两条边粘住,形成一个圆柱体);再演示长方体的制作步骤(先折出一条边,然后将纸张对折再对折,展开后呈现长方体的四个面,最后用固体胶将两条边粘住,形成一个长方体)。

(4) 幼儿再次尝试制作粗细不同的圆柱体和长方体。
——请从顶部往下看看你做的圆柱体是什么形状。(圆形)
——请从顶部往下看看你做的长方体又是什么形状。(长方形或正方形)
小结:圆柱体的中间一定是圆形,而长方体中间有可能是长方形,也有可能是正方形。

3. 合作搭建
(1) 幼儿分组,尝试将自己做的圆柱体、长方体共同搭建成各种物体。
(2) 幼儿互相介绍搭建的作品。

4. 延伸活动
幼儿在区角活动中尝试用各种形体的积木搭建各种建筑。

案例 8 - 9:集体活动:会变的正方体(大班)[①]
【活动目标】
(1) 能认识并找出正方体和正方形的区别及关系。
(2) 在搭建正方体的过程中感受建构游戏的快乐。

【活动准备】
(1) 正方形纸片一张、正方体积木一个。
(2) 正方形积木若干(足够每个幼儿都能拼搭成一个正方体)。
(3) 长棍形积木若干(足够每个幼儿都能拼搭成一个正方体)。
(4) 橡皮泥少许。

【活动过程】
1. 观察正方形和正方体的区别
(1) 教师出示正方形纸片,提问:这是什么形状?(正方形)
(2) 再出示正方体积木,提问:那么这个叫什么呢?它和正方形有什么不一样?(正方形扁扁的,站不起来;正方体胖胖的,能稳稳地站在桌子上)它们又有什么一样的地方?(正方体是由好几个正方形组成的。)
(3) 提问:要几个正方形才能搭成一个正方体?

2. 用正方形拼搭正方体
(1) 教师出示正方形片状积木,请每个幼儿操作,尝试拼搭成一个正方体。
(2) 拼搭完成后,提问:你用了几个正方形搭成一个正方体?怎么样才能数清

---

① 陈杰琦,黄瑾.i 思考幼儿核心经验数学游戏资源包[M].南京:南京师范大学出版社,2012.

楚,不漏数也不多数?

(3)请个别幼儿演示是怎么数的。

小结:我们可以先数周围一圈的正方形,再数上面和下面的正方形,1、2……6,原来一个正方体是由6个正方形组成的。

3. 用长棍拼搭正方体

(1)出示长棍积木,提问:刚才我们用正方形搭了正方体,那这样的长棍可以搭正方体吗?你觉得需要几根长棍才可以搭成一个正方体?

(2)请幼儿两两合作,试试用长棍拼搭正方体。

(3)提问:有什么办法可以搭得又快又稳呢?

小结:可以先搭好一个正方形,再往上面搭。

(4)搭好后,提问:

① 你用了几根棍搭这个正方体?

② 你是怎么数的?

③ 这些棍子还可以拼出什么形状呢?

教师:你可以用橡皮泥帮帮忙,数过一根就在上面粘一块橡皮泥做个记号。

小结:数的时候我们可以用橡皮泥帮忙做记号,也可以先数上面和下面的正方形,再数竖着的4根长棍。一个正方体需要12根长棍哦。

案例8-10:集体活动:圆柱体的乐园(大班)[①]

【活动目标】

(1)通过观察、操作及游戏活动,引导幼儿认识圆柱体的名称和特征,进一步体验圆柱体与平面之间的关系。

(2)发展幼儿的观察、分析比较和发散思维的能力,激发幼儿对各种形体的兴趣。

(3)鼓励幼儿动手动脑,培养主动探索的能力。

【活动准备】

(1)教具准备:圆柱体的易拉罐、薯片筒、纸筒、固体胶棒、彩纸、水笔、圆形纸片两个、长方形一个。

(2)学具准备:圆柱体和其他几何体若干。

【活动过程】

1. 导入

(1)听音乐走线,进教室,依序坐下。

(2)请幼儿闭上眼睛,老师将一圆柱体放入个别幼儿手中触摸,告诉幼儿:"把它的名字记在心里,待会告诉老师。"

(3)请小朋友睁开眼睛,触摸过的幼儿说出立体的名称。

(4)出示圆柱体娃娃,和幼儿互相问好,请幼儿观察其外形特征。了解圆柱体娃

---

① 赵振国.学前儿童数学教育与活动设计[M].北京:北京大学出版社,2016:229.

娃是由圆柱体构成的。

(5) 引导幼儿在娃娃的带领下到圆柱体世界,探索圆柱的秘密。

2. 感知圆柱体特征,探索与平面图形的关系

(1) 出示自制圆柱体,老师:"娃娃的身体和这个形体是一样的。"请幼儿观察圆柱体外形特征,老师一边依序触摸各个平面,一面请幼儿说说在圆柱体上有哪些平面图形?教师将幼儿说出的平面图形在黑板上用图形纸摆出来。

(2) 教师将圆柱体的纸筒剪开,请幼儿观察圆柱体到底是由什么图形组成的。(两个圆形面、一个长方形的面)

(3) 请幼儿将圆柱体分别从众多几何立体中找出。自己依序触摸,感知每个平面,并探索如何将圆柱体滚动起来。(幼儿探索得出:放倒后可以滚动)

(4) 请幼儿将手中的圆柱体放在图画纸上,用铅笔描下圆柱体一圆形的面,分别将两个圆形的面在描画的圆上对比,自己探索出:圆柱体的上下两个面的圆形是一样大的。

(5) 分别请幼儿表述自己发现了什么。(圆柱体的两端是两个一样大的圆形,放倒了会滚动)

(6) 教师总结:"今天小朋友太棒了,探索出了圆柱的奥秘:① 圆柱体有三个面、中间的曲面剪开后是长方形;② 上下两个圆形的面一样大;③ 放倒了会滚动。"

3. 生活中的圆柱体

(1) 请幼儿说说,在生活中,还见到什么东西像圆柱体形状。(电池、蜡烛、薯片筒……)

(2) 教师一一出示生活中的圆柱体(吸管、铅笔、圆柱体瓶子)

4. 自由创意

(1) 发给幼儿若干不同大小的圆柱体,任意造型,互相欣赏。

(2) 请幼儿分别讲解自己的造型。

案例 8-11:区角活动:大布袋(大班)

【玩法】

准备大布袋一只,里面放置圆形、正方形、长方形等几何图形片以及皮球、积木、卷糖、电池、魔方等球体、正方体、长方体和圆柱体物品。请幼儿用手伸进布袋,触摸口袋中的物品,并告知他人摸到了什么。同时,教师也可以为幼儿另准备一套图片,图片上画有圆形、正方形、长方形或圆柱体、正方体、长方体,既可以让幼儿根据拿到的图片去摸相应形体的物品,也可以让幼儿把摸出的形体区分后,分别放到对应的图片下面进行匹配,巩固幼儿对形和体特征的区分与认识。

第二节　学前儿童关于空间方位概念的学习与活动设计

一、关于空间方位的基本知识

空间是客观世界运动着的物质存在的基本形式。空间与幼儿的日常生活有着密切的联系，幼儿初步辨认一些空间方位，有利于空间知觉的发展和提高处理日常生活问题的能力。

（一）空间方位及其辨别

任何客观物体都存在于一定的空间之中，并且同周围的其他物体存在着空间上的相互位置关系，也就是物体的空间方位关系。一般用上下、前后、左右来表示。空间方位是空间形式问题，是数学的研究对象之一。

人在空间的定向问题是一个牵涉到很多方面的问题。它既包括大小和形状的概念，也包括空间区分、空间知觉和对各种空间关系的理解。而空间方位的辨别，是指人对客观物体在空间中所处位置关系的判断，在心理上属于狭义的空间定向。幼儿在空间概念和空间定向方式的形成过程中，各种分析器（运动的、触摸觉的、视觉的、听觉的、嗅觉的）都参加了活动，其中触摸觉分析器和视觉分析器起着特别重要的作用。

（二）确定"基准"

物体位置的辨别需要有一个基准，即以什么为基准来确定客体的空间位置。基准不同，空间位置就截然不同。如老师站在黑板和桌子的中间，如果以黑板为基准，老师就站在黑板的前面，相反，如果以桌子为基准，老师就站在桌子的后面。所以在帮助幼儿辨别空间方位时，确定"基准"是十分重要的。

（三）空间位置关系的相对性、可变性、连续性

我们生活周围的空间是向纵、横、深三个方向扩展的，空间坐标系的三对相对应的基本方向（竖直方向、纵向和横向）分别表示上下、前后、左右三对方向。它们都是相对的概念。上是对下而言，左是对右而言，前是对后而言，因而空间位置关系也是相对的——主体与客体的位置关系是相对的。如主体是我，客体是汽车，若以我为基准，汽车在我的后面；若以汽车为基准，我站在汽车的前面。另外，物体的空间位置关系也是可变的、连续的。以前后和左右空间方位为例，前与左、前与右；后与左，后与右的区域是连续的、不能截然分隔，图 8-9 中所示前到右的区域是相连的，其中黑点处可称之为前面偏右，也可以叫右边靠前，是可变的。

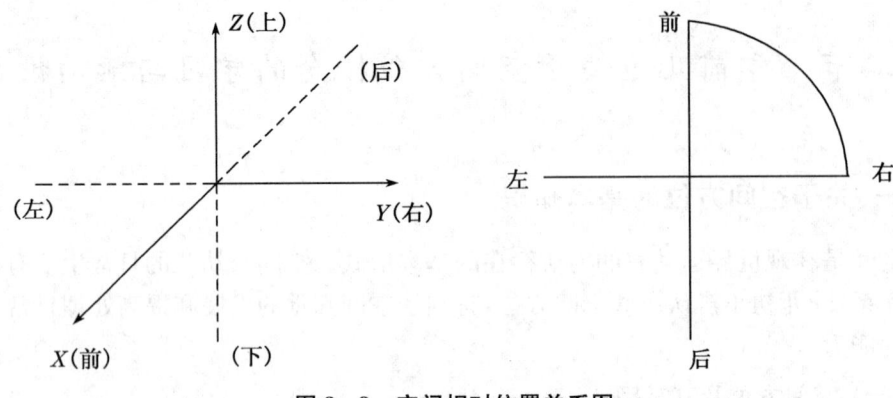

图 8-9 空间相对位置关系图

二、学前空间方位概念的发展特点

(一) 学前儿童空间方位概念发展的一般过程

幼儿在辨别空间方位,形成空间方位概念的发展过程中,体现出以下几个特点:

1. 空间方位辨别经历上下→前后→左右的发展顺序

研究表明,这一发展顺序是由方位本身的复杂程度决定的。确定上下方位一般是以"天地"为标准的,"天为上,地为下"是永恒不变的,且人的"头为上,脚为下"也是不变的,不会因为方向的改变而改变,因此区分上下方位比较容易。

前后和左右是有方向性的,它们会随定向者的位置的改变而发生变化,因此学习起来相对较为困难,尤其是辨别"左右"要比"前后"更难。例如,当幼儿转了下身子,原来的前面变成了后面,原来的左面变成了右面,这就给幼儿辨别前后、左右带来了一定困难。

2. 由以自身为中心向以客体为中心进行空间方位定向

我们平时在判断空间方位时,实际上会采用两种参照系:一种是以主体(自身)为参照,判断客体相对于主体的空间位置关系;一种是以客体为参照,判断客体相互间的空间位置关系。幼儿在辨别空间方位的过程中要经历从以自身为中心逐步过渡到以客体(其他人或事物)为中心的定向过程。

(1) 以自我为中心的定向

幼儿辨别空间方位首先是以自身为坐标来辨别周围物体的方位的。这一能力具体表现为两个发展阶段:

首先,幼儿学会的是辨别自己身体部位的位置,将不同的方位与自己的身体某部位相联系,如上面是头,下面是脚。

其次,学会以自身为中心确定相对于自己的客体所处的方位。如我的前面是马路,我的后面是高楼大厦。

(2) 以客体为中心的定向

以客体为中心的定向就是从客体出发确定其与其他客体之间的相互位置关系，如娃娃的前面是小汽车，娃娃的后面有积木。

幼儿辨别以客体为中心的"上下"和"前后"比较容易，但辨别以客体为中心的"左右"，相对难度大的多。要想辨别客体的左右方位，幼儿首先要有将自己转个180度的想法，想象自己站在客体的位置来确定其他客体的方位。

3. 辨别空间方位的区域不断扩展

幼儿辨别空间方位，最先学会的是辨别自己身体部位的方位，将自己身体的不同部位与某个方位相联系。这时，他们感知空间方位的态度只限于自己的身体范围之内。当幼儿以自身为中心来确定相对于自己的客体所处的方位时，开始也只限于狭窄的空间范围，即离自己身体不远的、正对着自己的客体。稍有偏离或倾斜的客体，幼儿就不能正确辨别了。

随着年龄的增长，幼儿区分方位的范围有所扩大，可以辨别离自己身体比较远的上下、前后、左右的方位，而且能区分自己斜前方(后方)、偏左(右)的物体的方位。同时，幼儿对空间方位连续性的理解也有了明显发展，他们能把空间分成两个区域，左和右，或者前和后，还能把其中一部分再分成两部分，如前面的左边，前面的右边。也就是说，幼儿空间定位已不是单纯的线性定位了，具有了连续性。在幼儿的团体操表演中幼儿表现出的准确定位能力和能走各种队形的能力，就说明了这一点。

 知海拾贝

关于空间参考框架的研究

关于参考框架的研究：Levinson对不同语言在空间表达上的差异进行了研究，其中一个重要的内容是关于空间参考框架的选择问题。他调查了大量的语言，更为具体地发现，不同的语言中描述空间位置和空间关系时所依据的参考框架可归纳为三种：① 相对参考框架(Relative frame of reference)。这种参考框架的坐标点位于观察者的视觉点上，以视觉点为中心，以观察者自身为参照物，形成一个"前"、"后"、"左"、"右"两两相对的坐标轴，或者将背景中的某一方向定为"前"然后顺时针转动，形成"右""后""左"，从而形成四个方位。视觉点、观察物和背景形成三维空间关系。在这种参考框架中，由于坐标系统所指的方向并不固定，随视觉点变化，因而被称为相对参考框架。在向他人描述物体的空间位置时，使用相对参考框架的人会使用"前"、"后"、"左"、"右"之类的术语，说"树在我的右边""树在房子左边""球在椅子的左边"(从我的视角)之类的话。② 固定参考框架(Intrinsic frame of reference)。这种参考框架的坐标点固定在背景物上。定位时，观察者指定某一景物为坐标点，从该点出发，设置不同的方位，而观察物则在这些方位引出的射线上。在使用这种参考框架时，方向定位主要取决于观察物与背景物之

间的关系,即使观察者的位置发生变化,只要观察物与背景关系不变,方向定位也不变,如"树在房子前面"。但如果观察物与背景关系发生了转变,如将房子倒转,方向定位就随之改变,如"树在房子前面"此时就变成了"树在房子后面"了。③ 绝对参考框架(Absolute frame of reference)。这种参考框架的坐标是固定不变的,无论环境中的事物或视角如何改变,方位词所代表的方向都是固定的。

在使用绝对参考框架进行空间定位时,周围环境在个体头脑中形成一幅浓缩的地图,其坐标以太阳和地球磁场为参照。需要描述的物体位于背景的方位轴线上,坐标原点位于背景上。

在向他人描述物体的空间位置时,使用绝对参考框架的人会用"东""西""南""北"之类的术语。说"树在房子南边""树在房子北边""球在椅子的北面"之类的话。由于绝对参考框架的坐标以太阳和地球磁场为参照物,所以使用者即使到了一个完全陌生的环境,也能正确地指出坐标轴所指的方位。其中相对参者框架是以自我为中心的参考,即自我参考框架;绝对参考框架和固定参考框架是以客体为中心的参考,即客体参考框架。三种参考框架的异同如表8-2所示。[1]

表8-2 三种参考框架的异同比较

	自我参考框架	客体参考框架	
	相对参考框架	固定参考框架	绝对参考框架
是否随观察者旋转而变化	是	否	否
是否随客体旋转而变化	否	是	否

刘剑(2008)以儿童为研究对象,采用Levinson等人的动物排列实验范式为研究方法,对不同年龄阶段幼儿使用空间参考框架的发展趋势、影响因素以及参考框架的类型进行了全面的考察。结果表明:① 各年龄组儿童在空间方位认知作业中选择的参考框架不同。无论在无界标还是在有界标情境下,幼儿使用空间参考框架都显示出由自我参考框架向客体参考框架发展的趋势。② 在无界标情境下,各年龄组儿童在空间参考框架的选择上存在显著差异5岁组和7岁组儿童更倾向使用自我参考框架,9岁组和11岁组儿童倾向于使用客体参考框架。即随着年龄的增加,使用自我参考框架的人越来越少,使用客体参考框架的人越来越多,7岁到9岁是一个从自我参照到客体参照迅速发展的时期。③ 儿童在使用空间参考框架时,更易受界标的影响,在无界标的情境下,儿童更多地使用自我参考框架;在有界标的情境下,儿童更多地使用客体参考框架。5岁组儿童即使在有界标情境下仍然倾向使用自我参考框架,此年龄组的儿童仍然处于自我中心编码阶段,7岁组、9岁组和11岁组儿童都不同程度受到界标的影响,在有界标时更多地使用客体参考框架,可以看出7~11岁儿童已经发展出客体中心编码的空间认知。④ 区分儿童在使用客体参考框架时是使用固定参考框架还是使用绝对参考框架,发现儿童主要是以固定参考框架进行空间方位认知。

（二）学前儿童空间方位概念发展的年龄特点

1. 3~4岁（小班）

这个年龄阶段的孩子能辨别上下方位，开始学习辨别前后方位，但他们所理解的空间方位的区域十分有限，仅局限于直接感知的范围内，如自己的身体部位、紧挨自己且正对自己的物体。对于较远且不是正对自己身体的物体的方位，则不能正确地辨别。

2. 4~5岁（中班）

这时期，幼儿的空间概念快速发展。他们能理解前后，并且开始学习以自身为中心辨别左右。他们区分空间方位的范围有所扩大，如区分前后区域的面积有所扩大，能够辨别离自己身体比较远的和稍微偏离上下、前后、左右方向的物体的方位。

3. 5~6岁（大班）

这一阶段的孩子已能正确地辨别上下、前后方位。此外，这一阶段的孩子虽然也能做到以自身为中心辨别左右，但尚不能做到以客体为中心辨别左右。他们能把空间分成两个区域，还能把其中一个区域再分成两部分。例如，他们能把一个区域分成左、右两个区域，又能把两个区域进一步分成左前、左后和右前、右后区域。

三、学前儿童空间方位活动的设计与实施

（一）学前儿童有关空间方位的设计要点

1. 充分利用儿童的身体和身体的动作，帮助其学习并理解空间方位词的意义

幼儿探索环境的时候就在发展空间意识，除了建构有关距离、位置和方向的物理知识，幼儿也必须学习描述这些概念的语言，正确地理解和运用方位词是认识空间方位关系的前提。而儿童认识空间方位是以自己的身体为出发点，并且只能在实际的动作中试验，理解自己与物体之间、物体与物体之间的空间关系。儿童对自己身体有关部位的意识和直接的自我感知可以帮助儿童理解"上下""前后""左右"等方位词的意义。儿童将身体的部位与有关方位词联系起来，使词的获得及其意义的理解建立在直接感知的基础上。儿童通过移动物体或自身躯体的运动，可以在实际行动中探索空间关系。如先认识头在上，脚在下，脸在前，背在后等，然后让儿童对自身或物体施加向前、向后、向左、向右等趋向性的运动，从而进一步探索和理解空间方为词汇所表征的空间方位关系。

教师和幼儿每日进行的对话也是增强幼儿空间意识与数学语言的联系的重要途径。幼儿在进行活动时，教师可以针对幼儿有关距离、位置、方向的行动进行评论。例如，教师可以说："宝宝，你已经爬到滑梯的中间了。"教师的语言还可以更加具体："请把这本是放到书架最底层，放在《小熊》图画书的旁边。"教师还可以向幼儿介绍强化方位语言的图书和儿歌，如《我们要去捉狗熊》。

2. 利用儿童的实际生活情境和经验，让儿童从中体验和理解空间方位关系

儿童在日常生活中随时随处都可以接触到空间关系，如上下楼梯、排队、吃饭时

左右手的使用、日常用具的摆放、搭积木等。儿童的空间经验是在其生活和游戏中不断丰富和发展的。教师在教学中应该利用儿童的实际生活情境,让儿童在日常生活中体验和理解空间方位关系。如让幼儿观察生活情境中的事物之间的空间关系,也可以让儿童在生活情境中拿取和放置某些物品,从而体验和理解空间方位词汇。教师在教学中也要利用与空间关系有关的游戏来丰富和拓展儿童的经验,如组织幼儿玩"给娃娃布置房间"、"捉迷藏"、"寻宝"等游戏活动,让儿童在游戏中体验空间方位关系。

3. 鼓励儿童观察、比较、预测、寻找和描述上述空间关系,形成向客体中心的转移

儿童对空间概念的理解不是通过教师的讲解和传授形成的,而是儿童对物体之间关系的主动探索的结果,是他们在实际的观察、比较、预测、寻找和描述的过程中,不断解决认知冲突克服"自我中心",从而学习从他人的角度去思考问题的结果。

因此,在教学过程中,教师要尽可能为儿童提供观察、比较和描述物体之间空间关系的机会,并鼓励儿童大胆预测,通过具体的操作验证自己的预测。这样儿童可以在一系列具体的观察、比较等操作活动中不断形成认知冲突,解决认知冲突,逐渐完成向客体中心的转移。

(二)学前儿童关于空间方位的活动设计案例

案例8-12:集体活动:母鸡萝丝去散步[①]

【活动目标】

(1)能使用方位词来确定和表述方向,并能根据指示向一定的空间方向移动身体。

(2)能用画图的方式来表征空间关系,并感受为母鸡萝丝设计散步路线图的乐趣。

【活动准备】

(1)截取绘本相关画面做成的ppt。

(2)用于搭建障碍路线的物体:桌子、椅子、栅栏、圆形地毯、方形地毯等。

(3)白纸、水彩笔、大黑板、图钉。

【活动过程】

1. 回顾故事

提问:还记得母鸡萝丝经过了哪些地方吗?它是怎么经过这些地方的?

小结:萝丝在散步时走过了院子,绕过了池塘,越过了干草堆,经过了磨坊,从篱笆的中间穿过,钻过了蜜蜂房,最后回到了家里。

2. 模仿母鸡萝丝去散步

(1)和幼儿一起用桌椅等搭建一个简单的障碍路线。

提问:你觉得这些东西像故事中的什么地方?如果你是母鸡萝丝,你会怎样经过这些地方?

(2)教师指定一条散步路线,请个别幼儿按照路线去"散步"。

(3)请更多的幼儿按照自己的路线自由散步,提问:刚才他是怎么散步的?

[①] 陈杰琦,黄瑾.i思考幼儿核心经验数学游戏资源包[M].南京:南京师范大学出版社,2012.

(4) 请两个幼儿合作,一个幼儿先来设计路线,用语言表述母鸡萝丝要经过的地方,然后请另一个幼儿根据路线来散步。

3. 为萝丝绘制路线图

(1) 给幼儿提供纸和水彩笔,请他们两人一组,按照刚才故事情节中的地方为萝丝重新设计一条路线。

提问:

① 想一想,你有没有办法设计出和刚才不一样的散步路线?

② 萝丝可以先经过哪里,再经过哪里呢?

(2) 请幼儿上前介绍自己画的地图,请他们用手指着地图上的标记,说说萝丝经过了哪些地方。

案例 8－13:集体活动:猜左手、猜右手(大班)①

【关键元素】

分辨左右。

【活动目标】

(1) 正确区分左手和右手,在游戏中提高细致观察和辨别的能力。

(2) 体验与同伴共同游戏的快乐。

【活动准备】

教学课件,手势图片,纸板箱七个。

【活动过程】

1. 说说左和右

——身上有哪些地方是分左和右的?谁能用完整的话告诉老师?

——我们来玩个热身游戏,游戏的名字就叫"我说你做"。就是我说什么(如举起你的右手,拍拍你的左腿,跺跺你的左脚),你做什么,要听清楚指令,做对动作。

教师观察每位幼儿游戏的情况。

2. 看图猜左右手,如图 8－10

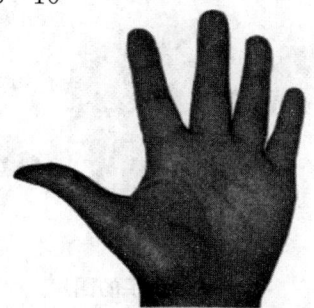

图 8－10 猜左右的图片

---

① 温剑青.童心玩数学(教师用书 大班 第一学期)[M].上海:少年儿童出版社,2015:26.

——我们再来玩一个有点难的游戏。游戏规则一：当我点出一张手的图片时，你们要仔细看清楚，这个手势是用左手做的还是用右手做的。如果觉得动作是左手做的，就请站到左边的蓝线上；如果觉得动作是右手做的，就请站到右边的红线上。游戏规则二：当我说开始，你们才能走；当我数"5、4、3、2、1"，数到"1"时，你们必须站好，还在中间走来走去的小朋友就算输了。

教师用关键词再帮助幼儿确认游戏规则。

(1) 出示教学课件第一页。

——(先问错误的一组)你们认为是右手，能否做给我看看？

——(再面对正确的一组)伸出你的左手看一看。恭喜你们答对了，请在左手上戴一个蓝圈。

——鼓励没有成功的幼儿不要泄气，再接再厉。

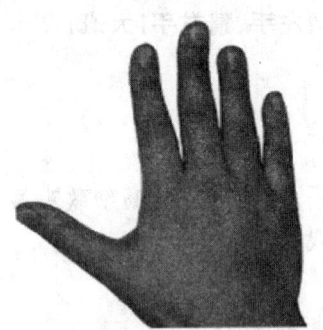

图 8-11 手的示范图

小结：原来游戏时要看清楚图片是手心还是手背，伸出自己的手学着做做，而且还要和图片中做得一模一样，如图 8-11。

(2) 出示教学课件第二页，幼儿继续游戏，注意幼儿左右手套圈的正确性。

(3) 教师出示图片。

——这里一共有几张图片？如图 8-12。你们先看哪一张？

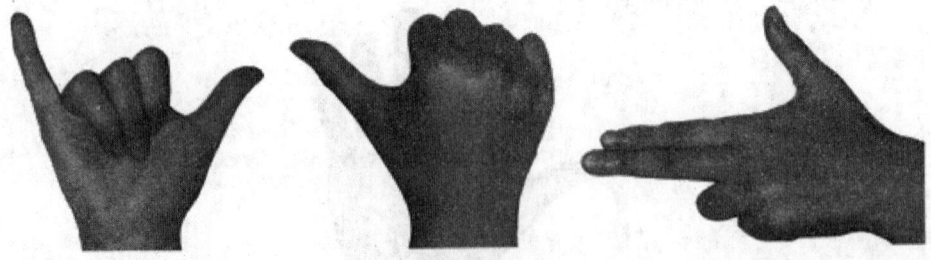

图 8-12 手的图片

——你从哪里看出来这是手心还是手掌？(引导幼儿观察大拇指、小指的位置。)

小结：除了要看清楚是手心还是手背，还要看清楚大拇指的方向，这可是成功的秘诀。

——今天你得了几个圈？

3. 隔箱猜左右手

玩法:两个人面对面,中间隔着一个箱子,身体躲在箱子后面,不让对方看见。一方先从箱子上方的篮子里拿出一张卡片呢,看一看,如果卡片上写的是"左",就伸出左手做一个手势,让对方猜手势是左手还是右手做的。如果对方猜对了,这张卡片就送给他(她),放在他(她)的篮子里;如果猜错了,卡片就放回原处。

案例8-14:集体活动:我是大侦探(大班)①

【关键元素】

方位语言描述。

【活动目标】

(1)通过观察,理解物体位置的相对性,并用方位语言准确描述物体的具体位置。

(2)根据线索进行推理,利用排除法找到答案。

【活动准备】

教学课件,幼儿操作用的纸质小房子,小捣蛋模型,见插图3。

【活动过程】

1. 寻找小捣蛋的家

(1)教师讲述故事。

——大侦探收到了一封求助信,原来是小捣蛋丢失了自己心爱的东西。

——大侦探怎样才能找到小捣蛋的家?他住在哪栋房子里呢?

——小捣蛋给大侦探提供了三个线索。

(2)播放课件,出示各种房子的背景图。

——第一个线索:梯形的屋顶。

——第二个线索:右边紧挨着一栋三角形屋顶的房子。

——第三个线索:房子有烟囱。

小结:小捣蛋用三条线索分别提示了房子的形状、方位和特征,帮助我们快速找到了他的家。

3. 寻找小捣蛋的房间

——(播放课件)这里有好多房间,小捣蛋到底住在哪个房间?

——我们一起看看小捣蛋留给我们的线索吧!

教师出示房间线索:红色房间的上面,紫色房间的旁边。

——同样是这间房间,除了刚才用红色房间的上面,紫色房间的旁边这样的线索提示外,你们还能用其他的方式来描述小捣蛋的房间吗?见插图4。(如什么颜色房间的左边,什么颜色房间的下面)

教师鼓励幼儿用其他线索来表示小捣蛋房间的位置。

---

① 温剑青.童心玩数学(教师用书 大班 第一学期)[M].上海:少年儿童出版社,2015:30.

4. 寻找糖果

——小捣蛋准备了许多糖果来答谢大侦探和小朋友。他说只要你们说出糖果的具体位置,这些糖果就送给你们。

教师播放课件,幼儿说出糖果的具体位置,找出糖果,见插图5。

——你能用不同的方位语言来描述同一颗糖果的位置吗?

——数数你找到了几颗糖?

5. 游戏:小捣蛋捉迷藏

教师提供3×3纸质楼房模板,幼儿两人一组,一名幼儿将小捣蛋任意藏在某个房间里,然后提供线索提示同伴寻找小捣蛋。

案例8-15:区角活动:布置自己的房间(中班)①

【关键元素】

感知空间方位。

【活动材料】

实物小家具(客厅类,如沙发、柜子等;卫生间类,如浴缸、马桶等;常用物品,如杯子、闹钟、玩具等),家具摆放示意图,如图8-13。

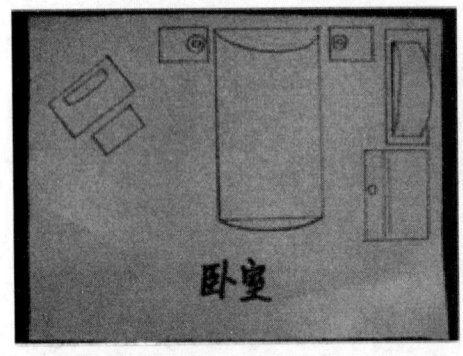
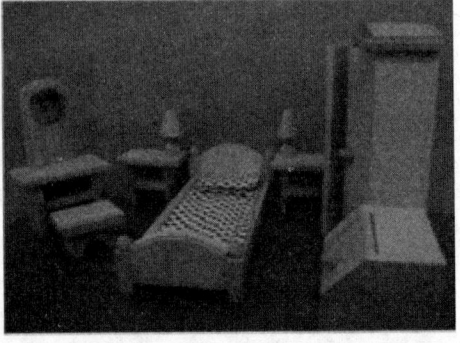
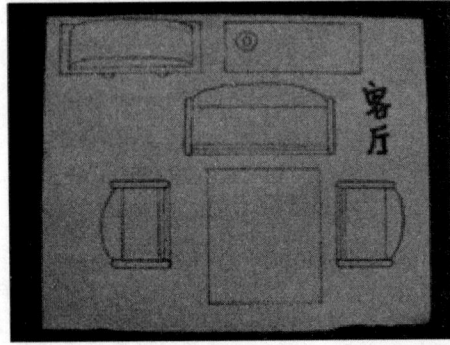
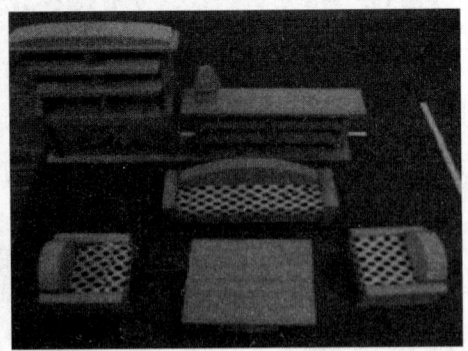

图8-13 活动材料

---

① 温剑青.童心玩数学(教师用书 中班 第一学期)[M].上海:少年儿童出版社,2015:10.

【玩法】

(1) 幼儿取一张示意图(图中的家具或用品是从不同角度拍摄的),判断这是什么房间,并找出相应的小家具和用品,根据示意图摆设房间。

(2) 向朋友介绍自己摆设的房间,和示意图比较是否一样。

案例 8-16:区角活动:跳舞毯(大班)[①]

【关键元素】

以自身为中心区分方位。

【活动材料】

活动材料,如图 8-14。

图 8-14 活动材料

正方形泡沫板十八块,拼成两套大正方形(3×3),中间贴有一对脚印,在相对应的方位,一套用前、后、左、右、左前、左后、右前、右后的箭头标记,另一套用方位词取代箭头标记;音乐两段,一段音乐中含有指示方位的语言提示,另一段没有语言提示。

【玩法】

(1) 一名幼儿游戏,站在大正方形中间的脚印上,根据音乐(音乐中有方位提示语言)用脚踩相应的箭头标记。随着指令的速度加快,能用两脚轮流正确踩相应的箭头。

(2) 两名幼儿游戏,选用没有语言提示的音乐,一名幼儿随机发出指令,另一名幼儿用脚去踩相应的箭头标记,踩对次数多的一方获胜。

案例 8-17:区角活动:摘菜(大班)[②]

【关键元素】

感知空间方位。

【活动材料】

蔬菜图片若干,5×5 的格子底板一块,如图 8-15。

---

① 温剑青.童心玩数学(教师用书 大班 第一学期)[M].上海:少年儿童出版社,2015:38.
② 温剑青.童心玩数学(教师用书 大班 第一学期)[M].上海:少年儿童出版社,2015:59.

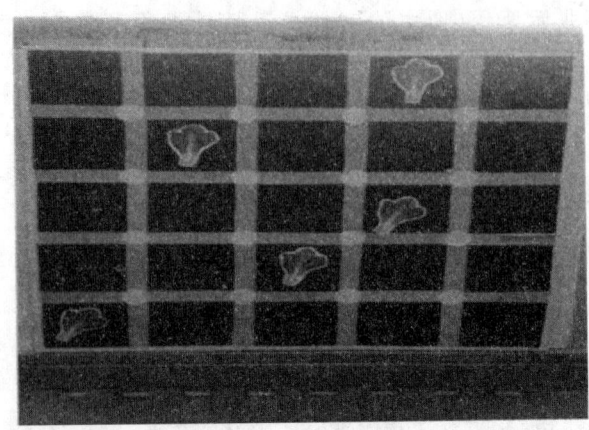

图 8-15 格子底板

【玩法】

（1）幼儿根据领队的指挥摘菜（或种菜），如摘第一块菜田第一行第四棵菜。

（2）按领队提供的菜单，在对应的菜田里摘下（或种下）相同数量的菜。

第三节　学前儿童关于时间概念的学习与活动设计

一、关于时间的基本知识

时间是客观物质存在的一种形式，是物质运动、变化的持续性、顺序性的表现。它是由过去、现在和未来所构成的一个连续性范畴。时间概念是指人脑对物质运动过程的持续性和顺序性的反映，是人脑对时间的长短、先后、快慢等变化的反映。时间是客观存在的，但人类却没有特定的感知时间的感受器，个体对时间的知觉是在多种感受器的参与下，通过对事件的始末的时点及有关的时间参照系进行加工而间接地认知时间的。时间与幼儿的生活密切联系，幼儿初步认识时间有利于感知时间存在和时间知觉的发展。

（一）时间的定义

时间是物质运动变化过程的持续性和顺序性。例如，花的开与谢、太阳的升与落，人的生与死等都需要用时间来表示。时间还意味着两个时刻间的距离或指某一时刻。时间与幼儿的生活有密切联系。幼儿认识时间是时间知觉问题，是客观事物运动和变化的延续性和顺序性在意识中的反映。教幼儿初步认识时间，不仅有利于幼儿感知时间的存在，发展时间知觉，而且能帮助幼儿树立时间概念，养成良好的生活习惯。同时幼儿对时间顺序性、周期性等的理解，可加深幼儿对次序关系、整体与部分关系的认识,提高思维的抽象水平。所以,教幼儿初步认识时间概念也是幼儿数学教育中一项不可忽视的内容。

(二)时间的特点

时间具有以下特点:

第一,流动性。时间与物质的运动相联系,是一秒秒、一分分地过去,川流不息,不以人的意志为转移的。

第二,不可逆性。时间不能倒转,流逝的时间是无法收回的。

第三,连续性(周期性)。时间是永远不能也不会间断的。它具有周期性,是一分一秒地流逝,且又是一秒复一秒,一分复一分的交替更迭。日复一日,年复一年,周而复始。

第四,均匀性。时间是均匀地流动着的。

第五,无直观性。时间没有直观的形象,既看不见也摸不着,所以人们总是要通过某种媒介来认识时间。这种媒介可以是自然界的周期性现象,如太阳的升落、季节的变化等,也可以是机体内部的一些有节奏的生理活动,如饥饿、心跳的节奏等,还可以是测量时间的工具,如钟表、日历等。通过这些媒介,时间成了可被人们测量和认识的对象。

第六,相对性。时间的程序不是绝对不变的。如今天的晚上比今天早上晚,但今天的晚上则比明天的早上早。

二、学前儿童时间概念的发展特点

(一)学前儿童认识时间概念的一般特点

幼儿认识时间是时间知觉问题,是对客观事物运动和变化的延续性和顺序性在意识中的反映。虽然,幼儿较早地表现出了对时间认识的兴趣,并随着语言的发展,开始使用一些表示时间的词汇,但真正理解时间的含义对学龄前幼儿来说并不是一件容易的事情,学前儿童在时间概念的认知上,表现出以下特点:

1. **易受生活实际经验的影响**

幼儿对时间的感知是在感性经验的基础上形成的。对于年龄越小的幼儿来说,这种感知往往是与形成它的具体活动相联系的,其应用范围也是较狭窄的。如对"早晨"的理解,就会与"起床、洗脸、刷牙,爸爸妈妈送我上幼儿园"等生活事件相联系,而不是以抽象的、标准时间的单位为支持来确切感知时间的,因此,学前儿童对时间概念的认知往往表现得不够精确,带有模糊性。

2. **易受知觉影响,把时间和空间等同起来理解**

幼儿在理解时间概念中易受知觉的影响,是指在对时间的认知上没有能够将不同速度的运动纳入统一的时空参照系中。对于这一特点,皮亚杰曾经做过实验,把两个布娃娃放在起跑线上,发出一个信号后,两个娃娃开始赛跑,结果一个跑得快些,一个慢些。问幼儿两个娃娃是否在同一时间起跑,同一时间停下。① 幼儿的回答就表现出明显地将空间和时间混淆等同的特点,会认为一个娃娃要比另一个娃娃晚停下,因为他跑得更远。

3. 更易理解的短周期时间顺序

在对时间顺序和周期的理解上,学前儿童往往较易理解的是短的周期。如一天（早上、中午、晚上）,再逐渐发展到理解更长的时间周期,如一星期→一个月→一年（四季）。这是因为在"早、中、晚"概念的理解上,幼儿容易找到明显的时间参照物和具体事件,而星期、月、年没有较明确的时间参照物,也形成不了自然现象规律性变化的周期,幼儿也缺乏对这些时间概念变化顺序的认知,由此就会给幼儿带来对此类长周期时间顺序理解的困难。

4. 表达时间的词语发展存在一定困难

我国曾经有调查研究发现,幼儿在掌握时间概念上的困难之一表现在②:幼儿言语中表示时间的词汇出现得既晚又少。调查发现在 70 名 2~6 岁儿童所讲的 1313 句有修饰语的简单陈述句中,使用时间词汇的仅占 22.76%;幼儿使用时间的词汇,首先,不使用表示确定时间单位的词汇,大多数使用的是表示时间顺序的和表示不确定时间阶段的词汇。如"先"、"然后"、"后来"（时间顺序）,"有一天"、"有时候"、"老早"、"我小时候"（不确定时间阶段）等;其次,使用时间单位词汇时,也不能确切地理解它们的含义。一个 4 岁的幼儿往往会用"昨天"泛指过去,把"明天"泛指将来,会说:"我明天就要上小学了"、"我昨天坐过火车了"等。由此可见,在表达时间的词汇使用方面,幼儿往往表现出含糊、不精确的特点,即使使用了单位时间的词汇,也未必真正理解它们的含义。

（二）学前儿童认识时间概念的年龄特点

学前儿童时间概念的发展特点是:越是与他们的生活有联系的时间单位,如早上、中午、晚上等,幼儿越容易掌握。而那些与幼儿生活联系不紧密的时间单位,如分钟、小时等,则较难掌握。幼儿对时间的理解是从和生活紧密联系的"一天"开始,然后逐渐向更长和更短的时间延伸的。学前儿童认识时间概念的年龄特点体现在:

1. 3~4 岁（小班）

幼儿一般能掌握一些最初步的时间概念,如早上、晚上、白天、黑夜,但对时间的理解往往和生活中的事件相联系;能说出"昨天"、"今天"、"明天"等词语,但还不能理解其含义。

2. 4~5 岁（中班）

这一年龄段的幼儿已经能够比较准确地确定不太长的时间间隔,借助于个人经

---

① 金浩. 学前儿童数学教育概论[M]. 上海:华东师范大学出版社,2000:50.
② 朱曼殊,武进之. 幼儿口头言语发展的调查研究[J]. 心理学报,1979,11(03).

验,基本能知道经过"早上"、"白天"、"晚上"、"黑夜"就是经过一天,能逐步理解"今天"、"昨天"和"明天"的含义。知道"昨天"是刚刚过去的一天,"明天"还没有到,"今天"过去了就是"明天"。

3. 5～6岁(大班)

他们能认识"前天"、"后天",具有"星期"与"几点钟"的概念。这表明幼儿在建立时间更替(周期性)观念的同时能区分较小的时间单位(如认识时钟上的整点与半点)。另外,能正确理解时距与速度、距离之间的关系,能利用计数策略判断时距的长短。

三、学前儿童有关时间概念活动的设计与实施

(一)开展关于时间概念教学活动时应注意的问题

1. 通过看图谈话认识时间

教师可以设计共表示不同时间的图片,让幼儿看图回答与时间有关的问题,从而达到认识时间的目的。如教师设计太阳刚刚升起、大公鸡在叫、小朋友在穿衣服的图片,表现出早晨的情景,让幼儿回答这是什么时候,小朋友在做什么等问题,使幼儿认识"早晨"的含义。

看图说话认识时间,所设计的图片一定要有明显的时间特征,如表示黑夜,一般可以设计天空有星星、月亮,小朋友睡着了;表示晚上,除可以设计星星、月亮外,还可以画出小朋友在看电视、电灯亮着等场景。一般来说,看图谈话只适合于对一日时间的认识,表示"昨天"、"今天"、"明天"就比较难了。但对于持续性的时间认识,仍然可以采用看图谈话的形式,如通过图片让幼儿辨认一个情景事件的发展顺序,对图片进行排序,从而掌握"先"、"后"的时间概念。

2. 通过日常生活认识时间

受思维发展水平的影响,幼儿的时间认知能力具有具体性、形象性和经验性的特点。有规律的日常生活是幼儿理解时间这一抽象概念的前提和基础。因此,教师应有意识地引导幼儿把有规律的生活作为参照来认识时间。

教师可以引导幼儿主动观察一些日常,生活中的时间规律:如妈妈每天烧饭、吃饭、洗碗;小朋友每天早晨刷牙—洗脸—吃早饭—上幼儿园;时间有昨天—今天—明天,再长一些的有过去—现在—未来;自然界中有春—夏—秋—冬、植物有发芽—开花—结果、每天都有白天—黑夜等。

教师还可以结合幼儿一日的生活,让幼儿通过动手操作参与到时间认知活动中。如教师可以按照固定顺序进行排序,让幼儿从特定的图片中选用一张放到一日之内的时间系列活动当中,组成一个完整的一日活动,也可以按相对的时间序列进行排序,如教师仅提供一张"做早操"的图片,然后让幼儿在几张供选择的图片中选择两张,分别置于"做早操"图片的前后,从而组成一个时间系列。

3. 通过游戏认识时间

游戏是幼儿的主要活动形式和学习方式,自然也是幼儿认识时间的主要形式。在游戏中,幼儿可以通过活动内容、活动形式、扮演的角色等不断感知时间,理解时间。例如,在"娃娃家"游戏中,可以进行"早晨"、"白天"、"晚上"和"黑夜"的认识活动(早晨娃娃起床、穿衣、洗脸、吃饭;白天出去玩;晚上看电视、看月亮、看星星;夜里睡觉)。再如,"开火车"的音乐游戏,幼儿听音乐做邀请动作,嘴里念儿歌:"嗨嗨!我们的火车要开了,我们的火车要开了。"这时大家停在原位不动,问:"几点开?"一位幼儿站长发出信号"3点开"。一位脖子上挂有指针指向3点钟的钟面卡片的幼儿上来一起做开火车动作。

4. 通过日常生活中的谈话与活动认识时间

幼儿的时间认知与语言发展有着密切的关系,因此,教师可以在日常生活中多与幼儿交谈,引导幼儿理解时间概念。例如,在晨间谈话时,教师可以让幼儿讲讲早上来幼儿园之前,在家里干了什么早饭吃了什么;对大班孩子可询问他们是几点钟起床的。活动时,让幼儿多注意使用"第一个"、"首先"、"后来"等词语。离园前可以同幼儿交谈,如今天白天在幼儿园学到了什么,中午吃了什么菜;昨天值日生是谁,他做得怎样,今天值日生是谁,明天应该谁做等,让幼儿体验到昨天的事已经做过了。

在幼儿讲述过去的事和将要发生的事时。教师要引导幼儿学习使用"早晨"、"昨天"、"小时"、"马上"、"很快"等常用的时间词语。能够用语言描述过去发生的事件,推测将要发生的事件并做好适当的准备。如在吃午饭的时候告诉幼儿:"我们马上就要吃饭了,小朋友们该做什么呢?"这样,幼儿就会意识到在吃饭"之前"需要把桌子上的物品收拾好然后去洗手。

教师也可以让幼儿在日常活动中认识时间。如在教室里放一本日历,每天撕掉一页日历,让幼儿认识到星期一至星期五的周期,知道当天是星期几。在教室里可以让小朋友轮流制作"气象日志",每天由一位小朋友填画"气象日志",并写上自己的名字。每周总结一次,看看过去的一周有几天是晴天,几天是雨天或阴天。

5. 通过开设专门的数学课认识时间

时间认知的教学是比较抽象的,因此,引导幼儿了解并学会运用"时间标尺"是幼儿园时间认知教学的主要方法之一。日常生活中常用到的时间标尺是钟表和日历,教师可以开设专门的数学课引导幼儿(主要是大班幼儿)认识时间标尺,以使幼儿形成比较精确的时间观念,前面已经简单地介绍了日历的使用。这里主要介绍一下认识钟表的数学课的上课步骤。一般来说,认识钟表的数学课大致可以分成如下几个步骤:

(1)讲解时钟的用途。教师可以用多种"悬疑"的方式引出时钟,激发幼儿认识时钟的兴趣。如教师可以通过让幼儿猜谜语的方式出示时钟:"会走没有腿,会说没有嘴,它能告诉我们什么时候起床,什么时候睡",在幼儿猜对后出示时钟也可以让幼儿听时钟的铃声响,然后猜是什么,再出示时钟;还可以直接出示电钟、闹钟等各种不同形状的钟给幼儿看。在幼儿知道了钟的概念之后,再引导他们了解钟的作用。通过教师的讲解,幼儿知道钟能告诉爸爸妈妈什么时候上班,小朋友什么时候到幼儿园等。

(2) 认识钟面的结构。出示不同的钟表,引导幼儿观察钟面,了解钟面的结构。首先应让幼儿认识到钟面上有 1~12 的数字。这些数字是按 1,2,3……12 的顺序排列的。其次应让幼儿了解钟面上有三根针及其名称和作用。

(3) 演示讲解时针、分针转动的方向与规律。教师把时针、分针都拨到 12 的位置上,向幼儿演示时针,分针都是顺着 1,2,3……12 的方向走动的。提醒幼儿注意哪根针走得快,哪根针走得慢,并了解它们之间的运动关系:分针走一周,时针走过一个数字,表示过了一个小时。

(4) 讲解整点与半点。在教师在演示时间整点时一定要让幼儿注意到,分针从 12 开始沿着 1,2,3 的方向行走,走到 12 上,分针这样每转一周意味着走一个整点,当分针指向 12,时针指向数字 3 时,就表示 3 点整。让幼儿根据分针的位置和时针的位置来判断整点。

教师演示时间半点,分钟同样要从 12 开始、沿着 1,2……的方向行走,走到数字 6 上,告诉幼儿,如果时针在数字 1 与 2 之间,即在 1 后面一点,就表示 1:30 分,如果在 12 与 1 之间,就表示 12:30 分,让幼儿根据分针的位置和时针的位置来判断半点。由于 6:30 分的时针与分针重叠在一起,因此,对 6:30 应着重解释。

(5) 总结整点,半点规律。在多次演示讲解整点、半点的基础上,教师可告诉幼儿,"分针在 12 上,时针在几,就是几点整,分针在数字 6 上时,时针在几点后面一点就是几点半",让幼儿逐步理解和认识整点、半点。

(6) 巩固对整点和半点的认识。教师可以分给每位幼儿一个小钟模型,教师报时间。让幼儿拨钟点,用游戏的方式巩固对整点、半点的认识。教师也可以组织幼儿做"送钟宝宝回家"的游戏,把钟面为 8:30 分的宝宝送到挂有 8:30 牌号的家里,把 12 点整的宝宝送到挂有"12:00"牌号的家里……总之通过开展各种游戏活动帮助幼儿理解和认识时钟的整点和半点。

(7) 教学中应注意的问题。在教幼儿认识整点半点的过程中,教师演示拨针不能倒拨,一定要顺时针拨动中,教师报钟点应按时间的顺序报,如报 6 点后,再报 8 点、10 点,不能先报 10 点再报 6 点、8 点,先教幼儿认识整点,再认识半点。

(二) 学前儿童关于时间概念的活动设计案例

案例 8-18:集体活动:太阳和月亮(小班)[①]

【活动目标】

(1) 通过欣赏和游戏活动,帮助幼儿了解早、晚及白天、黑夜的时间概念。

(2) 鼓励幼儿积极参与活动,肯定幼儿大胆的表现。

---

① 邹兆芳.幼儿数学新编[M].上海:上海三联书店,1996:69.

【活动准备】

自制拟人化"太阳"和"月亮"活动教具各一,见插图 6 所示;小猫头饰数同幼儿人数。

【活动过程】

1. 教师带领幼儿到公园或操场去欣赏蓝天、白天和大自然

出示活动教具"太阳"和"月亮",在幼儿欣赏中引起兴趣:"小朋友,你们知道太阳和月亮是在什么时候出来的吗?"(早晨也叫白天——太阳出来了;晚上也称黑夜——月亮出来了)

出示小猫头饰,幼儿扮演小猫,看到教师手里举的"太阳"或"月亮"活动教具的变换,幼儿做相应的小猫动作:白天(太阳出来)——小猫舒服地睡大觉;黑夜(月亮出来)——小猫轻轻地去抓老鼠。

2. 幼儿模拟自己在白天和黑夜的不同活动

(如白天——做操、游戏、上幼儿园……黑夜——看电视、关灯、睡觉……)

【活动建议】

此活动可选择在操场或空间较大的活动室进行;在幼儿的动作模拟游戏中,也可以结合小班年龄特点,鼓励幼儿用简单的语言加以表达,如"我白天在做操"、"我晚上在看电视"在幼儿的游戏和动作表现活动中,可以适当配上一些表现白天和黑夜情景的音乐衬托。

案例 8-19:集体活动:购物买放心(大班)[①]

【活动目标】

(1) 关注食品保质期,了解保质期在生活中的重要性,有初步的自我保护意识。

(2) 乐于认识并理解食品外包装上关于保质期的信息,尝试判断食物是否可以放心食用。

【活动准备】

(1) 2014 和 2015 年月历、黑板、包装袋上保质期的相关信息卡片、五角星粘纸。

(2) 带来的有外包装的食品,也可以是家里已过期的食品(请家长配合收集,但不告诉幼儿食品已过期);包装上有明显的生产日期(避免同时出现"生产日期"和"上市日期",生产日期不要早于 2014 年 1 月 1 日)和保质期(保质期限最晚到 2015 年 12 月 31 日);最好是不需要冷冻的食品。

3. 幼儿对月历有初步的认识和了解(一年有 12 个月,每个月大致有几天等)。

【活动过程】

1. 提出保质期的问题(食品放小朋友面前)

(1) 你们带来这么多好吃的食品,想不想知道朋友带来的是什么?和旁边的朋友互相看一看,聊一聊,都有些什么好吃的。

---

① 赵振国.学前儿童数学教育与活动设计[M].北京:北京大学出版社,2016:242.

(2) 这么多食品，它们肯定都是很新鲜的吗？都是能让我们放心吃的吗？老师提醒你们过期的食品是不可以给大家吃的哦！

(3) 有什么办法能知道食品到底过期没有？

小结：原来食品包装袋上有小秘密能告诉我们食品过期没有。这个秘密就是保质期！（出示汉字卡片）它是保证食品质量的期限，在这段时间里它很新鲜，质量是有保证的，可以放心大胆地吃，不过过了这段时间，就不能吃了，不然，对身体很不好！

重点关注：幼儿对保质期、生产日期等信息的已有经验。

2. 幼儿寻找、发现、理解保质期的信息

(1) 请你找一找你带来的食品上有没有这个保质期和生产日期的小秘密，找到了举起手来。

(2) 你在哪里找到的？（投影仪放大：识别信息位置、认识字、黑板上写出日期卡片、尝试理解一串数字的意思）

(3) 你已经发现了包装袋上藏着这两个小秘密，可是，通过这两个小秘密怎么能证明你的食品到底能不能吃？

重点关注：幼儿如何想办法判断是否过期，他们对保质期的理解。

3. 幼儿尝试判断食品是否过期

(1) 我们用月历帮帮忙，谁能在月历上找到生产日期？保质期是几个月？也就是说，从它生产的这一天开始，往后的多长时间里它肯定是新鲜的，请你试试看往后数几个月。

(2) 今天是几月几日啊，日历上是哪一天？

(3) 今天在过期日期前还是后？

(4) 请你们看看你的食品，想想看，到底它过期没有呢？想好了请你来试试！

小结：原来，先要知道今天是几月几日，如果今天的日期在生产日期和到期日期之间，就可以放心食用，如果今天在到期日期之后，就不能吃了。

重点关注：幼儿能否在日历上准确找到日期，能否从生产日期、保质期限，大致推算出到期日期，并将当天日期与到期日期进行前后比较。

4. 小结与品尝

(1) 你们今天真棒！把过期的食物都找出来了，而且通过自己动脑筋，证明了你的食品肯定没过期，可以放心吃！

(2) 今天我们学会了这个认识保质期的本领，有什么好处啊？

(3) 以后你和家人去超市买食物，可要留心查找包装袋上的生产日期，买到放心的食品。特别是家里放了很久的食品，吃之前，仔细看一看过期了没有！你们也要负责提醒爸爸妈妈这个要紧的事情哦！千万别吃坏肚子！

(4) 我们大家一起分享这么多好吃的东西吧！

案例 8-20：集体活动：熊猫钟(大班)①

【活动目标】

(1) 与日常生活相结合，在动手操作中学习认识整点。

(2) 通过猜想游戏，提高幼儿对认识钟点的兴趣。

【活动准备】

幼儿每人1张可拨到的熊猫钟卡片，1～12数字卡1套，演示用《熊猫钟》卡片1张。

【活动过程】

1. 说说

让幼儿说说：自己家里有钟吗？是什么形状的钟？钟面上有些什么东西？(数字1～12，一根长针，一根短针……)钟有什么用处？

2. 比比

出示熊猫钟卡片，引导幼儿比较观察熊猫钟上有些什么不同的地方？(熊猫钟是用六种不同几何图形组成的；熊猫钟面上的耳朵和领结中有数字)

3. 想想

平时起床、上幼儿园、吃午饭、回家、睡觉大概是几点钟，教师按幼儿所述在熊猫钟上表示出来，让幼儿仔细观察上午6点、8点，中午12点，下午5点、9点在钟面上有什么相同和不同的地方。(长针指向不变，都指向数字12，短针指向在变，分别指向数字6、8、12、5、9)

4. 拨拨

幼儿在各自的熊猫钟卡片上将熊猫钟撕下，拨动长短针，分别显示6点、8点、12点、5点、9点，教师巡回帮助。

5. 猜猜

一位幼儿拨钟，其他幼儿根据拨的钟点，用数字卡片表示出来(数字朝下不使他人看见)，让教师来猜一猜幼儿拨的是几点钟，其他幼儿验证自己取的数字卡片是否正确。

猜法同前，将幼儿说"有"的圆内的最小数相加即猜出。如在领结的两个圆中有，将4和8相加即可猜出是12点钟。

【活动建议】

熊猫钟(长、短针可活动)也可做成立体的或放大些挂在教室里，让幼儿自由拨出各整点、半点。

案例 8-21：区角活动：钟表店(大班)②

【关键元素】

认识时钟。

―――――――――

① 邹兆芳.幼儿数学新编[M].上海：上海三联书店，1996：206.

② 温剑青.童心玩数学(教师用书 大班 第一学期)[M].上海：少年儿童出版社，2015：78.

【活动材料】

大小、形状各异的卡纸,纸盒,笔,剪刀,螺帽,螺丝,如图8-16。

图8-16 活动材料

【玩法】

(1) 幼儿根据自己的经验和喜好,设计不同造型的钟面,然后在钟面上写上数字,用螺帽、螺丝将指针固定于钟面,再把钟面固定在纸盒上,做成各种造型的钟表,互相展示交流。

(2) 进行拨指针比赛:一名幼儿说出某个时间,其余幼儿迅速在自己的钟面上拨出相应的时间,又快又对者获胜。

案例8-22:区角活动:小学生的一天(大班)①

【关键元素】

认识时间。

【活动材料】

小学生一日生活的图片,时间卡,如图8-17。

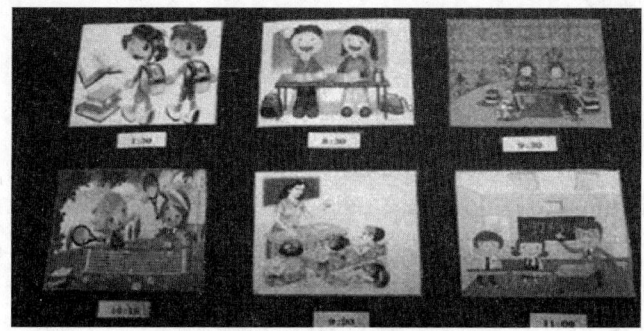

图8-17 活动材料

---

① 温剑青.童心玩数学(教师用书 大班 第二学期)[M].上海:少年儿童出版社,2015:80.

【玩法】

教师提供一系列小学生一日生活的图片,幼儿随意取一张图片,说说图片上的内容,找出与之匹配的时间。如图片上小学生在做早操,幼儿可以选择8:30的时间卡,放在图片的下面。

案例 8-23:区角活动:闹钟铃响了(大班)①

【关键元素】

感知时间。

【活动材料】

计时器,插塑积木,小毛巾,笔,记录纸,见图 8-18。

图 8-18 活动材料

【玩法】

幼儿将计时器设定为两分钟,计时开始,幼儿开始做事。如:将积木一块一块叠起来,或将小毛巾一折二放好。计时器铃声响起时,幼儿必须停止做事。然后将自己在两分钟内做的事和结果记录在纸上,并和同伴交流在相同的时间内各做了哪些事,谁做的事情多。

复习与思考

1. 简述学前儿童认识空间形体的发展过程。
2. 试以认识某一立体图形为内容设计一则活动。
3. 幼儿空间方位概念的发展有何特点。
4. 学前儿童时间概念的形成与发展有何特点。
5. 儿童在时间概念的认知上具有怎样的特点?举例说说生活中如何让幼儿感知抽象的时间概念。

---

① 温剑青.童心玩数学(教师用书 大班 第二学期)[M].上海:少年儿童出版社,2015:80.

参考文献

1. 林嘉绥,李丹玲.学前儿童数学教育[M].北京:北京师范大学出版,2013.
2. 徐苗郎.我的幼儿园数学活动模式[M].上海:上海社会科学院出版社,2004.
3. 罗莎琳德·查尔斯沃斯著.潘月娟译.3~8岁儿童的数学经验(第5版)[M].北京:人民教育出版社,2007.
4. 张俊.幼儿园数学领域教育精要——关键经验与活动指导[M].北京:教育科学出版社,2015.
5. 张慧和,朱琳瑶.幼儿园领域课程资源——数学[M].北京:教育科学出版社,2014.
6. 黄瑾.学前儿童数学教育(修订版)[M].上海:华东师范大学出版社,2007.
7. 列乌申娜著.曹夜宁,成有信,朴永馨译.学前儿童初步数概念的形成[M].北京:人民教育出版社,1982.
8. 黄瑾.幼儿与数学教育与活动设计[M].北京:高等教育出版社,2010.
9. 黄瑾,田芳.学前儿童数学学习与发展核心经验[M].南京:南京师范大学出版社,2015.
10. 周欣.《儿童数概念的早期发展》[M].上海:华东师范大学出版社,2004.
11. 王志明,张慧和.《科学》[M].南京:南京师范大学出版社,1997.
12. B.W.布鲁姆著.邱渊译.《教育评估》[M].上海:华东师范大学出版社,1989.
13. 陈帼眉,刘焱.学前教育新论[M].北京:北京师范大学出版社,1996.
14. 徐青,刘昕.学前儿童数学教育[M].北京:高等教育出版社,2014;8.
15. 陈杰琦,黄瑾.i思考幼儿核心经验数学游戏资源包[M].南京:南京师范大学出版社,2012;6.
16. 温剑青.童心玩数学(教师用书 中班 第一学期)[M].上海:少年儿童出版社,2015.
17. 温剑青.童心玩数学(教师用书 中班 第二学期)[M].上海:少年儿童出版社,2015.
18. 周兢.幼儿园活动整合课程(教师用书 中班上)[M].南京:南京师范大学出版社,2014.
19. 周兢.幼儿园活动整合课程(教师用书 中班下)[M].南京:南京师范大学出版社,2014.
20. 温剑青.童心玩数学(教师用书 大班 第一学期)[M].上海:少年儿童出版社,2015.
21. 温剑青.童心玩数学(教师用书 大班 第二学期)[M].上海:少年儿童出版社,2015.
22. 董奇.数学认知:脑与认知科学的研究成果及其教育启示[J].北京师范大学学报,2005(03).
23. 刘希平,唐卫海.幼儿对几何形体认知能力发展的研究[J].天津师大学报,1996(02).
24. Gelman, R., & Gallistel, C.R.. The child's understanding of number. Gambridge, MA:Harvard University Press. 1978.
25. Geoffrey B. Saxe, Steven R. Guberman, Maryl Gearhart(1987):Social process in early number development,52(2, Serial No. 216)/
26. Richardson, L., and Salkeld, L.(1995). Transforming mathematics curriculum. In S. Bredekamp and T. Rosegrant(EDs.), Reaching potentials:Transforming early childhood curriculum and assessment Vol. 2(pp. 23 - 42). Washington, DC:National Associaltion for the Education of Young Childhood. p. 23.

图书在版编目(CIP)数据

学前儿童数学教育与活动指导 / 刘红主编. —— 南京：南京大学出版社，2018.8(2022.9 重印)
高等学校"十三五"学前教育专业规划教材
ISBN 978-7-305-20516-3

Ⅰ. ①学… Ⅱ. ①刘… Ⅲ. ①学前儿童－数学教学－高等学校－教材 Ⅳ. ①G613.4

中国版本图书馆 CIP 数据核字(2018)第 150041 号

出版发行	南京大学出版社
社　　址	南京市汉口路 22 号　　邮　编　210093
出 版 人	金鑫荣
书　　名	学前儿童数学教育与活动指导
主　　编	刘　红
责任编辑	曹　森　钱梦菊　　编辑热线　025 - 83592146
照　　排	南京南琳图文制作有限公司
印　　刷	南京京新印刷有限公司
开　　本	787×1092　1/16　印张 14　字数 312 千
版　　次	2022 年 9 月第 1 版第 3 次印刷
ISBN	978-7-305-20516-3
定　　价	35.00 元

网址：http://www.njupco.com
官方微博：http://weibo.com/njupco
官方微信号：njupress
销售咨询热线：(025) 83594756

* 版权所有，侵权必究

* 凡购买南大版图书，如有印装质量问题，请与所购
　图书销售部门联系调换